눈을 감고도

빛나는 세상은

보였다

눈을 감고도 빛나는 세상은 보였다

발행일　2025년 9월 5일

지은이　조재훈
펴낸이　손형국
펴낸곳　(주)북랩
편집인　선일영　　　　　　　　　편집　김현아, 배진용, 김다빈, 김부경
디자인　이현수, 김민하, 임진형, 안유경　제작　박기성, 구성우, 이창영, 배상진
마케팅　손화연, 박진관
출판등록　2004. 12. 1(제2012-000051호)
주소　서울특별시 금천구 가산디지털 1로 168, 우림라이온스밸리 B동 B111호, B113~115호
홈페이지　www.book.co.kr
전화번호　(02)2026-5777　　　　　팩스　(02)3159-9637

ISBN　979-11-7224-644-0 03810 (종이책)　　979-11-7224-645-7 05810 (전자책)

잘못된 책은 구입한 곳에서 교환해드립니다.
이 책은 저작권법에 따라 보호받는 저작물이므로 무단 전재와 복제를 금합니다.
이 책은 (주)북랩이 보유한 리코 장비로 인쇄되었습니다.

(주)북랩 성공출판의 파트너
북랩 홈페이지와 패밀리 사이트에서 다양한 출판 솔루션을 만나 보세요!
홈페이지 book.co.kr　•　**블로그** blog.naver.com/essaybook　•　**출판문의** text@book.co.kr

작가 연락처 문의 ▶ ask.book.co.kr
작가 연락처는 개인정보이므로 북랩에서 알려드릴 수 없습니다.

조재훈 회고록

눈을 감고도 빛나는 세상은 보였다

우리가 진정 두려워해야 할 것은,
보지 못하는 것이 아니라,
보면서도 외면하는 삶이다!

보이지 않는 세계 속에서도
누구보다 선명하게 세상을 바라본
한 사람의 치열한 여정

 북랩

추천사

이 책의 저자인 조재훈 선생님과 나의 인연은 10여 년 전에 시작되었다. 내가 불교문학 작가 양성을 위해 운영하고 있는 '바띠'에서. 그 당시 조 선생님은 이미 여러 지면에 작품을 발표하고 작품집도 내고 계셨다.

조 선생님은 스무 살 전후의 청년 시절에 사고로 실명을 했기 때문에 바띠에 처음 오실 때도 다른 분의 도움을 받고 오셨다. 그 후 조 선생님은 본인이 써 온 동화로 회원들의 작품 평을 받으며 1년 정도 바띠 식구로 함께 생활하셨다.

조 선생님이 쓴 글 중에 지금도 기억에 남는 문장은 홍시를 표현하면서 환한 등불 같다고 묘사한 것이다. 빨간 홍시를 환한 등불로 표현하다니! 조 선생님의 기억 속엔 빨간 홍시의 빛깔이 환한 등불로 밝게 투영되어 있었던 모양이다.

조 선생님은 실명 이후로는 바깥 사물을 인식하는 일은 하지 못한 채 생활하셨을 것이다. 그런데도 선생님의 생애를 보면 그 누구보다도 활발하게 바깥세상과 소통하며 살아오셨다. 여러 교육 기관에서 수학했고, 여러 개의 자격증을 취득했으며, 여러 조직에 취업하고, 교육 기관에서 교육자로 제자들을 길러 내셨다. 그리고 누구보다도 많은 상을 받았고, 시와 동화로 작품 활동도 활발하게 해 오셨다.

어떻게 그 일이 가능했을까? 거기에는 선생님이 가지고 있는 근면성과 성실성이 주축이 되었겠지만, 가족분들의 신뢰와 사랑도 큰 몫을 했으리라고 본다.

조 선생님은 맹아 학교에서 만난 손순화 씨와 결혼해 아들 조문호, 딸 조문화 남매를 두고 있다. 손순화 씨는 맹아 학교 교사로 재직했고, 딸은 중국에서 국제 학교 강사로 재직했던 것으로 알고 있다. 조 선생과 아내분이 결혼해 가정을 이룬 후 두 분은 자신들 힘만으로 남매를 키웠다고 한다. 두 분 다 사물을 식별할 수 없으므로 손끝으로 아들딸 얼굴을 보았고, 크는 모습도 손끝으로 감지하며 보았다. 아이들이 아플 때는 숨소리를 들으며 보았고, 기뻐하고 슬퍼하는 얼굴은 피부로 느끼며 보고 이해했다.

그렇게 길러 낸 두 남매는 바른 심성과 지혜로 사회생활을 활발하게 하고 있다. 그리고 부모님을 아끼고 존중하고 있다.

조 선생님을 만나고 그의 살아온 여정을 들은 나는, 아는 젊은 작가에게 조 선생님의 일대기를 한번 써 보라고 권유한 적이 있다. 그만큼 조 선생님의 생애는 내게 감동을 주었고, 많은 사람으로 하여금 삶을 이해하는 힘을 기르게 해 줄 수 있을 거라 믿었다.

  그러던 중 이번에 조 선생님의 생애를 담은 일대기가 세상에 나오게 되어 반갑고 기쁘다.

  이 책이 부디 세상 속으로 활발히 퍼져 나가 많은 사람이 읽고 자신의 삶을 심화시킬 수 있기를 빈다.

소설가 남지심

글을 시작하면서

 한창 나이에 중도 실명으로 지내 온 길이 순탄치 않아서일까? 생활 수기 응모에 몇 번 당선된 일이 있어서일까?
 내 나이 70 고개를 넘기자 내 생애에 대한 글을 써 보라는 권유가 여러 번 찾아왔다.
 그러나 나는 생각이 없었다. 장애인문인협회에서 내가 쓴 지팡이에 대한 시집 『그대보다 더 사랑스런 이대』를 출판해 준 적이 있다. 내 이름으로 책을 내는 것이 얼마나 자랑스러웠던지! 하지만 책을 사겠다는 사람은 없었다. 그래서 재직 중인 학교 직원들에게도 나누어 주고 특수 학교 교장 모임에서도 배분하게 되었다. 또 지인들에게도 몇 권씩 선물할 수 있었다.
 그래도 책이 적지 않게 남아 있었다. 그렇다고 아무에게나 떠맡길 수는 없는 일이었다. 이사 때는 그야말로 처치 곤란이었다. 살펴보니 나와 같은 경우는 곳곳에 얼마든지 있었다.

책은 자기 돈으로 사지 않으면 읽지 않는다는 말도 있다. 남의 이야기인 수기의 경우에는 더할 거라고 했다. 요즘은 과잉 출판이 자원 낭비에 더해 공해에까지 이른다는 말도 있다. 따라서 책을 낼 생각은 아예 접기로 한 것이었다.

그런데 90 고개를 바라보는 나이가 되자 다시 수기를 써 보라는 말이 나왔다. 그래서 일기장을 뒤지니 남다른 경험이 상당함을 발견하게 되었다.

모든 한자를 기호화할 수 있는 방법을 세계 최초로 창안한 일, 조상님들이 인도의 요가보다 쉽게 자기 건강을 스스로 관리하던 전통 접촉 치료술에 대한 책을 한국 최초로 발간한 일은 화제가 될 만한 것이었다. 그리고 빛도 식별하지 못하는 1급 시각장애인인데도 꿈에서는 휘황찬란한 광경을 볼 수 있다는 사실이 내게 있었다. 상상하기도 어려운 아름다운 꿈 이야기가 내게 있는 것이었다. 그렇다고는 해도 책을 내는 것이 그다지 필수적인 과제라 생각되지는 않았다.

그렇지만 나의 지난날을 궁금해하는 아내와 딸의 관심에 일기장을 더 뒤져 보게 되었다. 계속 읽다 보니 내가 잊어선 안 될 고마운 분들이 너무 많았다.

특히 김포중학교 6회 동기들은 그 어려운 시기에 실명한 나의 개안 수술을 위해 모금을 했었다. 그 가운데 세 명 민경린, 조재구, 권중달은 친형제 이상으로 오랫동안 곁에서 나를 돌보고 있었던 것이다. 그래서 맹인 부부인 우리 내외를 무덤까지 지켜 달라는 부탁을 한 적도 있었다. 그런데 재구가 늘 골골거리는 나보다 먼저 세상을 떠났다. 거기에 경린이는 허리가 아파 외출이 거의 불가해 모임도 갖지 못하게 되었다. 충격이 아닐 수 없었다.

그리고 육영수 여사님. 그분의 선행이야 너무나 잘 알려져 있는 것이지만, 내 일기장 속에서 다시 만난 그분과의 일화는 새롭게 느껴졌다. 이 무지렁이에게도 여사님의 손길이 미치고 있었을 줄이야! 이러한 고마움들을 활자로 남겨 누구에게나 읽히고 싶은 생각이 간절해지기 시작했다.

내 딸의 말도 내게 이 자서전에 대한 명분을 주었다. 아버지는 원로 예술인으로 등재되어 창작 지원금까지 받는 작가이시니 글을 쓸 의무도 있지 않느냐는 것이다. 또 "노인들은 두뇌 활동을 자꾸 시켜야 치매를 예방할 수 있다."라며 격려도 했다. 내가 1972년 문화방송 개국 기념 〈절망은 없다〉 생활 수기 공모에 당선되었던 때에 딸이 태어났다. 한자는 다르지만, 그래서 딸의 이름을 '문화'라고 지은 것이다.

또 작은 관심과 선행이 고비 고비 얼마나 간절한 것인가를 사람들에게 알려 주고도 싶었다.

이 나라가 이렇게 살기 좋아졌는데도 전 세계 자살률 1위를 계속하고 있다. 나도 자살이 모든 난제를 해결할 수 있는 방법이라고 생각한 적이 있지 않았던가. 이 글을 읽는 사람은 자살을 결심하는 이의 안타까운 사정을 좀 더 이해할 수 있게 되지 않을까? 조금만 더 기다리면 모두들 내게 도움을 줄 사람이었던 것을! 지금까지 내가 가정을 이루고 지내 올 수 있었던 데는 정말 고마운 분이 아주 많았다. 하지만 나는 부질없는 말과 행동으로 사람들에게 많은 잘못을 저질렀다. 그에 대해 여기에서 용서를 빌어야 하겠다.

끝으로 1급 시각장애인이면서 90 가까운 생도에게 글을 쓰라고 끊임없이 격려하던 남지심 선생님이 계신다. 『여성동아』 등단에 우담바라의 남 선생님은 그 바쁘신 와중에도 이 글에 추천사까지 써 주시니 더한 감사를 올려야 하겠다. 나는 그동안 고마운 분들과 이 글을 읽으시는 분들께 보답이 되기 위해 최선을 다하려 했다. 평생 경험한 생활 지식과 치료 경험으로 터득한 구급 처방들을 아낌없이 소개한 것이다. 여기에서 한 가지만 응용해 효험을 보아도 작은 보상과 아울러 책 구입비가 되리라 믿는 바다.

차례

추천사   5
글을 시작하면서   8

사람의 발자국을 세고 말도 듣는 물고기가 살던 곳   17
일제의 간이 학교   22
전쟁놀이 구경   25
살아남은 자의 기억   29
터키군에게 담배를 배우다니   34
1·4 후퇴   38
미군과 중공군   43
푸른 눈의 서양 사람   48
한국의 카사노바 박인수 소대장   53
스탠 바이 화이어   58
특대생으로 김포중학에 진학   62
학교 친구들   66
이사   71

통나무 대롱 수문과 철 문짝 수문	77
상경	81
나를 알아주던 이웃	84
한강교 전차에서 미옥이를 만나다니	88
현저동 산 101번지	92
여중군자	96
이천지교	100
국제차량공업사	105
은행원이 되면 미옥이를 만날까	111
4·19에서 파편을 맞았지만	115
아이젠하워 대통령께서 내 손을 잡아 주시다니!	122
인기 만점의 우리 어머니	127
도가니 폭발 사고	130
실명은 천벌인가	134
천호동 맹인부흥원	138
맹학교에 편입	143
국립서울맹학교	148
안마 피리	152
김포중학 동기가 맹학교 교사로 와 있다니	157
벌레만도 못한 새끼가	161
꿈에서는 더욱 행복할 수 있었다	167
흰 지팡이와 친구들	171
서울안마원에서	176
국모 육영수 여사님	181
물리치료사가 되어 종합 병원에 근무하게 되다니	185
금화시민아파트	190
문화방송 생활 수기 공모에 당선	195

특수교사 자격증 취득	201
새로운 한글 점자 제정	207
월간『신동아』논픽션 당선과 한빛맹학교로 전근	213
시각장애인들의 이료과 교재	218
세계 최초로 모든 한자를 점자로 표기할 방식 창안	226
교육학 석사 학위 취득	234
강북구 수유3동에서 제일 잘 지은 집	243
『우리나라 전통 안마 지압 마사지 쓰두』	249
문학상	260
정을 나누는 친구들	267

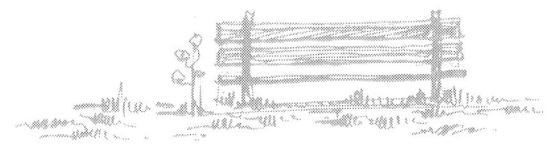

사람의 발자국을 세고 말도 듣는
물고기가 살던 곳

1939년 7월 17일 출생한 나는 몹시 병약했단다. 그래서 출생신고도 1941년 9월 10일에야 되었단다.

다섯 살부터 천자문을 배웠는데 글눈은 밝았는지 책을 떼기 전부터 한글도 익혔다. 한자 밑에 토를 단 것을 보고 한글을 깨우친 것이다. 서당에 다니느라 초등학교는 3학년이 다 되어 들어가게 되었다.

학교에 다닌 지 1년이 좀 지나 한국전쟁이 일어났다. 평화롭기만 하던 농촌이 전쟁터가 된 것이다. 그것도 최일선이 되어 언제 적의 포탄이 날아올지 모르는 공포의 고장이 되었다. 지금은 김포가 도시화로 아파트 숲으로 뒤덮인 데다 시로까지 승격되었다. 전에는 한강 유역이라 주민들은 주로 농업에 종사했다. 남북 분단 전에는 수로로 북과 남도의 곡물과 해산물이 거의 이곳으로 유통되었다. 도로와 자동차가 겸비될 때까지 한강은 서울의 관문으로 물류의 중심이기도 했던 것이다. 100미터 높이 내외의 산들이 이어져 있고 골짜기와 들에는 밭과 논이 펼쳐져 있었다. 샘이내라는 저수지쪽에서 시작한 개천이 개풍군 쪽의 강으로 3킬로미터쯤 흘러 그 동서에 약 500호가 살았다. 노을 하 자에 재 성 자를 쓰는 지명 그대로 하성면은 저녁 노을이 매우 아름다웠다. 강하구의 강화도를 배경으로 붉은 노을에 범선들이 이것이야말로 자연 현상임을 뽐내듯 소걸음으로 느리게 움직였었다. 가지각색의 돛단배들이 꼬리에 꼬리를 물고 지나가던 아름다운 모습은 지금도 눈에 선하다.

내가 태어난 가금리의 강변에는 애기봉이 있다. 그 평화롭던 고장이 최일선 전쟁터로 바뀐 것이다. 매년 성탄절이면 북의 개성을 향해 크리스마스트리에 전등을 밝혔었다. 병자호란 때 평양 기생이 사랑하는 남자를 따라 여기까지 왔었단다. 그러나 병에 걸려 죽게 되었다. 마을 사람들은 150미터 높이 정도의 이 산을 전에는 쑥사머리산이라 불렀었다. 쑥 솟아난 갓 같아서 그렇게 불리게 되었다는 말도 있다. 흉년에는 산기슭의 쑥과 무릇이 구황 식물이 되어 그런 이름이 생겼는지도 모른다. 그러나 박정희 대통령께서 전방 순시 중 이곳까지도 빠트리지 않으셨다고 한다. 그리고 남북 간의 사연이 깊은 지명을 상기시키시어 지금은 그 기생 이름대로 애기봉이라 부르고 있다. 애기는 자기 고향을 못 잊어 평양을 바라보게 묻어 달라고 유언을 했단다. 그래서 큰 독에다 세워서 그 봉우리에 묻었단다. 무덤 자리가 있었고 학교에서 소풍을 왔을 때도 그 깨어진 독의 파편을 볼 수 있었다. 지금은 개성 쪽을 바라보는 전망대도 설치되어 있는 마을이다. 이괄의 난을 평정했다는 장만 장군의 사당도 마을에 있다. 때마다 시의 유지와 유생들이 찾아와 제사를 올린다.

가금리는 반경 2킬로미터 정도쯤 되는 마을인데 30호 가량의 네 마을이 한동네 같았다. 또 논과 밭이 기름진 편에 할아버님과 아버님이 부지런하시어 배를 곯고 지내지는 않았다. 성장해 여러 지방을 다녀 봤지만 내 고향만큼 아기자기한 고장은 만나지 못했다.

마을 아이들도 순박해 참외 서리니 닭 서리니 하는 것을 모르고 자랐다. 샘이내에서 내려가는 개천은 경사가 급한 편이었다. 그래서 개천 하류는 깊이 파인 데다 조수가 드나들었다. 사람들은 물의 범람을 막기 위해 둑을 쌓는 일이 많았다. 이것을 방죽이라고 했다. 여기에는 물이 고여 벼가 잠기므로 통나무를 파 둑 밑에 묻어 수문이 되게 했다. 큰 규모의 방죽이 있었는데 그곳에는 사철 물이 흘렀다. 그러므로 동네 아이들의 여름 놀이터가 되었다. 직경 1미터를 넘길 정도의 길이가 7미터쯤 통나무 한쪽을 길게 깎아 내려 물을 뺐다. 물 홈통으로는 물이 그치질 않은 데다 수량이 많아 통나무 두 개를 놓아 쌍 수문이라 불렀다. 낙차가 커 50평쯤 되는 웅덩이가 생겼다. 큰물이 나지 않아서 그랬는지 이 고장에서는 거의 다 통나무를 깎아 수문으로 이용했다. 나중에 다른 마을에 가니 수문은 문짝처럼 되어 있었다. 다른 계절에는 100평쯤 되는 산소의 잔디밭이 역시 좋은 놀이터였다. 씨름과 기마전에 숨바꼭질이나 집 뺏기 등 참으로 재미있었다.

바다가 가까워서 개천에는 물고기가 많았다. 숭어에다 망둥이, 새우도 있었지만 민물고기인 붕어, 눈달치, 미꾸라지, 메기 등도 많았다. 잡아다 먹고 나서 물이 한번 들었다 나가면 개울에 다시 고기가 놀았다. 어른들은 지류가 강에 합류하는 곳에 큰 그물을 쳐서 고기를 잡기도 했다. 그물을 개울 바닥에 숨겼다가 물이 다 들면 세워 두었던 장대에 올려 개울을 막는 것이다. 배가 있을 때는 물이 들었을 때 그물로 개울을 막는다. 이것을 개막이라고 했다. 그런데 이때 개울 바닥에 사람의 발자국을 남기면 고기가 들지 않고 도망친다고 했다.

가을이면 김포에서는 장어와 참게를 많이 잡았다. 나도 논에서 물이 내려가는 물꼬에 나가 밤을 샌 적이 있다. 경지 정리가 되기 전에는 논이나 밭이 계단식으로 된 곳이 많았다. 그래서 제일 낮은 물꼬에 밤에 나가 발을 담그고 앉아 있으면 논 게가 발등으로 지나가는 것을 잡을 수 있었다. 얼마나 재미가 있었는지! 그런데 스무 마리쯤 잡았을 때 이웃 청년이 내게로 다가왔다. 그리고 게를 많이 잡았으니 몇 마리 달라고 했다. 나는 반을 나누어 주었다. 추세에 따라 그만치는 앞으로 더 잡을 수 있을 것 같았기 때문이다. 그러나 그 뒤 게는 한 마리도 더 잡히지 않았다. 청년과의 말소리를 들은 게들이 모두 도망친 모양이었다.

마을 뒤와 앞산 동편에는 소나무가 들어차 있었다. 바람이 일면 '쏴— 쏴—' 파도처럼 바다 이야기를 들려주는 것 같았다. 또 정남방의 100미터 높이쯤 되는 산에는 봄마다 진달래가 온 산을 붉게 물들였다. 땔감을 위해 겨울이면 바위옷까지 박박 긁어 가지만 키가 작은 진달래는 그 사이에 숨었다가 흐드러지게 꽃을 피웠다. 가랑잎은 난방 취사용으로 모두 긁어다 땠었다. 잎을 모두 떨구었던 갈참나무란 활엽수가 여름내 손바닥처럼 무성해져 푸른 치마를 두른 듯했다. 가을이면 그것이 단풍으로 다시 한번 꽃대궐을 이루었다. 동네 이름에 아름다울 가 자에 쇠 금 자를 쓸 만큼 가금리는 참으로 멋진 고장이었다.

일제의 간이 학교

 나는 서당에 다니다 권유에 못 이겨 간이 학교에 다닌 적이 있다. 해방되던 해 내 나이가 우리 나이로 일곱 살이었다. 일본의 신식 교육을 받으면 나중에 그들의 심부름꾼밖에 못 된다고 했다. 그러나 구식 공부는 과거 시험이 없어져 헛수고가 되리라는 말도 있었다.
 집에서 바로 건너다보이는 문터골이라는 마을에 간이 학교가 생겼다고 했다. 서당보다는 규모가 훨씬 컸으나 작은 교실 두 개 정도밖에 안 되었다. 이 학교를 나온 뒤에는 10리쯤 떨어진 면사무소 소재지인 하성의 국민학교에 가게 될 것이라 했다. 간이 학교를 처음 세우니 모집 인원이 채워지지 않아 나의 입학을 재촉했는지도 모른다.
 집과 간이 학교는 벌판 하나를 사이에 두었지만 길이 바로 나지 않아 돌아 걷는 거리가 5리 가까이 되었다. 서당은 대개 사랑방을 사용했다. 훈도들은 지금의 유치원생 정도의 아이에서부터 어른까지 나이의 구별이 없었다. 배우는 책도 수준에 따라 『천자문』에서부터 『논어』까지 다양했었다. 쉬는 시간도 일정하지 않았다. 그때는 서당뿐 아니라 시계의 보급이 일반화되지 않았던 것도 사실이다. 학교는 서당과 달리 과목도 공통에다 시간표대로 움직여 규칙에 절도가 있어서 좋았다.

그런데 우리말을 쓰지 못하게 했다. 수업 시간을 시작할 때도 모두 일본말로 했다. '일어서', '경례'도 물론 일어로 했다. 성과 이름도 바뀌야 했다. 내 이름은 다이꽁이라고 했다. 일어에서 다이꽁은 '무'였다. 그래서 "다이꽁, 다이꽁, 무 다이꽁." 하고 놀림을 당하게 되었다. 딱지 같은 표를 몇 장씩 나누어 주고 우리말을 하다 걸리면 하나씩 뺏었다. 그리고 그 표를 다 빼앗기면 청소를 하든가 벌을 서야 했다.

또 공부 시간에도 사이렌이 울리면 학교 뒤에 있는 방공호로 피해야 했다. 사이렌은 손으로 돌리는 것인데 "게이까이 게이호(경계경보)! 고스 게이호(공습경보)!" 하고 소리를 지르면 공포가 아닐 수 없었다. 미국 폭격기는 구경도 못했지만 그렇게 공포 교육을 시켰다. 철부지들은 아무것도 모르고 방공호에 들어가 엎디어 경보가 풀리기만 기다렸다. 곧 폭탄이 터질지 모른다고 하니 가슴을 졸여야 했다. 또 길을 걸을 때도 두 사람 이상이 되면 어깨동무를 하고 "베이에이 게끼메스(미영 격멸)!"를 외치라 했다. 하성국민학교에서는 조회 때면 일인들이 모시는 신에게 절을 시킨다고 했다. 선두에 나팔수를 세워 장마당 주변에 시가행진을 하도록 시켜 전쟁에 대한 열기를 높인다 했다. 선동 일제의 교육은 참으로 철저했었다. 정말 공포가 아닐 수 없었다. 그래서일까 나는 해방이 되어서도 학교가 무서워 한동안 서당에 다시 다녔다.

전쟁놀이 구경

　6·25 한국전쟁 때다. 강 건너 북쪽 멀리 쿵쿵 소리가 들리는가 했더니 나루터에 피난민이 배에 가득가득 실려 왔다. 나는 11세에 4학년이었다.

　다음 날 월요일이라 학교에 가니 운동장에 무장한 군인과 차들이 서 있었다. 교장님은 학교 현관에 나와 큰 몸짓과 함께 높은 소리로 학생들을 집으로 돌려보내기에 급하셨다. 영문을 모르는 나는 얼마간 주변을 두리번거리다가 북쪽으로 10리쯤 떨어진 우리 동네에 도착하게 되었다. 그런데 마을 사람들도 집을 떠나고 있었다. 금방 되돌아오리라는 말에 모두 가벼운 차림이었다. 그리고 어머니가 내게도 이웃 사람을 따라 피난길에 오르라고 하셨다. 집에는 심한 관절염으로 걷지 못하시는 할아버님과 병으로 누워 계시게 된 아버님이 계셨다. 그렇다고 나만 피난을 가라시다니? 그러나 그 이유를 물을 겨를이 없었다. 모두들 갑작스러운 일이라 잠시만 자리를 피하면 될 줄 알고 있었으니.

　나는 하는 수 없이 이웃 사람과 함께 집에서 남쪽으로 20리쯤 떨어진 봉성리에 갔다. 대대로 그 고장에 살던 사람들이라 서로 잘 알고 있는 것 같았다. 그래서 어느 집에 들어가 있는데 별안간 굉음이 집을 흔들었다. 흙벽이 심하게 울려 우수수 쏟아지는 소리도 났다. 인민군 선발대 포대가 집 뒤 봉성산 정상까지 올라가 대포를 쏘고 있었던 것이다. 어린 나이라 놀라울 뿐 그 상황을 정확히 몰랐었다. 그러나 지금 생각하니 인민군은 의정부 쪽으로 서울을 향해 탱크를 앞장세우는가 하면 강이 있는 김포로는 보트를 띄웠던 것이다. 그리고 기선을 잡기 위해 대포를 갖고 김포를 위협했던 모양이다. 북과 강으로 막혀 있던 김포 서북 지역인 시암리였다. 거기에 살던 친구의 얘기로는 그때 인민군이 고무보트를 타고 침투했다고 했다. 겁을 주려는 작전을 위해 몇 방 대포를 터뜨렸으나 계속 쏠 포탄은 없는 것 같았다. 나는 대포 소리에 놀라 방에서 꼼짝 못 하다가 사람들이 집에서 나가기에 따라 밖으로 나갔다. 봉성리 앞에는 남쪽으로 넓은 벌판이 펼쳐져 있었다. 그리고 강변으로는 큰 제방이 연결되어 있었다. 사방은 평시처럼 조용했다. 나는 무심코 10미터쯤 높이의 제방을 따라 혼자 얼마쯤 걸었다.

　그런데 상황이 끝난 것이 아니었다. 땅바닥을 기어다니고 논두렁 뒤에 찰싹 엎드렸다가 내달리기를 반복했다. 200~500미터 거리 이내에서 벌어지고 있는 양방의 전투가 마치 아이들의 병정놀이만 같았다. 내 눈에는 그것이 생명을 건 전쟁이라는 느낌이 전혀 없었다.

학교에 있었던 군인인지 들판 쪽에는 국군이 있었다. 북의 봉성산 쪽에는 인민군이 있었다. 국군에게는 장갑차가 있었다. 상부에는 기관포 포신 하나만 불쑥 나와 있는 모습이었다. 몸 전체가 철갑에 고무 타이어 바퀴를 한 것이었다. 하지만 기관포는 사용하지 않고 차 밑에 엎디어 적을 향해 총을 쏘고 있었다. 기관포는 이름에 포자만 붙었을 뿐 직경이 20밀리미터 크기의 연발총이었다. 그때 경찰도 전투에 참여했었는지 모른다. 경찰 기마대였는지 말들도 전투에 참여한 것을 볼 수 있었다. 10기 이내였는데 그 움직임이 얼마나 민첩했는지 모른다. 일정한 거리를 지키며 달리다가 앞의 말이 무릎을 굽히고 몸을 낮추자 다음 말들도 똑같이 따라 했다. 말잔등의 기병도 납작 엎디었다. 그리고 선두의 기마병이 숙였던 몸을 일으키며 신호를 하니 일제히 따라서 내달았다. 어린 눈에 얼마나 신기했는지 그 모습이 지금도 눈앞에 생생하다. 그것들은 일본군에서 사용되던 것인지도 모른다. 미국의 서부극을 여러 차례 보았지만 그렇게 훈련이 잘된 말들의 움직이는 모습은 볼 수 없었다. 나는 유탄에라도 맞으면 바로 죽게 될지도 모르는데 그런 공포는 조금도 모르고 있었다. 혼자 제방에 앉아 양방의 전투를 축구 경기처럼 흥미롭게 구경했다.

마을 아이들이 편을 갈라 병정놀이를 하는 느낌이었다. 야간 전투는 그곳에서 남으로 좀 더 떨어진 곳에서 있었다. 이따금 탄환이 빨랫줄 같은 빨간 선을 긋고 지나가는 모습이 한층 아름답게 보였다. 사람이 무수히 상하고 엄청난 파괴가 생긴다는 것을 모르던 나이라 내게는 그냥 하나의 볼거리였다. 한국전쟁이 있을 무렵 동네 이곳저곳에서는 아이들이 병정놀이가 성했었다. 아무

것도 모르는 애들이 아닌가? 아이들의 전쟁놀이가 유행처럼 번졌었다. 그래서 나라의 변고는 아이들의 노는 모습에서 조짐이 보인다는 말도 있다. 다행히 김포 뜰에서의 남북 대결에서는 사상자가 별로 없었는지 다음 날은 모든 것이 평온했다. 함께 있던 마을 사람들도 이제 집으로 돌아가자고 했다.

저녁 무렵이었다. 10여 명의 사람들이 좁은 길을 길게 늘어서 걷고 있었다. 그런데 밭고랑에서 별안간 인민군이 불쑥 나타나며 "손들어!" 하고 외쳤다. 인민군 세상이 되어 있었던 것이다. 나는 너무 놀라 털썩 주저앉았었다.

"뭐 하는 사람이오?"

인민군은 따발총을 내밀며 외쳤다.

"농사꾼들입니다."

인민군과 마을 사람 사이에는 몇 마디 말이 더 오고 갔으나 내 귀에는 제대로 들리지 않았다. 나는 몸이 떨려 한동안 걷지 못하다가 곁의 사람이 잡아 주어 겨우 발을 뗄 수 있었다.

살아남은 자의 기억

그때는 참으로 어지러운 시기였다. 그 지독한 일제에서 벗어났지만 나라가 형편없었다. 새로운 민주 정부가 들어섰지만 재정도 없었고 물자가 없었다. 정치가들은 민주주의나 공산주의 같은 이념만 바뀌면 곧 잘 살게 될 것으로 선전했다. 그러나 무슨 이념이 생산 공장은 아니었다. 한겨울에도 전에 사용하던 난로가 설치되었으나 연료가 보급되지 않았다. 종이도 말똥을 재료로 만든 마분지를 썼다. 연필도 불량품이라 침칠을 해 가며 쓰지만 심이 자주 부러졌다. 모든 산업을 일인들이 주관하다 그냥 물러난 결과였다. 교과서는 미국 원조로 만들어진 종이라 좋았으나 방학 책까지는 제대로 나오지 않았다. 거기에 다시 전쟁이 일어나다니!

　정부가 모든 인민을 똑같이 잘살게 해 준다는 공산주의로 바뀌었으나 물자가 더 부족한 모양이었다. 교과서도 전혀 없었다. 학교에 나오라 했으나 담임도 정해지지 않았고 시간표도 아직 없었다. 내내 모두 모아 놓고 노래를 가르치다가 헤어졌다. 노래도 "아침은 빛나라…"로 시작되는 북한의 애국가와 김일성 장군에다 적기가 같은 몇 가지가 반복될 뿐이었다. 오히려 학생들은 인민위원회 모임에 동원되었다. 회의가 있을 때는 교회에서 예배 볼 때 찬송가로 시작하는 것처럼 노래를 학생들에게 부르게 했다. 각 동리에는 인민위원회가 있었는데 그 회의가 잦았다. 어릴 때라 내 기억이 정확하지 않을 수 있다. 그러나 어제 일처럼 느껴지는 것이 많다. 저녁이면 마을 사람들을 모아 놓고 토론이나 비판을 열띠게 했다. 시계가 제대로 마련이 없을 때라 몇 시까지 이어졌는지 모른다. 그러나 조름을 참을 수 없어 눈만 비벼대야 했다. 그리고 당에 대한 충성심에 뒤진다는 비판을 받을까 노래를 목청껏 외쳐야 했다. 비판은 일제에 충성하던 사람이나 땅을 많이 갖고 머슴을 부리던 지주들이 받았다. 세상이 바뀌니 머슴이 지주를 하인처럼 닦달하기도 했다. 어느 마을에서는 인민재판을 열어 즉결 처분으로 악질 반동을 돌로 처 죽였다는 소문도 있었다. 그런데 자식이 부모를 비판하기도 했다. 어떤 때는 동네 어른을 따라다니며 벼 이삭을 훑어 놓고 그 낟알을 일일이 세는 일도 했다. 정확한 수요와 공급을 위한 통계 작업이었겠지만 아주 인색한 느낌을 주었다. 나는 보지 못했는데 수수 이삭과 조 이삭도 낟알을 낱낱이 센다는 말도 있었다. 과장된 소문이었는지도 모른다.

 인천 상륙 작전이 성공해 곧 국군이 돌아오리라고 했다. 김포 서편은 서해, 동북방은 한강으로 둘러져 있는 반도와 같다. 그래서 물에 퇴로가 막힐까 봐 미군의 인천 상륙에 인민군과 당 간부들이 일찍 철수했다. 송곳 하나 꽂을 땅이 없이 가난해 대대로 상전이나 지주에게 얹혀살다시피 지내던 종살이들이 많았다. 아직 산전과 하인의 반상 계급이 깨끗이 사라진 사회도 아니었으니. 농사꾼은 논밭에 목숨을 걸고 있지 않은가? 지주에게 농토를 뗄까 빌고 빌며 굽신대던 소작들이었다. 세상이 바뀌어 공산주의가 되니 이 무산계급들이 오히려 지배자가 되었다. 몇 달간 머슴과 소작인에게서 비판을 받던 사람들은 천기를 어긴 듯한 노여움에 차 이를 갈고 있었다. 하지만 서울 수복이 우선이라 김포에는 국군이 바로 들어오지 않았다. 병고에도 국군을 다시 보고 싶어 하시던 아버지였다.

그런데 추석을 12일 앞두고 아버지가 세상을 떠나셨다. 2년 가까이 앓으시는 동안 굿을 하고 경을 읽으며 한약을 지어다 썼다. 그러나 혼란 중이라 그랬는지 병원 치료는 제대로 받지 못하셨다. 집 형편이 몹시 어려워졌다. 할아버지가 건강하실 때는 1만 평 가까운 농사를 지었었다. 하지만 금싸라기처럼 여기던 자작답 네 마지기도 팔고 밭 두 뙈기를 제외하면 논 3천 평 정도밖에 남지 않았다. 토지 개혁이니 소개지구니 해 땅을 사는 사람도 없을 때였다. 지금도 남북 간에 완충 지대가 있는 것처럼 연접한 강 양편의 주민을 철거시켜 무인 지대를 만들려 했었다. 아버지를 여읜 슬픔에다 식생활에까지 위협을 받게 되다니.

이웃에는 송득춘이란 청년이 있었다. 지주나 양반은 아니었지만 사회 정의를 외치는 의기남아라 할까? 송 씨는 산길로 고개를 넘다 인민군 낙오병을 만났단다. 그 낙오병은 자기는 도망치는 몸이라 필요 없어졌다며 송 씨에게 국군한테 획득했었다는 M1 소총을 주었다고 한다. 총이 생긴 송 씨는 면 인민위원장 밑에서 눈꼴사납게 꺼떡대다 철수하지 못한 하영이란 청년을 찾아갔단다. 그리고 총으로 위협하며 그동안의 잘못을 사과받으려 했다. 그러나 하영 씨는 한낱 송 씨 같은 이에게 용서를 빌 마음이 없었던 모양이다. 그렇지만 당장 목숨에 위협이 생겼으므로 그날 밤 애기봉에 올라가 강 건너에 횃불로 신호를 올렸다. 아직 국군은 자취도 보이지 않는데 민간인들의 보복이 두렵다는 내용이었다. 그래서 강북으로 피신했던 공산당원들이 바로 남으로 내려왔다. 물론 송 씨를 비롯해 다시 기득권을 누리려던 사람들이 눈에 띄는 대로 잡혀갔다. 탄환도 달리게 된 공산당원들은 정말 끔찍한 살육을 시작했다. 몽둥이와 농기구로 무참하게 살해를 저질렀다. 나는 하성면 사무소 뒷산 골짜기에서 무수한 시체를 목격했다. 피범벅이 되어 그렇게 보였는지 여름옷이라 그랬는지 모두가 검게 보였다. 그리고 쉬파리들이 또 검게 뒤덮고 있어 누가 누구인지 구별이 안 되었다.

약 한 달이 지났을까 어린이 모양의 견장을 단 미군이 탱크로 진격해 왔다. 그리고 이어서 국군이 들어왔다. 그런데 이번에도 공산당원들의 하급자들은 모두 피하지 못하고 남아 있었다. 4학년 때 짝꿍 동길네 식구들도 그 가운데 하나였다. 동길이 형은 머슴이었다고 한다. 그래서 노동자 농민의 천지가 되자 자기들 세상이 된 것으로 알았다. 그러나 자기 식구들을 제일이라고 추켜세우던 간부들은 벌써 자리를 뜨고 없었다. 그 이웃에 살던 동기 영식이의 말이었다. 동길이에게 '대한민국 만세'를 부르면 살려주겠다고 하였단다. 그렇지만 동길이는 형과 어머니를 따라 '김일성 장군 만세'를 부르고 총살을 당했다. 이러한 보복과 보복에 마을의 사람의 씨가 마를 것 같았었다. 사상을 선택할 자유가 얼마나 있었는가? 갑자기 남북이 갈리고 이 피바람이라니!

터키군에게 담배를 배우다니

그 와중에도 세월은 흘러 겨울에 이르고 있었다. 마을 아이들이 강변에 터키군이 왔다고 했다. 호기심이 많아서일까 나는 여기에도 구경에 따라나섰다.

터키군은 푸른 눈과 노랑머리가 아니라 별 이질감을 주지 않았다. 강으로 침투하는 적을 막기 위해 가시철망을 치려 했다. 남의 손으로 코를 풀려 한다고 했던가. 터키군은 가시철망 뭉치를 하나도 나르려 하지 않았다. 동네 아이들을 부리고 있었다. 아이들은 터키군이 시키는 대로 그 철망을 하나하나 적당한 거리에 옮겼다. 혼자 다루기에는 좀 어려웠으나 중심에 있는 나무 얼개를 두 사람이 들면 안전했다. 철사 뭉치지만 가시가 감겨서 엉성했기 때문에 무게가 많이 나가지 않았다. 어른들 말을 어길 줄 모르던 아이들이라 그런지 터키군의 지시는 언어가 통하지 않아도 잘 수행되었다.

터키군은 철망을 나른 아이들에게는 담배를 한 개비씩 주었다. 고급 궐련이었다. 그런데 담배에 불을 붙여 주며 그 자리에서 피우는 것을 보아야만 그것을 주었다. 담배를 가르치고 있었던 것이다. 나중에 담배를 팔아먹기 위한 꼼수라는 말도 있었다. 세계인의 자유를 위해 목숨을 건 유엔군이었지만 자국의 이익도 함께 생각해야 되었던 모양이다. 아니, 자기 나라가 우선이었을지도 모른다. 아이들은 매운 연기에 기침을 해대고 눈물, 콧물을 흘리면서도 재미있어 했다. 궐련은 어른들 중에서도 신사들이나 피우는 것이 아닌가? 거기에 담뱃갑이나 모양이 더 고급스러웠고 태우기에는 아까울 정도였다. 부지런히 물건을 가져다 놓고 다시 오면 새 담배를 또 주었다. 그래서 피우던 담배를 꺼서 주머니에 넣으면 몇 개 더 모을 수 있었다. 하여튼 이후 동네 아이들은 어른들 몰래 담배를 피우는 모습이 자주 눈에 띄었다. 철망은 다 설치되기 전에 철수했다. 그 철망은 나중에 못 공장에서 몰래 수집해다 재활용하게 되었다. 물자가 워낙 귀한 때였기 때문이다.

그때 어른들은 직접 재배한 담뱃잎을 썰어 말려 피웠다. 그것을 청초라고 했다. 1917년부터 인천에 성냥 공장이 생겼다고 했다. 그러나 돈을 주고 사야 되었기 때문인지 수시로 담배를 피워야 하는 사람들은 부시로 불을 붙였다. 쑥 잎을 곱게 부벼 지금 뜸을 뜰 때 사용하는 깃에 차돌과 쇠를 부딪쳐 생기는 불씨를 이용했다. 어른들은 담배쌈지에 청초와 부시를 요즘의 휴대전화처럼 지니고 다녔다. 조금 형편이 좋은 이들은 전매청에서 나오는 장수연이란 봉투에 담긴 잎담배를 사 피웠다. 대개 호두 껍질만 한 놋쇠 골통에 가는 대나무를 연결한 담뱃대에 담아 피웠지만 조각난 신문지에 말아서 태우기도 했다. 그런데 터키군에게 최고급 담배를 받아 피우는 멋이라니! 나도 마치 어른이 된 들뜬 기분에 꽁초를 아껴 가며 피웠다. 그런데 작은댁 아주머니에게 들키고 말았다.

"아무리 철이 없어도 아버지를 여읜 상제인데 그렇게 버릇없이…!"

우리 집 앞 작은 언덕 넘어 양택리에는 작은댁이 살았다. 그 시조부님이 참봉 벼슬을 한 분이라 모두 조 참봉댁이라 불렀다. 나는 학교에 편입하기 전 서당에서 『천자문』과 『계몽편』에 『명심보감』 등을 떼고 『논어』도 선배들 것을 곁에서 읽은 적이 있다. 공자님의 예절을 상당히 배웠던 것이다. 양반 가문 자손이 불효를 저지르다니! 그때만 해도 반상민의 뿌리가 사라지기 전이었다. 조상님인 조준과 조견 할아버지 형제분은 이씨 조선의 1등과 2등 개국 공신이셨다. 그래서 대대로 나라에서 벼슬을 내렸었다. 다산 정약용의 『목민심서』 첫 장에도 조준 할아버지에게는 치적이 있었다고 소개되었다. 고려 말의 문란한 토지 제도를 정리하셨다 한다. 그렇게 해 이씨 왕조가 쌀밥을 먹게 하므로 백성들이 백반을 이밥이라 부르기 시작했단다.

이렇게 자랑스럽게 여기던 가문에 먹칠을 한 것이다. 하지만 우리 집 어른들은 양반으로 거들먹거리는 것을 흉하게 여기셨다. 사람 차별하시는 것을 보지 못했고 항상 어른들게 공손하라는 주의를 받았었다. 아버님은 늦둥이 외아들인 내게 정성을 기울이셨다. 일찍부터 서당에도 보내시고 허술한 행랑채도 산에서 손수 재목을 가려 모아 번듯하게 지으셨다. 집에는 산이 6천여 평 있었는데 거기에서 곧은 나무를 베어다 일일이 껍질을 베껴 다듬으셨다. 그리고 나뭇진이 삭도록 재목가리에 말리셨다. 벽에 양회까지 바르지는 못하고 돌아가셨지만 행랑채는 번뜻한 모습이었다. 어려서는 그 새집이 얼마나 자랑스러웠는지! 돌아가셨을 때 비행기 폭격이 무섭다며 상여에도 못 모시지 않았던가. 나는 그 아주머니의 한마디에 얼마간 머리를 들 수 없었다. 예를 고집하는 일은 낡은 생각이라 할 것이다. 그러나 나는 이 문제에 대해서도 좀 더 깊이 살펴야 되겠다고 여겼다.

1·4 후퇴

　국군에게도 몰려오는 중공군을 막을 방어선을 임진강으로 했던 것 같다. 국군은 강변에 참호를 파는 데 주민들을 동원했다.
　마을에서 회의가 있거나 야경夜警을 돌 때는 내가 우리 집을 대표로 나갔었다. 겨울이면 전통적으로 한밤이면 동네마다 야경을 돌았다. 도난과 화재 예방을 위해 두 사람씩 방망이나 북을 치며 마을을 순찰하는 것이다. 이번 참호 공사 부역에도 우리 집에서는 내가 나가게 되었다. 관료들의 편의대로 행정이 이루어지던 때라 가호별 동원이 보편이었는지도 모른다. 어머니가 나서시어 어린 애를 내보낼 수 없다고 사정하면 되었을까? 그러나 남녀 간 내외를 심하게 지키고 있어서 그런지 어머니는 나서지 않으셨다. 그때는 노파 정도가 아니면 여자가 남자 앞에 나서는 일을 부도덕한 것으로 여겼다. 이른바 내외 예절이었다.
　강변에 있는 산에 구덩이를 파는 데 어른들과 같이 동원되어야 했다. 거기에서 내가 제일 작고 어렸다. 감독하는 군인도 내가 안타까웠는지 집에 누이가 있다고만 하면 일을 시키지 않겠다고 했다. 하지만 나는 거짓말을 몰랐다. 다행히 그 작업이 오래 계속되지는 않았다. 후퇴 명령이 내려졌기 때문인 것 같았다.

이번 피난에도 나는 동네 사람과 함께 가게 되었다. 할아버님이 기동을 못하시니 우리는 피난을 못 하게 되었다. 처음 피난 때와 달리 이번에는 모두 집을 비우고 남쪽으로 내려갔다. 그런데 동네에는 연로하여 많이 걷지 못하는 노인이 몇 분 계셨다. 그래서 어머니가 친척 아저씨뻘 되는 분을 비롯해 노인들을 맡으셨다. 그 대신 나를 그 아저씨 아드님 가족과 피난길에 오르도록 하셨다. 나는 당황했다. 멋모르고 마을 사람들을 따라 나섰다가 봉성리 전투의 위기를 겪은 지가 몇 달밖에 안 되었다. 구경거리인 줄만 알았던 광경에 목숨이 걸리고 나라의 승패가 갈리게 된다는 것을 조금이나마 깨닫기 시작했으니까. 그러나 어른들 명령을 어길 수 없었다. 나는 맨몸으로 갈 수 없었다. 짐이 많았으니까. 나는 쌀자루를 가지려고 했다. 며칠 지나면 바닥이 날 테니. 하지만 가벼우리라 여겨지는 이불을 지게 되었다.

피난 행렬은 인천 주안 쪽을 거쳐 수원 평택으로 나갔다. 행렬이 수원 아래에 이르니 길이 사람으로 가득해졌다. 공산주의를 얼마 겪지 않았지만 북에서 다시 내려온다 하니 모두 피하려고 했다. 이따금 소가 끄는 마차가 보였다. 하드톱이란 자동차도 한 대 보였으나 앞으로 나가질 못했다. 평택까지 가는 동안 사람을 태우고 다니던 차는 그것이 전부였다. 그때는 그 차가 최고급 승용차 정도였다. 트럭은 폭격을 맞아 불에 탄 것밖에 볼 수 없었다.

어느 날 눈이 많이 내려 발목 이상 빠졌는데 보행에 더욱 장애가 되었다. 추위도 더 혹독해졌다. 제대로 된 성냥이나 부탄가스가 없을 때였다. 가벼운 양은그릇도 매우 귀했다. 어떤 사람은 무쇠솥에 밥상을 지거나 머리에 인 것도 볼 수 있었다. 밥을 해 먹으려면 식량은 물론 연료와 식기도 있어야 했다. 다행인 것은 이미 집을 비우고 피난에 나선 사람이 많았다는 점이다. 그 빈 집을 이용하게 되었다. 그러나 멀리 내려갈수록 뒤처지는 사람이 많았다. 쌀자루들을 저마다 지고 이고 나섰지만 오래지 않아 바닥이 났으니까. 그런데 남의 집을 이용한 뒤에 깨끗이 정리해 놓는 사람은 드물었다. 오히려 빈 김칫독에다 쓰레기를 버리든지, 심지어 똥을 싸 놓기도 했다.

남으로 내려갈수록 행렬은 아주 느리게 움직였다. 하루 10리도 못 간다고 했다. 광 같은 곳에서 자고 일어나면 불씨와 연료를 준비하고 겨우 밥을 해 먹고 나면 해가 높아졌다. 그리고 보따리를 정리해 조금 움직이면 다시 해가 기울어 쉴 방을 구하러 나서야 했으니까. 보따리를 지키는 사람과 방을 구하러 다니는 사람이 엇갈리는 일이 자주 생겼다. 길을 조금이라도 더 가려는 쪽의 의견과 반대편의 의견이 서로 맞지 않을 때도 많았다. 그래서인가 행렬은 뒤죽박죽이 되어 가족을 잃은 사람들이 많았다. 아이들은 부모를 찾아 목 놓아 울고 어른들은 소리 높여 자녀들의 이름을 불러댔다. 아비규환이라는 단어가 바로 여기에 적합할 것 같았다. 또 벽마다 사람을 찾는 글이 빽빽했다.

피난 행렬에 왜 폭격을 했는지, 비행기에서 던진 폭탄에 몸이 조각나거나 그을려 죽은 시체도 가끔 보였다. 정말 참혹한 광경을 나는 많이 보았다. 짐이 가벼워진 데다 소를 먹일 여물을 구할 수 없어지게 되었다. 그래서 개울가같이 외진 곳에서 소를 잡았다. 이렇게 농우가 줄어들게 되니 나중에 사람이 쟁기를 끌게 되는 일도 생겼다.

내가 함께한 20년 정도 연상의 재원이 형님은 한학을 해서 지혜가 있었다. 어떤 집은 가장이 와병 중이라 피난도 못 가고 있었다. 그런데 설사와 복통으로 사경에 있던 환자를 재원이 형님이 손쉽게 고쳐놓았다. 추녀 밑에 달아놓은 양귀비대를 삶아 먹여 고쳤다. 양귀비는 마약이라 함부로 쓸 수 없지만 그 형님은 그 처방을 알고 있었다. 복통과 설사가 심할 경우 피가 보이지 않으면 양귀비만 한 약이 없다는 것이다. 환자가 자리에서 일어나자 우리 일행은 제대로 된 식사도 할 수 있었다. 헛간에 짚을 깔고 자거나 좁은 냉방에 다리도 못 뻗고 자다가 모처럼 따뜻한 방에서 지낼 수 있었다. 그 형님은 어떤 집에서는 축문도 써 주었다. 또 생년월일시에 따라 간단하게 당사주로 길흉도 봐 주었다.

학문을 터득한 사람은 대개 겉으로도 표가 난다. 그때 한학이 높거나 양반 댁 장손들은 기품이 달리 보였던 것이 사실이다. 웅얼웅얼 고문을 외운다거나, 헛기침 소리에서마저도 표가 났다. 사람들은 이러한 형님에게 가르침을 구하는 일이 잦았다. 김포의 최북단에 살던 우리 일행이었다. 그래서 거기까지 이르는 데 시일이 제일 많이 걸렸다. 그러므로 식량이 누구보다 먼저 떨어졌을 것이었다. 그러나 무슨 수입이 있었는지 먹을거리 걱정이 없었다. 상당히 부유해 보이는 어떤 아주머니도 쌀이 바닥이 났다고 걱정이었다. 그러더니 쌀자루를 몽땅 털어 그 와중에도 절편을 만들었다. 떡 하나만 먹어도 요기가 될 만치 큼직큼직하게 썰어 팔았다. 그 아주머니는 떡 장사로 식구들의 부족한 식량을 해결할 모양이었다. 우리 일행은 유식한 형님 덕에 한 끼도 거르지 않고 평택군 오성면 양교리라는 곳까지 내려갔다. 거기의 다리를 경계로 충청도와 경기도가 갈리는 모양이었다. 유엔군이 북진하기 때문에 더 내려가지 않고 머물러도 된다고 했다. 다리 남쪽에 미군이 벌써 와 있다는 말도 있었다.

미군과 중공군

 우리 일행은 내게 아주머니뻘인 할머니와 그분의 아드님이며 형님뻘인 재원 씨 형제분과 부인들 딸네 식구 세 분과 나 등 아홉 식구였다. 거기까지 이르는 데 20일도 더 걸린 것 같았다. 무얼 먹고 어떻게 지냈는지 지금은 자세한 기억이 없다. 나를 제외하면 모두 어른들이라 식량만 해도 쌀 한 가마는 더 들어갔을 것이다. 그때는 모두 밥을 많이 먹었으니까. 용기도 주로 사기 그릇을 쓸 때였고 연료도 볏짚이 아니었나?
 일행에 자전거가 한 대 있었다. 지금의 고급 승용차보다 몇 배 귀한 것이었다. 하지만 모든 기계들이 지금처럼 성능이 좋지 않았다. 쌀을 자전거에 한 가마씩 싣는다는 것은 어림없는 일이었다. 따라서 식량은 벌써 떨어졌으리라 여겨지지만 끄떡없었다.
 하여튼 그 상황에서도 재원 씨 형제분의 수완이 보통이 아니었다. 먹을 것이 바닥나 모두 아우성이었다. 아무리 공산 통치가 무섭지만 고향으로 돌아갈 것이라고 들 했다. 인민군이 패전중이라 민간인들을 건드릴 겨를이 없을 것이라는 말도 있었다. 그러나 재원 씨 일행은 아직도 여유가 있었는지 북진하는 미군을 기다리려고 했다. 다만 큰따님 모녀와 나만 떼어 집으로 먼저 돌아가라고 했다. 나머지 식구들은 북진하는 미군의 뒤를 따를 모양이었다. 그래서 일행과 갈라진 세 식구는 가벼운 차림으로 귀갓길에 오르게 되었다. 그렇게 사람으로 붐비던 길은 북으로 오를수록 한산한 편이었다.

그런데 얼마쯤 오다 보니 거기가 오산이었을까 중궁군이 보였다. 거기까지 이미 중공군이 내려와 있었다. 그것이 중공군 막사였는지 가지가 무성한 큰 나무 밑에 차일 같은 천막이 보였다. 비행기의 감시를 피하고 있는 모양이었다. 그 막사 한쪽 면에 털을 깔끔하게 뽑은 닭을 주렁주렁 걸어 놓은 곳이 있었다. 자기네도 잘 먹고 있다는 것을 나타내기 위한 표시 같았다. 그러나 부대 근처에는 자동차나 대포와 같은 무기 진열은 없었다. 지나가는 사람을 검색하지도 않았다. 총을 겨누거나 "손들어!" 하는 위협도 들리지 않았다. 중공군은 아주 단출한 차림이었다. 철모나 군장도 안 보이고 하얀 보자기만 갖고 다녔다. 그러다가 비행기가 나타나면 그 보자기를 몸에 덮어 두르고 눈 덮인 자리에 멈추었다. 눈이 많이 쌓여 사방이 모두 백색이었으니까. 비행기가 멀리 사라지면 일어나 움직였다.

다시 주안에 이르니 인민군 탱크가 폭격을 당해 그대로 서 있었다. 비록 폭격에 타 버렸지만 무서워서 멀찍이 떨어졌었다. 도로는 아스팔트 포장이 되어 있었던 것으로 기억하지만 확실치는 않다. 중공군이 있었던 곳이나 공산군의 초소나 검문이 없었다. 바닥 빨갱이가 더 무섭다 했는데 이들은 아직 자리를 잡지 못한 모양이었다.

비상식량으로 미숫가루와 엿 같은 것이 있었다. 그러나 그것마저 떨어졌는지 우리 세 사람은 두 차례 마을 사람들에게 방을 얻어서 자고 먹는 것도 얻어먹었다. 주안에서 북상하니 피난 중이라 그런지 마을들은 아주 조용했다. 그러나 피난에서 일찍 돌아온 사람인가 집을 지키고 있는 사람도 가끔 있었다. 빈 몸에 늦도록 걸음을 재촉했기 때문에 그렇게 여러 날 내려갔던 길을 사흘이 걸려 되돌아올 수 있었다.

내가 살던 마을도 차츰 사람들이 늘어나고 질서도 회복되어 갔다. 방문과 대문에 못을 박았던 것을 먼저 풀었다. 중요한 옷이나 식량을 독에 담아 묻은 다음 그 위에 짚가리를 쌓았던 것들도 원상대로 했다. 산에 옮겨다 놓고 이엉을 덮은 다음 솔가지로 위장해 놓았던 놋그릇이나 값진 가구도 집 안에다 정리했다. 우리 집은 할아버지과 어머니가 그대로 살고 계셨으므로 이러한 번거로운 작업은 없었다. 할아버님은 중공군에게 닭을 주고받은 것이라며 붉은 지폐를 보여 주셨다. 평택에서 되돌아올 때 중공군 막사에 주렁주렁 걸려 있던 닭들을 연상하게 했다. 중국의 공산군은 진격보다 후퇴에 작전에 힘을 더 기울여 승리했다는 말이 있다. 적진에 들어가 창고를 열어 주민들에게 베푼 뒤 후퇴하니 인심을 얻을 수밖에. 그때 우리나라에 왔던 중공군도 민폐를 끼쳤다는 말은 없었다. 닭 한 마리라도 정당한 대가를 지불하려 했던 것 같다.

9·28 수복 시와 같이 경찰이나 국군은 아직 없었다. 치안 유지가 안 되고 있었던 것이다. 그러나 전과 같은 쌍방의 살인극은 크게 벌어지지 않았다. 하지만 하성 초등학교 뒤편에는 어디서 가져다 버린 시체들인지 지나는 사람들의 눈을 서글프게 하는 광경이 펼쳐졌다.

김포 비행장에는 이미 미군이 들어왔는데 여자만 보면 겁탈을 한다는 소문이 있었다. 그래서 여자들이 미리부터 떨고 있었다. 최고로 부강한 나라이며 선진국 군인인데 젊은 여자들은 적군보다 미군을 더 무서워하는 것 같았다. 정조를 생명처럼 여기던 때였으니!

그런데 앞산에 미군 부대가 들어왔다. 크고 작은 자동차에 장비와 무기도 어마어마했다. 물자도 넘쳐나 버리는 음료수 깡통도 셀 수 없었다. 한 번 사용하고 버리는 것이지만 우리나라의 어떤 그릇보다 튼튼하고 모양도 좋았다. 이렇게 되자 미군이라는 말만 들어도 도망치던 여인들이 모여들기 시작했다. 상황이 변한 것이다. 국민들이 궁핍하기가 말로 다 할 수 없을 때다. 끼니를 해결할 수 없는 여인들이 미군의 위안부로 나선 사람이 많았던 것이다. 10달러 아니 5달러, 어떤 때는 1달러에도 몸을 파는 여자들이 나타났다. 1달러에 쌀이 한 말이나 할 때였다. 미군은 돈을 치르면서도 아무데서나 여인을 취해 미개인처럼 행동하고 있었으니. 그렇게 성에 굶주렸을까? 어린 내 눈에도 숲에서 주민의 시선은 모르는 체하고 뒹구는 미군이 오히려 야만인처럼 보일 수밖에! 태평양전쟁 후 일본 여인들은 미군들에게 잘 보여 패전의 그 어려운 난국을 극복할 수 있었다는 말도 있다. 한국에 있던 미군들도 휴가를 받으면 일본에 가 즐겼다고도 한다. 미군들의 거친 치다꺼리는 다 하면서 알짜는 챙기지 못했던 것이다. 우리는 그때까지 경제에 대한 개념이 없을 뿐 아니라 오히려 금전을 하시하는 풍조에 젖어 있지 않았나? 별것도 아니라 할 정조를 생명처럼 귀하게 여기고 있었던 것이다. 이러한 점을 알게 되어서일까 현재 미군들은 제3국의 여성들을 위안부로 데려온다고 한다.

푸른 눈의 서양 사람

 내가 서양 사람, 즉 백인을 처음 본 것은 해방 뒤 몇 년 되어서였다. 한문 기록에는 백인을 '색목인'이라 했단다. 피부가 흰 것보다 눈 색깔이 더 이상했나 보다. 내가 보기에도 푸른 눈에 노란 머리가 퍽 두드러져 보였다.
 남과 북을 38선으로 갈라 놓은 국제연합에서는 그 주변 위도의 측량과 표시가 필요했던 모양이다. 마을에서 건너다보이는 신리라는 곳 신작로에 정찰기 한 대가 뽀얀 흙먼지를 일으키며 내려앉았다. 비행장도 아닌데 비행기가 나타나다니! 구경꾼들이 떼로 모여들었다. 김포 비행장이 60리도 넘게 떨어져 있다. 비행기 구경이 어려운 때였다. 그런데 그 귀한 비행기를 직접 보게 되다니! 비행기에서 지도책과 알 수 없는 기구를 든 백인 둘이 내렸다. 피부색도 그렇지만 푸른 눈에 세련된 복장은 마치 하늘나라 사람이 내려온 것처럼 놀라웠다. 한 사람은 자리를 떠나 지도를 든 채 이

곳저곳을 살피고 다른 사람은 비행기를 지키고 있었다. 나는 비행기가 더 궁금해 거기에 혼자 서 있었다. 기사도 내가 신기한지 가까이 오라는 손짓을 했다. 그리고 비행기에 대해 몸짓으로 설명을 했다. 그 몸체는 옷 같은 천으로 만들었다는 표시인지 한 손으로는 자기 옷, 다른 손으로는 비행기 몸을 쓰다듬었다. 날개와 꼬리 쪽에 갈라진 판때기는 뜨고 내리며 방향을 잡는 데 사용한다는 설명도 있었다. 비행기 날개가 통째로 고정이 되어 있는 줄 알았는데 그것이 아니었다. 멀리서 보면 날개가 통째로 보인다. 가까이 보니 앞날개는 그 일부가 상하로 꼬리 쪽 세워진 날개는 좌우로 움직이게 되어 있었다. 새들의 날갯짓 대신 조각난 부분으로 키질을 하듯 바람을 조절하는 것이다. 몸을 가볍게 하려고 천을 사용한 것은 바로 이해가 되었지만 그것을 어떻게 가공했는지 참으로 신기했다. 옷감도 가공하면 비행체가 될 수 있다는 것도 믿을 수 없었다. 그러나 그렇게 간단한 것 한 가지 만들지 못하는 나라가 부끄럽기도 했다.

그런데 그렇게 경이롭게 보이던 백인들이 무더기로 나타나기 시작했다. 9·28 서울 수복에 이어 미군이 들어올 때는 어깨에 어린이 모양의 견장을 단 육군이었다. 선발로 탱크 부대가 오기 전날 밤에는 인민군 부대가 마을을 통과했었다. 자리에 누우려니 우리 집 대문을 열고 급하게 몸을 피했다. 대문을 잠그는 일은 그다지 신경을 쓰지 않을 때였다. 하늘에서는 비행기 소리가 스치고 있었다. 우리 집은 한길에서 두 번째였다. 인민군의 규모는 알 수 없었으나 안으로 들어온 병사는 열 명 정도였다.

"어디로 가야 사나?"

병사들 가운데 하나가 애절하게 말하고 있었다. 애처롭게 울부짖는 병사의 목소리는 10여 세에 지나지 않게 매우 앳되었다. 병졸이 모자라니 아무나 끌어다 쓰는 모양이었다. 하기는 나도 아버지 대신 부역에 동원된 일이 있지 않았나. 나는 절박하던 그때의 목소리가 지금까지 기억되고 있다. 야간이지만 비행기 소리에는 공포가 있는 것 같았다. 잠시 후 대문에 총기 부딪는 소리인지 뚝딱거리는 소음과 함께 사방이 조용해졌다. 그러나 식구들은 무서워 얼마간 대문을 잠그러 나가지 못했다.

다음 날 낮이었다. 내가 다니던 문터골 간이 학교 앞 신작로에 미군 탱크가 나타났다. 그리고 거기에서 서북방이 될 애기봉 쪽을 향해 작전을 펼치고 있었다. 애기봉 강가에는 지난밤의 인민군들을 태워 갈 것이었는지 목선이 보였다. 직선거리로도 오리가 넘어서일까 확실히 보이지는 않았다.

이때 어디서 정찰기가 나타나 주변을 선회했다. 탱크에서도 지휘관인지 밖으로 몸을 내밀더니 망원경을 보며 교신을 했다. 태극기를 들고 환영하러 나온 사람들이 많았다. 나도 그 가운데 끼어 있었다. 조금 뒤 지휘관은 교신을 끝냈는지 사람들을 물러서라는 손짓을 했다. 이어서 탱크의 포신에서는 벼락 치는 굉음과 함께 대포가 몇 번 터졌다. 강기슭에 떨어진 포탄이었는지 하얀 물보라를 일으키는 것도 있었다. 정찰기는 폭파된 목선과 함께 전황을 사진으로 남기려는지 더 가까이 날고 있었다. 얼마 전 봉성리 제방에서 국군과 인민군이 서로 거리를 맞대어 벌이던 전투를 보던 모습과는 양상이 아주 달랐다. 목선으로 후퇴하던 인민군 부대는 멀찍이 떨어져 쏜 포 몇 방에 모두 박살나 버렸던 것이다. 마을 사람들은 즐비하게 떠밀린 인민군 팔뚝에서 손목시계를 10여 개씩 걷어오기도 했다. 나 같으면 두려워 그곳에 접근도 못할 것이지만 모두들 배짱이 보통이 아니었던 것이다.

어린이 모양의 견장을 단 미군이 나가고 닻 표시를 한 해병대가 들어왔다. 전쟁 시작 이듬해 봄부터 마을에는 우리 해병대도 주둔했다. 최일선이라 할 강가로는 우리 해병대가 진지를 마련했고 미군은 그보다 2킬로미터쯤 떨어진 후방에 배치되었다. 그래서 애기봉이 있는 같은 가금리라도 집 앞 산에서 미군 부대를 보게 되었다. 처음 들어온 미군들은 거의 백인이었다. 한국인들의 유색 인종을 야만시하는 경향에 대한 배려였는지 모른다.

내 어린 기억에는 초기에는 흑인 병사가 보이지 않았다. 하늘나라 사람처럼 보이던 백인들 부대가 앞산에 무리로 나타난 것이다. 그런데 정조를 목숨처럼 여기는 주민들에게 미군들의 성에 대한 자유분방한 윤리관은 그 품격을 크게 깎아내리고 있었다. 미군들은 주로 자동차를 타고 다녔다. 차츰 나타나기 시작한 양공주들을 공공연하게 지프차에 태우고 다니며 즐겼다. 그러면서 모여 있는 아이들에게 껌과 초콜릿을 던져 주었다. 아이들은 다투어 그것을 주웠다. 그러면 미군은 그 광경을 카메라로 찍었다. 나는 그 나이에도 그런 모습이 부끄러워 그냥 서서 구경만 했다. 그런데 어떤 미군이 옷을 하나 내게로 멀리 던져 주었다. 프리 재킷이라는 잠바였다. 횡재가 아닐 수 없었다. 아이들은 대개 자기가 애써 취득한 것을 혼자만 먹지 않았다. 나누어 주는 껌과 초콜릿은 그동안 먹던 칡뿌리나 엿과는 비교가 안 되었다. 얼마나 맛이 있었는지! 하지만 나는 고맙다는 말을 할 줄 몰랐다. 다만 "헬로", "기브 미 껌"이나 "초콜릿"에 "오케"가 전부였다. 사실 우리의 언어 습관에서 고맙다든가 감사하다는 표현이 거의 없을 때였다. 그렇다고 영어를 열심히 배우려 하지도 않았다. 전쟁이 끝나면 미군이 바로 철수하리란 생각이 대부분이었으니까. 그러나 미군은 더 오래 머무르며 '하우스 보이'를 곁에 두기도 했었다. 가족과 헤어져 있는 병사들은 외롭기도 했었을 것이다. 나는 그처럼 원어민과 가까이 지낼 수 있었을 때 영어를 제대로 배우지 않았던 것을 지금도 후회하고 있다.

한국의 카사노바 박인수 소대장

　1951년 4월 19일에 이웃집 새댁이 첫 아들을 낳았다. 그날 앞산에 해병대가 들어왔다. 우리 해병대가 아늑한 곳을 찾아 땅을 고르고 천막을 쳤다. 그때 해병대는 대대 규모밖에 안 된다고 했다. 면사무소 소재지인 하성에는 대대 본부가 있었고 마을에는 소대가 배치되었다. 해병대의 창립 초기라 3기생이 분대장이었고 대원들도 10기 노외였다. 군인들은 주로 제주도와 경상도 출신이었다. 가족이 그리웠기 때문인지 앞산에도 진을 치는 대원들은 동네 아이들과 가까이 지냈다. 건빵과 밥도 나누어 주었다. 보급이 부족할 때였다. 자기들도 배를 곯고 지낼 시기였다. 하지만 친 동생처럼 귀여워해 주었다. 궁금해하는 무기의 사용법도 일러주었다.
　나는 이때 총도 직접 쏴 보았다. 총은 그냥 목표를 맞추면 되는 것인 줄 생각했다. 그러나 그것이 아니었다. 첫째, 총은 위험한 것이므로 주의가 필요했다. 제대로 잘 맞추려면 미리 익혀야 될 것도 많았다. 그런데 총알이 터져 나갈 때 반동도 만만치 않아 팔과 어깨가 뻐근했었다. 서귀포에서 왔다는 원계숙이란 분은 손이 빠른 모양이었다. 눈을 가리고 해체된 병기를 조립하는 데서 1등을 했단다. 야간에 병기가 고장 났을 때 필요한 훈련 같았다. 그분은 솜씨가 알려져 미군 지휘관 앞에까지 나가 시범을 보였다고 했다. 그분은 우리 집에도 들른 적이 있고 휴가에서 제주 명물인 옥돔까지 사 왔었다. 천방폭포를 자랑하며 천연색 사진도 보여주었다. 제주도에 이름난 관광지가 많다는 것과 아울러 천연색 사진까지 알려 주었다. 이웅우란 분도 출중한 해병이었다. 사격 성적이 좋아 1등 사수라 했다. 지금 같으면 국가 대표 사격 선수가 되었을까? 그런데 그분은 2주간 휴가를 받아 고향에 가려했는데 태풍을 만나 대부분의 시간을 목포에서 보냈다는 안타까운 사연도 있다. 또 창녕 출신의 이종윤이란 용감한 해병도 기억에서 사라지지 않는다. 인정 많고 고집스러운 경상도 사나이였다. 이분은 신병이 실수로 멀리 던지지 못해 모두 부상을 입을 수류탄을 잽싸게 다시 내던졌단다. 아주 아슬아슬한 위기의 순간이었다. 정말 다시 만나고 싶어진다. 만일 그 후손들이 이 사연을 보신다면 그때의 얘기를 나와 밤새 나눌 수 있을지?

군인들은 돌아가며 경비를 서는 외에 일이 많았다. 언제 침투할지 모르는 적에게 노출되지 않기 위해 땅을 파 교통로를 만들었다. 병기도 녹이 나지 않게 기름으로 자주 닦았다. 군기를 잡는다며 완전 무장에 달리기를 시키고 뒤처지면 총의 몸체인 개머리판으로 사정없이 때렸다. 그래서 귀신 잡는 해병의 명예를 지키는 모양이었다. 1기생이란 고춘도씨는 미남이기도 하지만 눈초리도 무서웠다. 어린 나이일 때지만 내가 보기에도 정말 군인다워 보였다. 그때 여대생들과 춤바람을 일으키며 많은 여성들을 홀렸다는 이른바 한국의 카사노바 박인수 소대장도 우리 마을에 배치되었다. 원래 평범한 사람은 인물이 되기 어렵다는 말도 있다. 좀 튀는 사람이라야 사람도 잘 다루게 된다는 말이다. 박인수 소대장 역시 보통이 아니었다. 군영인 부대에 머무르지 않고 동네에서 제일 큰 집의 사랑방을 빌려 잠을 잤다. 군인들 막사는 흙을 돋우어 단단하게 고른 다음 그대로 지내다시피 했다. 매트도 없었고 더욱이 난방 장치도 없었다. 박인수 소대장처럼 특별한 사람에게는 어울리지 않는 생활 공간이었다. 다행히 미군에게서 넘겨받은 듯한 침낭은 매우 따뜻했다.

　판문점의 휴전 회담을 앞에 놓고 전투가 참으로 치열한 때였다. 따라서 병력이 많이 소모되었다. 패전을 이어 가며 후퇴를 거듭하는 인민군이었다. 북한에서는 강을 경계로 개풍군을 비워 두었다. 치안 유지도 없이 병력을 모두 전선으로 이동시킨 것이다. 이러한 정보를 박 소위 같은 인물을 지닌 해병대들이 놓칠 리가 없다. 그러나 작전권이 없었다. 그렇다고 그냥 지나칠 수도 없었다. 그래서 소수 부대원을 강북으로 침투시켰다. 역시 개성 쪽은 경비대 하나 없이 텅 비어 있었다고 했다. 해병대가 소수이므로 내가 사는 마을 사람도 일부 동행하게 했다. 그 때문에 소문이 퍼져 사실을 어린 나까지 알 수 있었다. 그때 여기에서 작전을 펼칠 수 있었다면 적어도 개성까지 우리 차지가 되지 않았을까?

　텅 비어 있는 개풍군 임한면 등 적지를 누비고 다니던 해병대의 눈에 띤 것은 인삼이었다. 임진강과 한강을 접해 있는 지역이라 임한면이란 이름을 갖게 되었다고 했다. 임진강과 한강이 합류해 흐르는 것을 어떤 때는 임진강이라 하고, 또 어떤 때는 한강이라 한다. 임한면이란 지명처럼 임한강이라 부르면 확실하지 않을까? 김포의 북단이 하성면인데 개풍군의 남단은 임한면으로 강을 사이해 서로 마주보고 있는 곳이다. 그 유명한 개성인삼의 고장이다. 한때는 인삼의 근량만큼 순금을 주어야 매매가 되었다고 하지 않았던가. 북에서는 휴전 회담이 열리는 판문점을 서부전선의 경계로 할 것을 기정사실화하는 모양이 아닌가? 해병대들은 금싸라기 같은 인삼을 그대로 두고 올 수가 없었던 것 같다. 그래서 마을에서는 한동안 인삼 잔치가 벌어졌다. 인삼을 상품화하려면 많은 손이 필요했다. 씻고 다듬는 것은 기본이고 껍질을 벗기는 외에 상, 중, 하의 품질도 가려야 했다. 이 일에는 대부분 동네 여인들이 동원되었고 아이들도 심부름에 나서야 했다. 나도 아주머니들의 일을 거들며 인삼 자투리와 잔뿌리를 주머니 가득 넣고 다니며 먹을 수 있었다. 그 덕분이었을까 병치레로 출생 신고를 2년이나 미루어야 했던 약질이 어느 사이 90을 바라보게 되었다.

인삼은 재배 기간에 따라 5년근과 6년근으로 나뉜다. 개성 주변에서 나는 것이 6년근으로 약효도 더 좋다고 했다. 예개성이 북으로 갈린 뒤 강화와 김포에서 6년근을 재배한다. 지역에 따라 금산삼이니 풍기삼으로 나누기도 한다. 피부가 거친 경우 인삼액을 조금 발라 주면 그 효과를 바로 실감할 수 있다. 이렇게 좋은 약재라 그런지 수삼, 건삼, 백삼, 홍삼 등 그 특징에 따라 여러 종류로 나누기도 한다. 예부터 영약으로 알려진 인삼! 수출 입국이 된 우리나라에서 처음 무역로를 연 인삼이었다. 지금도 100년 묵은 산삼은 죽을 생명도 고친다며 강남의 아파트 한 채값이라 하지 않는가? 그러나 이후 개선이 있는 개풍군과는 뱃길이 아주 끊기고 말았다. 박인수 소대장도 이미 서울로 전출되어 보이지 않게 되었다. 휴전이 성립되기 전에는 앞산에 미 해병 탱크 부대가 들어왔었다. 수륙 양용 탱크였다. 그 탱크는 북에다 포를 쏘았었다. 강북으로는 100미터 정도의 야산이 강변을 방어하듯 병풍처럼 펼쳐져 있었다. 미군들은 거기를 향해 잊히지 않을 만큼 사격을 했다. 적에 대한 경고였는지 훈련이었는지 모르겠다. 얼마 뒤 북에서는 여기에 대형 확성기를 설치하고 대남 방송을 했었다. 남에서는 개성이 바라보인다는 애기봉에 전광등을 장식한 성탄목을 세워 놓았었다. 그리고 반짝반짝 화려한 불빛을 보여 주었다.

스탠 바이 화이어

앞산에 미군이 들어오기 좀 전이었다. 우리 해병대 분대 병력이 집 뒤쪽의 애기봉 부대와 합쳐졌다.

막사가 있던 근처를 살피니 경기관총 탄환을 넣었던 철통이 있었다. 방수가 잘 되는 것이다. 덜 익은 감을 통에다 넣고 꼭 닫아 두면 발효가 되어선지 그대로 먹을 수 있었다. 버려야 하는 떫은 감을 하루만 꼭 넣어 두면 익은 것처럼 맛있게 먹을 수 있다니! 참으로 신기했다. 늦가을 붉게 물들어 껍질을 벗겨 곶감으로 만들든가 물러서 먹는 장준이란 감이 있었다. 요즘의 대봉 같은 것이었다. 주전부리 감이 귀하던 시절이었다. 지금은 단감이 흔해졌지만 그때 김포에는 푸른 감은 모두 떫었다. 밍근한 소금물에 얼마간 담가 두어야 먹을 수 있었다. 그릇이 귀할 때였다. 네모진 철통은 일용품 보관용으로도 좋았다. 주전부리 감이 없어 조금 자라다 떨어진 감도 주워 먹었다. 봄에는 소나무의 속껍질도 벗겨 먹었다. 산이 깊지 않았지만 싱아와 뻐꾹대 같은 먹을거리에 개암과 밤 같은 좋은 열매도 있었다. 그래서 아이들은 사철 산에 오르는 일이 많았다.

그런데 후미진 곳 낙엽 속에 실탄이 그대로 수북하게 쌓여 있는 곳이 있었다. 소총 실탄은 놋으로 되어 황금색이었다. 마치 노다지를 발견한 듯 마음이 벅찼다. 탄피는 엿과 바꾸어 먹을 수 있었다. 그런데 그것을 혼자 차지할 욕심이 없었다. 자랑이 먼저였다. 나는 아이들을 불러 모았다. 그리고 그 실탄을 나누어 가졌다. 양이 상당해 주머니는 물론 옷자락에 싸 올 수 있었다. 무리 가운데 나이가 좀 든 아이가 말했다. 이렇게 많은 실탄을 버리고 간 것은 짐스럽기 때문일 수도 있지만 적색분자의 짓도 의심이 된다고 했다. 인민군들은 실탄이 바닥나 창을 사용한다고도 했으니까. 그러면 해병대 가운데도 적색분자가 끼어 있었을까? 하기야 사상이 다르다는 문제 하나로 부모와 형제를 잃은 많은 사람들의 민족의 한을 어떻게 풀 수 있었을까?

아이들은 그 실탄을 가져다 총알과 화약을 분리했다. 처음에는 다루기에 서툴러 폭발 사고를 일으키는 일이 있었다. 그러나 곧 실탄을 다루기에 익숙해졌다. 그래서 어른들의 야단에도 화약 놀이를 신나게들 했다. 탄피는 다른 고물보다 엿을 많이 주었다. 어떤 때는 수류탄도 주을 수 있었다. 저수지나 큰 웅덩이에 가져다 터뜨리면 많은 물고기를 잡을 수 있었다. 얼마나 재미가 있었는지!

그러나 그 위험한 장난이 오래 계속될 리가 없었다. 건너 마을 아이가 예쁘장하게 생긴 폭탄을 갖고 두드리며 놀다가 죽는 사고가 일어났다. 강가에 나물을 뜯으러 갔던 건너 동네 아주머니는 지뢰를 밟아 목숨을 잃었다. 강가에는 나문재란 맛있는 나물이 있었고 방게도 좋은 반찬거리였다. 당시에는 곳곳에서 폭발 사고가 일어났다. 어른들은 화약 장난을 못 하게 매까지 들었다. 그러나 아이들의 호기심은 금세 잦아들지 않았다. 수류탄이나 불발 대포알은 칠도 깨끗하고 반짝반짝 도금까지 되어 있어 갖고 놀기에 좋았다. 나는 핀 고리가 떨어져 버려진 수류탄 안전장치를 잘 사용해 고기를 잡던 재미를 잊을 수 없다. 어떤 아이는 군인이 잠시 세워 놓은 소총을 갖고 장난하다가 엄지가 잘리고 말았다. 총구멍을 꼭 막고 쏘면 총알이 안 나간다는 말을 믿고 한 일이었다. 그런데 총상은 손가락만 잃는 것이 아니었다. 약은 물론 병원도 없던 시절이었다. 그 아니는 상처가 바로 낫지 않아 죽을 고생을 하고 있었다. 나는 함께 놀던 그 아이의 모습을 보고 다시는 총기와 가까이 하지 않게 되었다.

얼마 안 되어 앞산에 미 해병대가 들어왔다. 미군은 우선 진지를 만들었다. 산에 있는 갈참나무를 일인들이 군용물의 염색 재료로 대부분 베어 갔다고 했다. 산이 헐벗었지만 그래도 험했다. 그런데 미군은 산등성이에 트랙터로 거침없이 길을 냈다. 트랙터로 밀어젖히니 웬만한 바위는 모두 밀려났다. 삽지로 그렇게 땀을 흘리던 교통로도 바로 이루어졌다. 며칠 더 덜컹대더니 큰 구덩이가 생겼다. 미 해병대는 인천 상륙전에 사용하던 수륙 양용 탱크를 몰고 그 구덩이로 들어왔다. 산마루에다 탱크 진지를 마련한 것이다. 공산군과 미군의 무력은 비교가 안 되었다. 그러나 그 무력으로 밀고 나가지 않았다. 그들은 통일 한국에 대해 관심이 없는 것 같았다. 어른들의 말씀이 강대국들은 약소국을 '분열시켜 통치하는' 작전을 쓴다고 했다. 양방에 싸움을 지켜보며 장사로 이익만 계산하는 여유. 약소 국민의 비애! 거기에 놀아나는 약소국의 지도자들? 과연 앞산에 주둔한 미군은 신병들을 데려다 사격 훈련을 시키는 것인지 강북을 향해 탱크포를 심심하면 연습처럼 쏘아댔다. 그 북에서도 몇 차례 대항을 하듯 우리 마을로 포를 쏘았다. 그러나 탱크 부대가 있는 곳까지 미치지 못했다. 미군은 이미 적의 포 사거리를 파악하고 안전한 거리에 탱크를 배치한 것 같았다. 그리고 마음 놓고 적을 향해 훈련을 계속하는 느낌이었다. 그때 미군 지휘관의 명령이 "Stand by fire."였다.

특대생으로 김포중학에 진학

내가 다니던 하성초등학교가 포격을 당했다. 학교 뒤에는 듬직한 산이 있고 남으로는 들판이 이어져 좋은 위치였다. 여섯 개의 교실에 교무실이 있었는데 근처에서 가장 큰 건물이었다.

일제는 조선인을 일본에 동화시키기 위해 초등 교육을 강화시켰다고 했다. 그래서 어릴 적부터 황국 식민 교육을 위한 공립 학교를 잘 지었다. 그런데 포격으로 서쪽의 출입구 쪽 시설은 다 날아가 버렸고 건물 가운데 지붕도 뻥 뚫려 있었다. 그 충격으로 책상과 걸상은 물론 유리창도 많이 부서져 몇 반은 한동안 산에 가 공부를 해야 되었다. 모두 피난을 다니느라 학교 수업을 제대로 받을 수 없었다. 여름 볕에는 그늘이 있었지만 겨울바람에는 대책이 없었다. 난로가 없으니 고사리손들이 모두 얼어 입김으로 녹이기에 필기가 안 되었다. 지금과 같은 내복은 물론 면장갑 한 짝이 없을 때였다.

그때는 겨울 방학을 성탄절 전날인 12월 24일에 했다. 1·4 후퇴 피난길에도 눈이 많았었지만 그다음 해 겨울에도 온 천지가 백색이었다. 운동장도 통로만 겨우 치웠을 뿐 모두 눈에 덮여 있었다. 이때 미군 차 한 대가 들어왔다. 미군들이 학생들에게 크리스마스 선물을 나누어 주기 위해 온 것이다. 그때까지 교회를 본 적도 없었고 성탄절도 몰랐었다. 김포군에는 한국전쟁 전까지 읍에 성당과 교회가 하나씩밖에 없을 정도였다. 미군 목사님의 지시를 받은 사람은 운동장의 학생들을 두 편으로 갈라 세웠다. 한 편은 부모 가운데 결손이 있는 학생들이었다. 나는 아버지가 돌아가셨으므로 그쪽에 가 서게 되었다. 결손 아동들에게는 연필 한 자루씩이 전부였다. 다른 학생들에게는 공책과 인형 등 더 값진 선물이었다. 그래서 '애비 없는 후레자식'이란 말처럼 하느님도 부모가 없는 아이는 차별을 두시나 생각했었다. 지금에 돌이켜 보니 통역의 잘못은 아니었는지 모르겠다.

빛나는 테두리에 선장님의 모자 같은 것을 쓰신 목사님은 롱코트의 군복이었지만 어린 눈에도 아주 높아 보였다. 군목과 함께 온 병사들은 책을 한 권씩 들고 있었다. 군목님의 예배 절차에 따라 약 열 명쯤 되는 군인들은 그 책을 펼쳐 들고 찬송가를 정성껏 불렀다. 처음 듣는 찬송가 소리였다. 몇 곡의 찬송가 가운데 귀에 들어오는 것이 있었다. "홧 더 재개빙 홧 더 프리세닝… 레닝 레닌…" 하는 소리가 반복되었다. 노인들은 냄비를 쟁개비라고 불렀었다. 그래서 "지저스 기빙"이 '재개빙'으로 혹은 '쟁개비'로 들렸는지 모른다. 다 나중에 영어를 익히며 그 가사가 '예수님께서 주시는 것, 주시는 선물에 안겨…'라는 뜻이었나 생각했었다. 그런데 자주 찬송가를 듣다 보니 그것은 〈주의 친절한 팔에 안기세〉였다. 오래된 일이지만 기억이 새롭고 어떻게 의역이 된 것인지도 궁금하다. 미군들도 가족이 그리워서인지 사병들이 있지만 부대에서 한국 아이들을 데리고 있는 사람도 있었다. 어느 정도 계급에 올라야 가능했을 것이다. 이른바 '하우스 보이'였다. 월급 같은 것을 받는다는 소리는 못 들었다. 하지만 부대에서 나오는 폐품이나 먹다 남긴 통조림 같은 것만 팔아도 수입이 되었다. 미군이 버리는 빈 깡통 하나도 그릇이나 재떨이로 재활용되었다. 참으로 물품이 몹시 귀할 때였다. 또 양공주를 미군에게 연결시킬 때도 소개비를 받는다고 했다. 지금은 상상도 못 하겠지만 미군 부대에서 나오는 음식 쓰레기를 끓여 '꿀꿀이죽'이라고 판 적도 있었다. 나도 나중에 상경해 살면서 서울역 근처 염천교 서쪽 창고 앞에서 사 먹은 적이 있었다. 끼니를 때우기보다 호기심으로 먹어 보는 사람도 있었다. 쓰레기였다는 것을 증명하듯 담배꽁초까지 들어 있었다.

  김포읍에는 중학교에 고등학교가 공립으로 연결된 학교가 하나 있었다. 옛 향교 근처의 터라는 것 같았다. 조선을 개국하면서 인재를 키우기 위해 고을마다 향교를 세웠다고 했다. 각 군 단위쯤 되었는지 전국에는 200여 개의 향교가 있었단다. 몇만 평의 산에 농지도 주어 탄탄한 기반에서 운영되도록 한 것이다. 김포에서 이어지던 향교에도 현재까지 물려오던 부지가 있어 그것으로 신식으로 건물도 짓고 유용한 사회 교육의 일익을 담당하고 있다. 내가 사는 곳 가까이는 중등 교육 이상의 교육 기관이 없었었다. 일제는 국민들이 견문이 높아지는 것을 막기 위해 고등 교육을 제한하고 있다고 했다. 그래서 민족 지도자들은 몽매한 국민들을 깨우치려고 갖은 노력을 다했다. 문맹 퇴치와 아울러 고등 교육 기관을 세우느라 많은 애를 썼다. 서울이나 지방에도 국공립 학교는 아주 드물다. 거의가 사립 학교들이다. 국민이 깨어야 한다는 일념으로 교육에 힘을 기울였다. 김포에도 통진과 양곡에 선지식인들이 힘을 모아 중고등학교를 세우고 있었다. 그러나 통학 거리가 멀었다. 그때는 중학 진학을 위해 국가 고시를 보았다. 전국의 초등학교 졸업생들이 같은 시험지를 갖고 일시에 시험을 쳤다. 시험 장소는 김포중학교였다. 거리가 있어 하룻밤을 읍에 가 합숙을 했다. 그때 전등도 처음 보게 되었다. 10여 명이 있었는데 전등을 켜고 끄는 것에 모두 겁을 냈다. 하성에는 그때까지 전기가 없었으니까. 당시 국가 고시는 400점 만점이었다. 나는 진학 공부를 전혀 몰랐다. 하성에는 책방도 없었고 수련장이나 참고서도 구경한 적이 없었다. 혹 서당에 다닌 게 도움이 되었는지 350점대라 서울의 4대 명문에도 들어갈 수 있는 점수였다. 그러나 서울에는 등록금조차 어려웠다. 그래서 김포중학에 입학 원서를 냈더니 등록금 면제의 특대생으로 받아 주었다.

학교 친구들

중학교 첫날은 조회 겸 입학식으로부터 시작되었다. 강당이 없으니 운동장에서 식이 거행되었다. 날씨가 추워 시간이 더 지루했다. 재학생 환영사와 입학생 대표의 답사까지 있었다.

그런데 답사를 한 김포초등학교 출신 여학생이 하성 동기 민경린 고모님의 딸이라 했다. 경린이는 집안이 좋은 친구였다. 아버님은 장학사이시고 관사에 살고 계신단다. 또 다른 고모님은 바로 우리 학교의 국어 선생님이셨다. 그러나 뽐내는 일이 없었다. 예상대로라면 온 가족이 읍에 나와 생활할 것이었다. 그러나 경린이는 면장을 지내시고 퇴임한 할아버님의 농사를 도우며 하성에서 초등학교에 다녔었다. 별다른 가풍이나 선조의 가르침 때문인지 모르나 아주 겸손했다. 친척이나 가족 자랑도 없었다.

초등학교에서는 초기에는 학년마다 한 학급씩이었다. 그런데 학생 수가 늘어 저 학년은 두 학급으로 나누고 교실이 모자라 오전반 오후반으로 나누었었다. 북에서 피난한 아이들도 생기고 인구가 늘어 교실난이 일어나고 있었다. 중학교에서도 교실이 모자랐다. 1학년 입학생은 세 학급이었다. 그런데 학생 수가 많아 한 학급이 90명 정도였다. 교실에 의자를 놓을 자리가 없었다. 그렇다고 6, 7교시 학과가 있으니 오전반 오후반으로 나눌 수도 없었을 것이다. 앉은뱅이책상을 빽빽히 들여놓고 학생들은 교실 마룻바닥에 앉아야 했다. 여학생이 50명 넘게 있었지만 따로 사용할 공간이 없었다. 그래서 한 반은 남녀 공학을 시켜야 했다. 남자가 40명 정도라 여자보다 적었다. 통솔의 어려움 때문인지 반장은 각각이었다.

그런데 담임 선생님이 남녀 반장을 따로 임명하시고 대표 역할은 내게 시키셨다. 수업을 시작할 때 선생님께 "차렷, 경례." 하며 예를 올리는 것이 내 몫이 되었다. 시간마다 학생들의 출석을 점검하게 되어 있는 모양이었다. 그래도 이따금씩 무단 결석생이 생겼다. 어떤 때는 출석부가 종일 교탁에 있었다. 그러다가 담임 선생님이 종례를 마치고 가져가셨다. 그러나 담임 선생님이 종례를 못 하게 되는 경우도 종종 생겼다. 이때는 여자는 여자 반장이 먼저 여학생들의 인원을 점검하고 출석부를 내게 넘겨주었다. 나는 그다음 남자들을 결원을 조사한 뒤 출석부를 선생님께 가져다 드리든지 교무실 제 위치에 정리해야 되었다. 그런데 출석부를 내게 넘기는 여반장 미옥이의 손이 가늘게 떨리는 것을 발견하게 되었다. 시선이 마주칠 때면 내 가슴도 차츰 떨리기 시작했다. 흰 피부에 미소를 지을 때는 입술 사이로 드러나는 치아가 매우 아름다웠다. 눈매도 아주 예쁘고 총명해 보였다.

어느 날 수학 시간이었다. X니 Y니 하며 방정식을 배우는 시간이었다. 선생님은 칠판에다 문제를 내셨다.

"나와서 이 문제 풀 사람 손들어."

학생들은 침묵을 지키고 있었다. 지금이나 그때나 수학은 모두 어려워했다. 특히 X니 Y니 하며 영어까지 쓰니 더 어려웠다.

음성이 높아진 선생님은 주먹으로 칠판을 두드리며 다시 말씀하셨다.

"그동안 그렇게 열심히 설명해 주었는데 아무도 모르겠나?"

이때 미옥이가 손을 번쩍 들었다. 그리고 앞에 나가 분필로 거침없이 문제를 풀었다. 그러나 선생님은 그것으로 만족하지 않으셨다. 시선을 남자 쪽으로 돌리시더니 내게 손가락을 뻗으셨다. 나는 숫기가 없을 뿐이었지 수학에는 늘 자신을 갖고 있었다. 남자의 자존심을 지켜 준 것이 기쁘셨는지 선생님은 문제를 다 풀고 돌아서는 내 어깨를 두드려 주셨다. 그리고 두 사람이 칠판에 써 놓은 글씨에 굵게 네모로 줄을 치셨다. 함부로 지우지 말라는 말씀과 아울러 두 사람의 장래를 잘 지켜볼 것이라고도 하셨다.

당시 김포군에는 서울과 인천으로 지역이 흡수되기 전이라 10개의 면이 있었다. 내가 재학하던 학교에서 온 학생은 10여 명에 불과했다. 그런데 학생 수가 그렇게 많아지다니! 김포평야란 이름 그대로 거의가 농군들의 자녀로 학생이 채워졌다. 하지만 아주 드물게 예외의 학생이 있었다. 답사를 읽었던 경린이 사촌의 아버님은 사업가였고 미옥이의 아버님 역시 금융 회사에 다니는 분이었다. 그때까지 김포읍에는 은행 지점 하나 없었다. 읍에서 북서편으로 10여리 떨어진 양촌면 양곡에 금융조합이란 것이 있었다. 이 금융조합은 농업은행으로 되었다가 지금은 농협으로 바뀌었다. 양곡에는 닷새마다 열리는 장도 크고 소를 매매하는 우시장도 있었다. 그러니까 경제 규모가 읍보다 컸었나? 그리고 우리 반에는 김포 군수님의 아드님도 있었다. 이름이 박건치였다. 정부에 상당한 배경이 있지만 모두 피난 중이라 서울에 가지 못하고 김포에 머물게 되었다는 말도 있었다. 하루는 건치가 나를 원식이라는 친구와 함께 자기 집으로 초대했다. 군수님의 관사였는데 부모님은 출타 중이시고 집에는 일을 하는 아가씨 하나밖에 없었다. 나와 원식은 건치와 실컷 놀며 융숭한 대접을 받다가 그 집에서 잠까지 잤다.

건치네 함께 갔던 원식이가 자기 집으로도 놀러 오라고 했다. 원식이의 집은 양촌면의 면사무소 소재지인 양곡에 있었다. 그곳에는 김포에서 유일하게 금융조합이 있었고 하성에 없는 우체국에 우시장과 함께 상점도 많았다. 천천히 둘러보니 낯익은 가게도 있었다. 아버님이 병환 중이실 때 한약에 쓰기 위해 생강을 사러 30리 길을 걸어 거기까지 간 적이 있었다. 그때까지 하성에는 생강을 파는 식품 가게가 없었다. 사과나 배 같은 제사에 올리는 과일도 그곳까지 가야 구입할 수 있었다. 이곳저곳 거리를 구경시킨 원식이는 큰 양옥 앞마당에 가 발을 멈추었다. 집 옆에는 철망으로 둘러친 양계장에 수십 마리의 닭이 있었다. 그래서 원식이가 내게 닭장 구경을 시키려는 것인가 했다. 그때는 집집이 소규모로 닭을 놓아길렀었다. 그런데 조금 있으려니 집에서 사람이 나왔다. 그것은 여자 반장 미옥이였다. 시선이 마주치자 나는 금세 얼굴이 달아오르는 것을 느낄 수 있었다. 미옥이가 말을 붙일 사이도 없이 안으로 사라졌다. 그러더니 바로 뒤이어 아기를 안으신 그의 어머니인 듯한 분이 나타나셨다. 동생으로 여겨지는 사내아이도 나와 나를 유심히 바라보았다. 한 동네에 사는 원식이이므로 무슨 인사라도 있으리라 생각했지만 말이 없었다. 생활 수준의 격차로 우리네와 미옥이네 사이에는 거리감이 있었나? 조금 뒤 원식이는 이웃에 있는 다른 집 하나를 가리키며 종만네로 가자고 했다. 같은 반 학생 종만이 역시 양곡에 살고 있었던 것이다. 당시 김포에서 제일 높은 산은 계양산이었다. 그 계양면에 사는 권중달이도 내게 자기 집 구경을 시켜 주었다. 그림을 잘 그리는 조재구는 작은 아버님이 그곳의 고등학교 선생님이셨다. 같은 조씨이지만 본이 다르므로 친척은 아니었다. 그러나 친척처럼 가까워졌다. 재구는 말을 탄 나폴레옹을 멋지게 그린 그림을 내게 선물하기도 했다.

이사

휴전을 앞두던 시기였다. 내가 살던 애기봉의 가금리에는 여러 이야기 떠돌았다. 지금의 국경 완충 지대가 단박에 설정되지 않았기 때문이었다. 남과 북이 국경에서 2킬로미터씩 물러나느냐, 4킬로미터씩 물러나느냐가 우선 큰 문제인 것 같았다. 거기에 접경에 강을 끼고 있어 결정이 더 더딘 모양이었다.

우리 집도 소개 대상에 들어 곧 헐릴 거라는 소문도 떠돌았다. 어머니는 이러한 물정에 아주 어두운 편이셨다. 한때는 강을 접하고 있는 마을 주민들을 소개시킨 적도 있었다. 전쟁이 끝나기만을 기다리던 사람들인데 정작 휴전이 되었지만 다시 집을 비우고 나가라고 했다. 놀라운 일이었다. 해당 지역에 농토도 모두 무인 지대로 만들 것이라 했다. 이럴 수가! 지금의 비무장 지대처럼 하려 했었다. 그래서 10리쯤 되는 곳으로 또 피난해야 했었다. 이때 할아버님은 김포읍 근처 샘재라는 곳에 사시는 삼촌댁으로 가시게 되었다. 어머니와 나도 곧 그리로 가야되리라 했다. 그러나 어머니와 나는 샘재로 나가지 않았다. 그곳 문제가 수습되어 갔기 때문이다. 북한에서 바로 보이는 마을인 신리라는 곳만 소개시키기로 결정된 것이다. 사실 적과의 완충 지대는 강 하나로도 충분할 것이었으니까. 그래서 얼마 동안은 가금리 집에서 읍까지 40리 길을 통학했었다. 하성에는 서울과 인천의 두 방향 버스가 운행되고 있었다. 집에서 40분쯤 걸어 나가 두 버스 가운데 하나를 타면 되었다. 모두 김포읍을 경유하고 있었으니까. 하지만 늦잠이 많을 때라 적어도 7시 전부터 서두르기가 어려웠고 버스도 고장이 잦아 결석이 많았다. 어떤 때는 두 차가 모두 고장 나 학교까지 계속 걸어야 할 때도 있었다. 차들이 모두 고물이라 고장이 잦았다. 자동차 시동을 걸 때도 스타팅이란 것을 조수가 앞에서 돌려야 했는데 그것이 거꾸로 돌아 다치기도 했다.

그런데 우리 집에 더 큰 문제가 생겼다. 작은아버지가 어머니와 별 의논도 없이 집을 팔았다는 것이다. 그럴 리가 있을까? 너나없이 집안일을 들추면 말이 많아진다. 누가 잘하고, 누가 못했다는 결론을 얻기도 힘들다. 알고 보면 모두 창피한 일이 될 경우가 더 많다. 또 모셔야 하는 어른들을 욕되게 할 수도 있다. 하지만 내가 이 문제를 여기에 적는 것은 자신을 되돌아보며 비슷한 처지의 사람들이 참고로 삼기를 바라는 목적이 있다. 나뿐 아니라 각 가정과 친척 간에는 크고 작은 문제 때문에 의리를 상하는 일이 많기 때문이다. 할아버님과 아버님 그리고 삼촌께서는 억척스러울 만큼 부지런하셨다. 그러나 이를 뒷받침해야 할 어머니는 적합지 않은 분이었다. 농부의 아내로서는 어울리지 않게 글을 더 좋아하셨다. 혼자 글을 깨우치시어 『삼국지』를 비롯해 고대 소설도 거의 다 읽으셨다. 자랑스러운 일이지만 그 사실을 남에게 내세우지는 않으셨다. 이야기를 좋아하는 이들은 어머니를 따르며 위해드리려고 했다. 따라서 행동도 힘든 일보다 외동딸로 귀여움을 받던 과거가 태가 날 정도로 선비처럼 지내려 하셨다. 그래서 아버님이 세상을 떠나신 뒤에는 논밭에 잡초가 우거졌고 수확기를 넘긴 곡식에서는 싹이 났다. 어린 내 눈에도 걱정스러웠다.

웃어른이신 할아버님은 자손들의 일에 일체 말이 없으셨다. 그때까지도 양반 행세가 만만치 않았었다. 그러나 할아버님이나 아버님이 양반 행세를 하시는 것을 한 번도 보지 못했다. 오히려 누가 상을 당하면 제일 먼저 나타나 궂은일을 도맡아 하신다는 마을 사람들의 칭송이 있었다. 언덕 너머 작은댁에서도 참견하지 않았다. 참봉 어른이 돌아가시고 팔촌 간으로 사이가 멀어진 탓도 있으리라. 할아버님은 불편한 몸을 이끄시고 밭에 나가 손수 풀을 뽑을망정 그 일을 며느리에게 시키지도 않으셨다. 어머니는 할아버님의 작업을 당연한 것으로 보시는가? 그래도 하루 세 끼니는 시부께 정성껏 올리고 계셨다. 지주의 땅을 농부에게 나누어 준다는 농지개혁법이 실행되리라는 엄청난 소문은 누구나 들었으리라. 농군들이 그렇게 갖고 싶어 하던 땅을 5년간 나누어 상환액을 부으면 자기 소유가 될 수 있다고 했다. 그러나 어머니는 물려오며 경작하던 기름져 누구나 탐내는 땅도 다른 사람에게 인심을 쓰셨다. 아무리 소작 농지라도 5년만 버티면 내 땅이 될 것이었다. 농지는 경작하는 농부의 소유가 되도록 법이 바뀌었으니.

삼촌이 자기 본가의 이러한 사실을 모르실 리가 없었다. 삼촌은 할아버님까지 모시지 않았는가. 삼촌은 농작업을 못 하시는 어머니가 다른 일을 선택하시길 바라셨는지도 모른다. 아직 젊으셨으므로 재가하시기를 기다리실 수도 있었을 것이다. 극히 불손하고 망령된 생각이지만 그런 조짐이 없지도 않았다. 잘못된 방법으로 삼촌이 우리 집을 파셨다면 어머니가 그것을 따지시면 될 것이었다. 그러나 당사자와 직접 해결할 일을 내게 불평하고 계셨다.

"호랑이 사는 골에는 가서 살아도 삼촌 사는 골에는 못 산다더니…."

어머니는 이 말만 자주 되뇌셨다. 어려서 그런지 어머니가 되뇌시는 말이 가슴에 쌓이고 있었다. 일을 자세히 살피는 분별력이 없으니 남의 말만 듣고 판단하기가 십상이었다. 따라서 삼촌은 조카에게 언제나 무서운 존재라고 인식하게 되었다. 나도 어머니처럼 남에게 삼촌이 부당하게 우리 집을 파신 것에 대한 하소연도 늘어놓았었다. 삼촌에게 먼저 그 사실을 확인해야 했었는데 어머니 말씀만 듣고 있었다. 아무리 모자간이나 숙질간이라도 분명히 가려야 할 일이 있었다. 내가 만일 그것을 삼촌에게 용기를 내어 물었다면 건방진 놈이라 하셨을까? 하지만 가족이나 친척 간의 문제는 다른 사람에게 말한다고 해결되지 않는다. 한쪽 말만 듣고 판단을 내리면 절대 안 되었다. 반드시 양 편의 사정을 다 이해한 뒤 옳고 그름을 가려야 했다. 삼자대면이 더 확실한 것이었다. 친척 간에는 대대로 물려 내려온 감정들과 오해가 쌓여 후대에게 지울 수 없는 마음의 상처를 남겨 준다. 그래서 혈족이 더 큰 앙숙으로 남을 수 있다. 그러므로 일반적인 대인 관계에서도 그렇지만 특히 친척 간의 일은 사실 상황을 보다 면밀히 생각해 봐야 하지 않을까?

이후 나는 그때의 경험을 두고두고 참고삼아 입을 조심하며 살고 있다. 그런데 삼촌이 우리 집을 판 대가로 김포면 운양리 샘재에 살 곳을 마련하셨단다. 어머니가 그동안 남에게 농지를 떼어 주시었지만 그래도 한 살림은 남아 있었다. 하지만 이사한 집의 크기나 논의 면적이 갖고 있었던 것의 3분의 1이 안 되었다. 6천여 평이나 되던 산은 아주 없어졌고 2천 평이나 되던 밭도 김장밭만 있었다. 반면 삼촌의 집과 땅은 우리보다 훨씬 넓었다. 얼마나 억울했는지 모른다. 그 억울한 사정을 혼자 삭이기에는 너무 힘이 들었다. 그래서 더 참지 못하고 지인에게 털어놓았다.

그런데 얼마 후 그 지인은 삼촌에게 고자질을 했다. 조금이나마 위로를 얻으려던 의도가 더 큰 화를 일으키게 되었다. 지인은 무력한 나보다 유력한 삼촌에게 잘 보이는 것이 훨씬 유리했을 터이니까. 자기의 처사에 삼촌이 얼마나 반성하셨을까?

'이놈, 힘든 논갈이 밭갈이 등 누구의 덕으로 사는데 두고 보자.'

감정이 상해 가슴 밑바닥에 앙금으로 쌓고 계시리라는 추측도 무리가 아니리라. 삼촌은 말로 표현하기 어려운 고통을 은근히 주셨다. 불경스러운 말이 되겠지만 어머니를 비롯해 남을 원망하는 사람치고 자기 일을 제대로 하는 이가 드물다고 한다. 그래서 현명한 사람은 남을 원망하는 것을 처음부터 믿지 않는다고 한다. 그런데 지금 이 나이에 생각하니 삼촌의 입장이 한번 되어 봐야 했다. 할아버님과 우리 모자까지 맡으시게 되었으니 조상으로

부터 물려받은 모든 소유를 삼촌에게 넘겨야 될지도 모르는 일이었다. 그러니까 친척 간의 대소사는 서로의 양보가 우선이 아닌가? 나 역시 생각을 바꾸어 삼촌의 편에 서 보며 웬만하면 양보해야 했다. 삼촌이 우리를 이사시키시므로 생기게 된 이로움을 꼽아 보는 것이었다. 과연 인민군의 면전인 가끔이 접경에서 항상 긴장하며 살던 데서 멀리 벗어나 안심이었다. 그리고 통학 시간도 30분이면 가능해 좋아졌다. 그동안 삼촌 댁과 보다 친밀하게 지내지 못한 것을 후회하는 대목이다.

통나무 대롱 수문과 철 문짝 수문

김포에는 한강 기슭을 따라 논들이 질펀하다. 이른바 김포평야다. 마을 강변에 있는 산에는 운양리 절이 있다. 구름 운에 볕 양자를 쓰는 운양사를 '우네이절'이라고도 불렀다. 한강에서 운수업과 어업이 왕성할 때 배들의 무사고와 성업을 빌던 절이다. 규모는 크지 않지만 역사가 깊다고 했다. 김포면의 운양리는 산을 제외하면 하성의 가금리보다 여러 모로 컸다. 이렇다 할 기와집은 보이지 않았지만 큼직한 집들이 많았다. 유력한 인사들도 이곳 출신이 있었다.

그리고 무엇보다 한눈에 띄는 건축물이 있었다. 수문이었다. 폭이 50미터가 넘는 넓이에 3층 높이쯤 되는 콘크리트 건물이다. 가금리에서 통나무를 깎아 만든 수문과는 비교가 안 되었다. 이 수문에 대한 비교가 내게는 아주 큰 것이었다. 수문이 다섯 개 있었는데 가운데 것은 웬만한 화물선도 통과할 정도의 크기였다.

9·28 수복 시에 포격을 받아 못 쓰게 된 수문도 있었다. 인천의 군함에서 쏜 포를 맞은 자국도 있었다. 미군의 함포가 얼마나 정확했으면 그렇게 먼 곳에서도 맞추었던 것이다. 마을 가운데 제방에는 V29에서 폭격을 당한 웅덩이도 있었다. 그 위력으로 생긴 웅덩이에는 연못처럼 한동안 물이 고여 있었다. 불발탄도 하나 있었는데 새우젓 독 크기나 되었다. 이러한 공격에도 수문 시설은 대부분 남아 있었다. 일인들이 한강 유역에 밀물이 드나들던 갈대밭을 3킬로미터 가까운 제방을 쌓고 농지로 정리하였던 것이다. 이렇게 넓고 기름진 들판이 있었지만 우리나라 힘으로는 홍수를 막을 둑을 쌓지 못했었다. 첫 번째 봉성리 피난 때 보았던 제방보다 규모가 더 큰 곳이었다. 상류부터 따지면 세 개 면 정도의 물이 드나드는 개울이다. 조수의 영향까지 받으면 수량이 많았다. 그래서 농장 창고의 곡물을 싣고 현해탄까지 건널 배가 통과할 수문을 한 가운데 만들어 놓은 것이라고 어른들이 말씀하셨다.

 가금리의 쌍수문이 동네 아이들의 여름 놀이터였던 것처럼 여기도 수영장이 되었다. 장소도 더 넓고 물까지 시멘트 계단으로 연결되어 한층 좋았다. 한여름이면 청년들도 나와 미역을 감고 수문 틀에 올라가 다이빙도 했다. 언제 해가 저무는지 모를 정도로 재미가 있었다. 가금리에서처럼 아이들이 대야로 물을 퍼 고기를 잡을 수 있는 작은 웅덩이는 없었다. 그러나 열린 수문 간에 큰 그물을 설치하면 물고기가 많이 잡혔다. 여기는 산이 드물었다. 볏짚 외에 땔감도 귀했다. 하지만 큰물이 생길 때면 강 상류에서 내려오는 설피와 일부 강변에 갈대가 있었다. 하지만 그것은 힘이 있는 장정들의 몫이었다. 여의치 않은 사람은 논바닥을 갈퀴로 박박 긁어다 땠다. 우리는 산도 없어지고 농사도 얼마 안 되어 연료로 삼는 볏짚도 일찍 떨어졌다. 어머니는 10리쯤 떨어진 가연산으로 가랑잎을 긁으러 다니셨다. 가연산은 김포에서 세 번째로 꼽던 산이었다. 그곳은 어머니 가까운 친척들이 있어 산 임자들이 나무를 하러 다니시는 어머니를 묵인해 주었다. 어머니는 공부를 위해 내게 나무 같은 건 시키지 않으셨다. 나는 그때 낙엽을 잔뜩 담은 나무 망을 머리에 이고 땀을 흘리시던 모습을 생각하면 지금도 눈시울이 뜨거워진다.

어머니는 내게 공부를 원하고 계셨다. 그러나 집에는 돈이 더 필요했다. 수리조합에서는 봄이면 농수로를 보수하거나 연장시키는 공사를 했다. 이른바 '평띠기'다. 땅의 가로, 세로, 높이를 한 평씩 파 옮기면 대가를 받게 되는 토목 공사였다. 장정들은 몇 평씩 파지만 나는 하루 한 평도 어려웠다. 힘에 겨워 그런지 코피까지 흘리게 되었다. 일인들이 한국 사람들에게 일을 시키면 하도 꾀를 부려 그 실적에 따라 대가를 주기로 된 일이라 한다. 잔디를 입히는 공사도 있었다. 떼를 떠 차에 실은 뒤 새로 만든 제방 같은 곳에 가 입히는 일이었다. 땅파기보다 훨씬 수월했다. 따라서 정해진 품삯도 적었다. 그러나 정해 놓은 삯이 많건 적건 주지 않았다. 일꾼들을 모으고 현장에 배치해 주는 중간 도급자가 떼어먹기 때문이라 했다. 그때 운양리에는 토탄을 캐는 일도 있었다. 논에 따라 흙을 파면 나무와 풀이 묻혀 석탄처럼 되려는 토탄이 나왔다. 토탄은 열량이 부실하고 보관이 어려워 작업이 이어 가지 않았다. 공부를 열심히 해 생활을 윤택하게 할 수 있으리라는 생각은 하지 못했다. 공부로 학위를 따고 취업을 한다는 것도 막연하게 여겼다. 대부분의 공무원이나 사원을 인맥으로 채용할 때였으니까. 그래서 고학생이라 호소하며 양말, 바늘, 실 같은 것을 집집이 팔러 다니기도 했다. 그러나 돈이 안 되었다. 어느 사이에 중학 졸업을 앞두게 되었다. 재구가 사진관에 가 기념사진을 찍자고 했다. 그런데 경린이도 카메라를 갖고 다니며 사진을 찍고 있었다. 장학사이셨던 아버님이 의료 사고로 세상을 갑자기 떠나시자 경린이도 아르바이트로 학비를 벌고 있었다. 나와는 비교가 안 되는 돈벌이였다. 마치 통나무 수문과 철문짝 수문처럼 차원이 달라 보였다. 좀 뒤에 일이지만 중달이는 친구도 아르바이트를 했다. 색다른 껌 같은 주전부리 감과 신제품 세숫비누처럼 작은 필수품을 승객이 가득한 버스에 갖고 다니며 팔았다. 별로 힘을 들이지 않으면서도 많은 수입을 올리고 있었다.

상경

　김포중학의 상급 학교로 농업 고등학교가 이어졌다. 지원자가 미달은 아니라는데 고등학교 필기 고사는 없이 면접 시험만 보았다. 그사이에 여학교가 분리되어 여자 입학생은 없었다. 미옥이도 볼 수 없었다. 나는 그동안 공부에 열중하지 않아 입시가 없음을 다행으로 여겼다. 어머니가 글을 좋아하시기 때문인지 "사람은 남녀를 막론하고 배워야 사람 노릇을 할 수 있다."라고 항상 말씀하셨다. 물론 고등학교 진학도 당연하게 여기셨다.
　그래서 진학 절차를 밟았다. 내게 특별한 문제가 없었기 때문인지 합격이 되었다. 그러나 진학을 포기해야 했다. 중학에 들어갈 때도 어머니는 입학금 마련이 없으셨었다. 천행으로 특대생 혜택을 받아 무사히 졸업할 수 있었다. 그런데 이번에는 아무 대책이 없었다. 마침 내게 서울에 갈 기회가 생겼다. 할아버님 여동생의 아드님이 함경도 청진에서 서울에 와 사시는 분이 계셨다.

우리는 그분을 '청진 아저씨'라 불렀다. 청진아저씨는 서대문구 영천동에서 미장공으로 건축 공사장에 나가고 계셨다. 그 아주머니에게 고만고만한 아이가 셋이 있었는데 결핵성 임파선염인 연주창을 앓은 적이 있어 퍽 힘에 겨워 하셨다. 그래서 내게 육촌 동생뻘이 되는 그분의 맏아들을 어머니가 시골에서 기르기로 하셨다. 그 대신 내가 그 아저씨 댁에서 숙식을 제공받기로 되었다. 어렵게 여겨지던 상경이 뜻밖에 이루어졌다. 서울에 가 야간 학교라도 다녀 보라는 어머니의 의도이신 것 같았다. 하지만 야간이라 해 입학금이 없는 학교가 있겠는가?

그런데 그 아저씨 댁에서 나가 길을 걷다가 중학을 함께 졸업한 동창을 만나게 되었다. 서대문 근처의 인쇄소를 다닌다 했다. 견습공이라 차비에 점심값 정도밖에 못 받는다고 했다. 어떤 곳에서는 기술을 익힐 때까지 노임이 아주 없거나 오히려 얼마간의 교습비를 부담해야 되었다. 하기는 요즘도 땀 흘려 일을 하며 기술을 배우는 비싼 학원들이 존재하고 있지 않은가? 당시는 숙련공이 아니면 어디에서나 푸대접이었다. 따라서 기술자들의 세도가 만만치 않았다. 견습공들을 하인처럼 부리면서도 핵심이 되는 기술은 끝까지 혼자만 써먹으려 했다. 그러므로 숙련공이 되기가 참으로 힘들었다. 일터를 구하는 사람이 직장마다 줄을 섰었다. 사람이 넘쳐나던 시기였다. 대찬이란 그 동기도 취직을 한 것을 자랑으로 여기고 있었다. 그리고 자기가 잘 말해볼 테니 나도 함께 나가자고 의향을 물었다. 감지덕지할 수밖에. 그리하여 서울에서의 내 첫 직장은 인쇄소가 되었다. 인쇄소에서는 활자를 고르고 조판하여 기계에 찍는 일과 인쇄물이 나오면 책을 매는 부서로 크게 나누어 있었다. 그런데 인쇄부나 제본부의 기술자가 되려면 적어도 5년은 걸릴 것이라 했다.

나는 하루가 급하게 여겨졌다. 그래서 인쇄소를 그만두고 청진 아저씨를 따라다니며 미장공의 뒷일을 하기로 했다. 흙을 파고 돌과 벽돌을 나르며 모래와 시멘트를 개고 옮기는 막노동이었다. 이런 일들은 농사에 평띠기까지 경험했었으므로 크게 두려워할 일은 아니었다. 일이 힘든 날은 몸이 붓고 수저를 잡은 손이 떨리기까지 했다. 한국전쟁에 파괴되고 화재로 인한 재건 공사가 많았다. 주로 진흙을 이겨 벽을 바르고 구들돌을 놓아 집을 꾸미는 작업은 중노동이었다. 그러나 품삯을 모을 수 있어 좋았다. 내 수입으로 생활해 나갈 수 있으리라는 자신감도 생겼다. 그리고 무엇을 배워야 되겠다는 결심이 있어 보통 고시 강의록을 사다 틈틈이 읽었다. 을지로 2가에 고시학회란 간판이 있어 거기에서 책을 구입할 수 있었다. 그때는 학교를 제대로 다니지 못했어도 보통 고시에 합격하면 고등 고시에 응시할 수 있는 길이 있었다.

나를 알아주던 이웃

어머니와 나는 서울로 이사를 결심하게 되었다. 청진 아저씨가 사시는 집에서 세 골목쯤 떨어진 영천동이었다. 아저씨 댁은 양기와집들 사이에 있었고 내가 전세로 들어간 쪽은 큼직한 한옥들이 있는 곳이었다. 그때까지 서울에는 초가집도 여러 채가 골목 안에 있었다. 좀 부유해 보이는 한옥들이었지만 우리가 살 곳은 방만 클 뿐 쪽마루 부엌이 전부였다. 땅과 시골집이 달랑 방 하나로 바뀌게 된 셈이다. 아니 그동안 내가 아저씨 밑에서 일해 모은 돈까지 더 보태어졌을지도 모른다. 청진 아저씨는 계산이 되지 않았던 노임을 이사 비용에 쓸 것이라 하셨으니까. 김포에서 서울로 이사하는 일은 어머니와 아저씨가 맡아 하셨으므로 얼마가 비용이었는지 나는 모르고 있었다. 하여튼 그때나 지금이나 시골집은 서울 것과 비교가 안 되었다.

주인댁에는 초등학교 이하의 아들이 삼 형제가 있었다. 앞집에는 명문 학교에 다니는 형제가 있었다. 그 왼쪽 옆집은 더 컸다. 사람들은 그 댁을 '황 기자님 댁'이라고 했다. 그분은 장관도 지내게 된 분이라 했다. 그 댁 맏딸은 한쪽 다리에 소아마비 증세가 있었는데 의과대학생이라 했다. 그 나머지 자녀들도 또한 명문 학교생들이었다. 어느 날 황 기자님의 둘째 아들과 만나게 되었다. 이야기 중에 방정식과 피타고라스 정리에 대해 질문이 있었다. 직각삼각형에서 빗변의 제곱은 밑변의 제곱에 높이 제곱의 합과 같다는 것을 증명하는 문제였다. 시골 학교 실력이 궁금했는지 모른다. 미분 적분 문제도 선배들과 풀어 본 적이 있다고 하니 먼저 피타고라스 정리부터 증명해 보라고 했다. 내게는 막힐 것이 없는 문제였다. 사람들 앞에서 땅바닥에 그림을 그려 가며 바로 설명했다. 이런 일이 있은 뒤 기자님 아들과는 물론 앞집 학생 그리고 주인 집 아이들과도 사이가 가까워지게 되었다.

 주인집에서는 아들들의 과외 공부까지 부탁하고 있었다. 지금의 농협이 그때는 농업은행이었다. 몇 집 떨어진 집에서 은행에 다니지 않겠느냐는 제안이 있었다. 그래서 시골뜨기가 갑자기 은행 밥을 먹게 되었다. 나를 앞에 세운 은행 과장님은 그간 무엇을 했었느냐고 물으셨다. 상업 학교는 다니지 않았느냐고도 질문하셨다. 공무원이 되면 좋다는 것은 알았지만 그보다 더 훌륭한 직장이 있다는 것은 몰랐었다. 서대문에 있는 농업은행 본점은 집에서도 거리가 얼마 안 되어 출퇴근 걱정도 없었다. 특히 은행에서 점심까지 제공하니 도시락 걱정도 없었다. 은행 지하에는 식당이 있었는데 식비도 무료였고 식사도 고급이었다. 은행에서 내게 맡겨진 일은 폐기할 문서들을 정리해 보관할 수 있도록 만드는 것이었다. 몇 평 안 되는 공간이었는데 거기에는 먹지를 쓰는 기구와 등사기가 있었다. 당시에는 지금과 같은 컴퓨터나 프린터기가 없었으므로 은행의 출판 업무를 담당하던 곳 같았다. 내가 몇 달간이나마 인쇄소를 다녔다는 것이 참작된 것일까? 그런데 나를 은행에 취직시켜 주셨던 과장님이 몹시 당황한 표정으로 갑자기 나타나 물으셨다. '이기붕 의장님의 명함을 얻을 수 없느냐'는 말씀이었다.

"무슨 말씀이신지요?"

나는 과장님의 질문을 정말 알아듣지 못했었다. 과장님 역시 "쯧쯧…" 혀만 차실 뿐 말을 잇지 못하셨다. 이 의장님 댁은 농업은행 바로 앞에 있었으므로 갔다 오는 시간은 몇 분이면 되었을 것이다. 그러나 감히…. 내 자리에는 정말 이기붕 의장님의 명함을 갖고 온 사람이 나타났다. 그 사람도 내가 미안했는지 대위로 제대를 했는데 직장을 구하다 다행히 의장님과 연줄이 이어진 것이라며 어린 내게 솔직하게 양해를 구했다.

정말 허망하기 이를 데 없었다. 나는 앞집 학생 천문이에게 세상을 한탄하게 되었다. "세상이 빽만 있으면 그만이니 무슨 인물이 필요하겠느냐?"라는 말이었다. 그런데 천문이란 학생의 대답은 아주 달랐다. "이럴 때이니 진짜 인물이 필요하다."라고 했다. 세상에 비리가 판을 치면 그것을 바로잡을 인물이 필요하다는 것이다. 남을 탓하며 자기 책임을 모면하려는 사람은 약한 인물이라고 했다. 누가 자기를 써 주지 않는다고 원망하지 말고 어느 직장에서나 필요한 실력 있는 사람이 되라는 것이었다. 세상을 원망하는 나를 천문이는 은근히 나무라고 있었다. 천문이의 말에 나는 억울해져 반발이 생겼다. 그래서 따지고 들려고 했다. 그렇지만 천문이의 태도가 너무 진지하여 머뭇거리게 되었다. 그리고 이러한 인물이야말로 우리나라의 장래를 위해 반드시 필요하게 되리라 여겼다.

  나무는 거목을 피해야 하지만 사람은 큰 인재 밑에 있어야 혜택을 입게 된다는 말이 있다. 몇 집 떨어진 한옥에도 높은 분이 사셨다. 서울시 건설국의 과장님이셨다. 그분의 아드님도 내게 과외를 부탁했었다. 그리고 건설국 토목과에 일자리도 마련해 주셨다. 참으로 고마운 이웃 분들이었다.

한강교 전차에서 미옥이를 만나다니

 나는 서울에 이사한 뒤부터 청진 아저씨가 하시는 노동에는 나가지 않았다. 사람을 사귀는 기회도 많아졌다. 나는 명문 학교를 따지는 일을 그냥 그러는 것이거니 여겼다. 명문, 명문 하는 바람에 나도 명문이라는 낱말에 사로잡히게 되었다.
 그러나 좀 더 생각할 필요를 느끼게 되었다. 우리가 생활할 때 수학의 필요성을 얼마나 느끼는가? 가장 기초인 덧셈과 뺄셈 정도만으로도 큰 불편이 없지 않은가? 고등수학은 극히 일부에만 응용되고 있는 것이 사실이다. 그런데 명문 학교생들의 선발은 거의 이 수학에서 결정되고 있다. 어떻게 이럴 수 있을까? 그렇다고 수학을 잘하는 사람이 특별한 지혜를 가졌다는 통계가 있는 것도 아니지 않는가? 오히려 수학에 집중하는 사람들이 고집스러운 경우가 많지 않은가? 나 역시 수학에 자신이 있다고 자부하는 편이지만 다른 방면에는 무지한 것이 많다. 바보라는 말까지 자

주 듣고 있다. 하지만 사람들을 잘 만나서일까 수학 몇 문제를 풀어낸 것으로 내가 새롭게 인정을 받게 된 일은 퍽 다행이었다. 그리고 수학을 잘해 명문 학교에 다니게 된 천문이에게 받은 가르침은 뇌리에서 지워지지 않을 것 같았다. 수학을 잘하는 사람을 인물로 세우지는 않는다. 그러나 수학적인 논리는 필수적일 데가 많은 모양이다.

푹푹 찌는 한 여름이었다. 어머니가 앞집 천일이가 한강에 수영을 간다는데 함께 가지 않겠냐고 물으셨다. 어머니는 서울에서 시골 여인답지 않게 이웃 아주머니들과 잘 어울리셨다. 시골에서는 유식하시다는 평을 듣던 분이셨으니까. 천일이 어머니도 곁에 나오시어 함께 말씀하셨다.

"재훈이가 믿음직스러워 천일이와 함께 수영을 보내려는 것이야."

아무리 서울 토박이라도 반나체나 다름없는 남녀가 어울리는 수영장은 꺼릴 때였다. 특히 천일이 형제 같은 모범생의 어머니라 염려가 더하신 모양이었다. 나는 김포 수문 간에서 물놀이를 즐기던 생각과 아울러 믿음직하다는 칭찬까지 들으니 기분이 매우 좋았다. 명문 학교생들과 어울려 대등하게 지낼 수 있게 되었다는 것도 기쁨이었다.

그때는 한강에 제1한강교 하나만 있었다. 중지도의 모래사장은 청정 지역이라 여름마다 시민들의 1급 피서지가 되었다. 공해가 없는 전기의 전차도 운행되었다. 공해라는 말도 잘 모르고 있었고 자동차의 매연이 고소하게 느낄 정도였다. 차에 에어컨 같은 것은 상상도 못 할 때지만 오히려 창밖에서 불어오는 바람이 시원했다. 피서철이라 그런지 중지도에도 전차 정거장이 있었다. 수영장이 있는 정거장이라 내리는 사람이 많았다. 천일이가 먼저 내리고 뒤이어 내가 내리려 할 때였다. 어떤 여학생이 앞으로 나타나더니 불쑥 합장한 손을 내밀었다. 김포중학의 여반장 미옥이였다.

"미옥 씨…."

나도 모르게 튀어나온 말이었다. 그러나 실지로는 한마디도 소리를 내지 못했다. 손도 잡아 주지 못했다. 전차 문이 닫히려하자 아무 인사도 나누지 못한 채 그냥 내리고 말았다. 미옥이가 입고 있던 교복의 명문 학교 배지가 나를 주눅 들게 만들고 있었으니까. 나도 명문생 못지않은 실력이 있다는 자존감을 내보일 용기는 전혀 없었다. 서울에는 경기, 서울, 경복, 용산고등학교를 소위 4대 명문으로 꼽았다. 그리고 서울사범대부속고등학교와 서울사범학교를 그와 못지않게 여기고 있었다. 아니 어떤 이는 이 사범계 두 학교를 더 높이 보기도 했다. 그런데 미옥이가 이 사범계 학생이 되어 있었던 것이다.

나는 수영복에 모래를 밟으며 천일이를 따라 물속을 걷고 있었지만 생각은 다른 곳에 가 있었다. 원식이와 양곡의 미옥이 집에 갔을 때의 일이었다. 그렇게 나를 유심히 바라보시던 미옥이 어머니와 동생이었다. 그때 내가 합격점을 받았었나? 아니면 미옥이가 정말 나를 마음에 두고 있었나? 나는 학생 차림이 아닌 데다 더벅머리에 견습공 같은 모습이었다. 그런데도 미옥이가 먼저 손을 내밀다니! 나는 넋 나간 사람처럼 한강 다리 위만 바라보게 되었다.

"아니 갑자기 정신이 나가셨나, 멍하니 한쪽만 바라보서?"

천일이도 내 태도가 이상했는지 한마디 했었다. 천일이의 말에 나는 무엇을 훔치다 들킨 것처럼 흠칫했었다. 그리고 전차에서 미옥이의 손을 잡아 주지 못한 일을 천일이에게 우물거렸다.

현저동 산 101번지

 죄를 지으러 할 때 "너 감방 가고 싶어?" 하고 경고한다. 그러나 그때는 "너 101번지 가고 싶어?" 했었다. 특히 일제시처럼 고문을 당할 수 있는 데 대한 엄포로 그렇게 말했었다.
 현저동 101번지에는 그 악명 높은 서대문형무소가 있었었다. 바로 지금의 독립문공원이 있는 곳이다. 일본 건축가가 어떻게 설계를 해 놓았는지 감옥에 들어가 있기만 해도 고통스러웠다는 말이 있다. 서울구치소로 이름이 바뀐 건물의 서편 산기슭을 '현저동 산 101번지'라고 했다.
 그런데 내가 거기에 집을 짓고 살게 되었다. 농촌에서 상경하는 사람이 날로 늘어나고 있었다. 서울의 주택난이 더해갔다. 방세도 해마다 오르고 있었다. 영천동 집의 전세 만기가 되었는데 이사를 하려니 그 값에는 방이 형편없었다. 그사이 청진 아저씨가 현저동 산 101번지로 이사를 하셨다. 아저씨는 미장공이었으므로 웬만한 집은 스스로도 지을 수 있으셨다. 하지만 현저동 한옥마을 골목 끝에 사시다 자그마한 양기와집으로 이사를 하셨다. 안산에서 이어지는 금화산 줄기 골짜기에 흐르는 물도 좋았다. 당시 무허가 건축물에 대한 단속도 적극적이지 않았던 것 같다. 피난민이 많아 소위 '하꼬방촌'도 생겼었다. 파출소만 통하면 빈터에다 그냥 집을 짓고 있었다. 그래서 우리도 청진 아저씨 집 근처 개울가에다 방 두 개짜리 집을 세우게 되었다. 전세에 들어갔던 돈으로 전기 설치까지도 되었다. 수도사정이 아주 나빴으므로 거의 공중 수돗물을 길어다 먹었었다. 여기에서는 골짜기의 샘물을 공짜로 떠다 먹을 수 있었다. 따라서 셋방살이를 쉽게 모면할 수 있었다. 뿐만 아니라 방 하나는 당장 세가 나갔다. 또박또박 월세도 받을 수 있었다.

 심훈의 소설 『상록수』를 읽으면 악박골 약수가 나온다. 우리 집이 있는 골짜기가 바로 그 악박골 약수가 있던 계곡이었다. 토박이 노인에게 "왜 악박골이라 했느냐?" 물으니 악산 밖의 골짜기였다고 했다. 서울 성내를 기준으로 하면 인왕산 서북편은 바위가 몹시 가파르고 험했다. 지금도 무악재는 확장 공사를 거듭했지만 험지로 교통의 불통 지대가 아닌가? 형무소를 이곳에 짓기로 결정할 때의 선정 이유가 되었을 조건의 하나가 아니었을까? 언덕 밑이라는 현저동의 지명의 유래가 연상될 것도 같다. 이곳 약수는 얼마나 전국적으로 이름이 높았는지 내가 그곳에 살 때에도 샘을 찾는 사람이 많았다. 본 약수터는 주택지가 되었고 상당히 떨어진 곳에 새로운 샘터가 마련되었었다. 골짜기 바위틈에서 쨀쨀 물이 솟아 나왔다. 얼마나 맑고 시원했는지! 어떤 노인들은 식량과 취사 도구를 짊어지고 오기도 했다. 약수를 먹고 속병을 고쳐 이제까지 무병했는데 다시 아프기 시작했다는 것이다. 숙소는 어디에 잡았는지 모르나 해가 좀 솟으면 다시 나타났다. 종일 샘물 근처를 돌며 정성을 올리면서 말린 조기, 즉 짜디짠 굴비를 뜯으며 약수를 마셨다. 그즈음만 해도 방방곡곡에 약수가 많았다. 여기도 이 악박골 약수를 비롯해 물이 좋기로 이름이 높았다. 그 동네 이름으로도 증명이 된다. 영천동, 옥천동, 냉천동, 천현동 등 붙어 있는 마을에 모두 샘천 자가 들어가 있다. 서울 장안 사람들이 장을 담글 시기에는 다 들 이곳의 물을 길어다 썼다는 말도 있다.

우리는 법을 조금이라도 어기면 천벌을 받을 것으로 여기고 살았었다. 그래서 무허가로 집을 지을 생각은 전혀 하지 않았었다. 처음에는 방을 얻으려고 복덕방을 찾아다녔다. 하지만 안 되었다. 1년여 사이에 방세가 껑충 뛰었기 때문이다. 얼마 더 머뭇거리다간 전세금이 월세의 보증금으로 바뀔 지경이 되었다. 그때 어머니가 허가 없는 집을 짓기로 결단을 내리셨다. 그렇게 하지 않으셨으면 영구히 셋방에서 살게 되었을지 모르는 일이었다. 물론 청진 아저씨의 조언과 협조가 있었겠지만. 그곳에는 그때까지 무허가로 보이는 허술한 집은 일곱 채밖에 없었다. 그 모두 지은 지가 상당히 오래돼 보였다. 그때까지 연료가 거의 나무였다. 늦가을이면 나무 지게를 진 사람들이 무악재에 줄을 이었었다. 식수도 수도가 아니고 대부분 물장수에게 대 먹었다. 그래서인가 이 다섯 태에는 장작 패는 직업을 가진 사람이나 물장수와 청진 아저씨처럼 집 수리공들이 살았다. 거기에 아무 인연이 없는 외부인이 와 국유지에다 감히 터를 닦아 집을 짓는다는 것은 상상조차 하기 어려운 일이었다. 그러나 어머니는 대담하게 혼자 터를 닦고 청진 아저씨의 도움을 받아 집을 지으셨다. 신고를 받았는지 파출소에서 순경이 와 철거하라고 벽을 헐었었다. 나는 겁이 나 어머니를 원망하며 집세조차 날아가게 되었다고 실망했었다. 그렇지만 어머니의 사정 끝에 얼마간의 뇌물로 묵인이 되었다. 공무원들은 봉급으로 생활이 안 될 때였으니까.

여중군자

　나는 불효스럽게도 어머니에 대해 많은 비판을 가했다. 그리고 내가 고생한 것을 어머니 탓으로 여겼다. 그러나 다른 사람이 보기에는 나의 어머니를 그렇게 보이는 것 같지 않았다. 인정 많고, 유식하고, 정숙한 분이라고 했다.
　정말 우리 어머니는 인정이 많으셨다. 서울 골목에는 소리를 목청껏 돋우며 물건을 파는 행상이 많았다. 새우젓, 어리굴젓, 곤소금, 두부와 비지, 메밀묵과 찹쌀떡 등등…. 우리가 조반상을 받고 조금 있으면 곤소금 장수 아주머니가 나타났다. 우리 집이 골목 끝에다 울타리가 없으니 그 아주머니와 방문 앞에서 마주하게 되었다. 어머니는 그때마다 쉬어 가라고 소금 장수 아주머니를 맞으셨다. 드시던 밥도 내주셨다. 나는 그러한 어머니가 참으로 딱해 보였다. 자기 이익을 위해 장사하는 사람이었기 때문이다.
　"어머니, 그 아주머니는 저렇게 부지런하니 우리보다 잘 살 거에요."

"형편이 좋건 나쁘건 그렇게 하는 게 사람의 인사란다."

"배를 곯으시다가 건강을 해치실까 걱정이 돼서 그래요."

"예부터 너무 먹다가 탈이 나지, 배를 주려서 건강이 나빠졌다는 사람은 없으니 걱정 말아라."

소금 장수 아주머니가 다녀간 뒤 우리 모자가 나누던 대화였었다. 어머니는 '적선지가에 필유여경'이라는 말을 실천하려고 하셨다. 그러나 '풍비박산'을 '풍지박산'으로 쓰신다시든지 '중언부언'을 '주언부언'이라 하시는 등 문자를 쓰시는 데 오류가 많았다. 그래서 나도 어머니의 말씀을 따라서 하다가 실수를 자주 저질렀었다. 그러나 한번 입에 익혀진 말은 쉽게 고쳐지지 않아 어려움이 되었었다.

김포 운양리에 살 때였다. 김포읍에는 향교의 뿌리가 지금까지 유지되고 있었다. 급격한 도시화로 모든 것이 서구식이 되었다. 그러나 유생들이 협력해 우리의 전통과 미풍양속을 보전해 가고 있기도 하다. 김포 향교는 신식 건물도 세우고 노인 대학은 물론 『논어』와 『맹자』의 강의를 비롯해 한시와 서예 등 우리의 옛 것을 보전해 가고 있다. 어떤 전교께서 내게 어머니 안부를 물으시며 '전주 유씨 가문의 여중군자'이시라고 했다. 향교에서는 그 지도자 되시는 분을 전교라고 했다. 어머니의 본가가 운양리에서나 읍에서 10리 안이 될 가연산 밑 도티울이었으니 그 어른과 같이 성장하셨는지도 모른다. 아무리 남녀칠세부동석이었지만 그보다 어릴 적에는 소꿉친구일 수도 있었다. 어머니가 그분이 다니시던 서당 주인 따님이셨는지도 모른다. 어머니 친정 가까이는 의병장

조헌님의 서원이 있었다고도 했었다. 어머니는 서당에서 서생들이 외우던 글이라면서 한시를 줄줄 암송하신 적도 여러 차례 있으셨으니까. 지금은 학생들이 좋은 학교를 따라 모이지만 그때는 학덕 높은 훈장님을 거리에 관계없이 찾아다녔었다. 그런데 가연산 근처에 학덕 높은 유생들이 여러 분 살고 계셨단다. 향교의 전교님에게까지 어머니가 '여중군자'라고 알려지게 된 데는 무슨 연유가 있겠지만 알아볼 수 없었다.

그러나 나는 어머니가 위기에서 사람을 구하는 모습을 여러 번 보았었다. 가금리에서 일어났던 일이다. 동네 아주머니가 재채기를 심하게 하다 눈알이 빠졌었다. 굶주려 기력이 허약한 상태라 그랬을까? 함께 있던 사람들이 모두 놀라 몸을 피했다. 눈알은 크게 확대되었고 혈관과 신경 줄에 매달려 굉장히 무섭게 보였다. 붉은 핏줄은 곧 터질 것 같았다. 안과는 물론 그것을 고칠 만한 의원도 없었다. 이때 어머니만이 급히 냉수를 떠 들고 접근하셨다. 황소 눈처럼 부풀어 있던 것을 냉수에 담가 헹구니 그 크기가 훨씬 쪼그라들었다. 그것을 침착하게 눈꺼풀을 까 뒤집고 쑥 밀어 넣으니 믿기지 않게 눈알이 제 자리로 들어갔다. 어머니는 혼이 나가 정신을 잃고 있던 그 아주머니에게 가볍게 **뺨**을 때리면서 눈을 껌뻑거리라고 하셨다. 동작이 정상적으로 이루어지고 있었다.

서울에서의 또 어느 날이었다. 세 딸에 막내아들을 기르는 집이었다. 별안간 세 딸이 엄마를 소리 높여 부르며 울부짖었다. 막내가 동전을 삼켜 기도가 막혀 질려 있었다. 병원에 가려면 적어도 20분 이상 달려가야 했다. 택시도 귀할 때였다. 아이의 목숨이 경각에 달려 있었다. 그런데 이번에도 어머니가 그 독자를 살리셨다. 아이의 두 발을 잡고 거꾸로 드시더니 '탁, 탁' 등을 두드리시며 쓸어내리셨다. 이러게 하자 목구멍을 막고 있던 동전이 퉁겨지듯 튀어나왔다. 지금은 이러한 구급법이 텔레비전 같은 매체를 통해 널리 알려져 있다. 그러나 당시는 어머니의 천부적인 순발력에 의해 시행되었는지 모른다.

할아버님의 생신날이었다. 손님들이 들락거리고 굴뚝에선 계속 연기가 솟았다. 그런데 어느 순간부터 연기가 아닌 불길이 올라왔다. 아궁이가 과열되니 그동안 구들 고래에 쌓였던 구재가 타는 것이었다. 어떤 사람이 이것을 발견하고 "불이야!" 하고 소리를 질렀다. 사람들이 물을 퍼다 끼얹고 물동이를 들고 우물로 달려가는 등 법석이었다. 그러나 불길은 더욱 거세져 초가지붕에 불이 붙고 있었다. 정말 큰일이었다. 이때 어머니가 나오시더니 삽으로 굴뚝을 쓰러트리셨다. 굴뚝이 탈싹 주저앉자 불길도 꺼지고 타들던 지붕만 구하면 되었다. 이밖에도 우리 어머니에 대한 얘기가 많으나 앞으로 기회가 닿으면 다시 이어 가기로 해야겠다.

이천지교

　어머니가 현저동 산 101번지에 무허가 집을 짓기 시작한 뒤였다. 우리 터 바로 앞에 다른 사람이 와 땅을 고르기 시작했다. 어머니 연세의 충청도 출신 내외분이였다. 혼자일 때는 경찰 단속에 크게 겁이 났으나 공범자가 생기니 마음이 좀 놓였다. 뇌물로 파출소 소장에게 묵인은 받았으나 완전하지는 않았다. 파출소 소장이 바뀔 때마다 뒷돈을 내야 될 거라는 말도 있었다. 우리에게는 금품을 제공했다는 증서를 받은 게 없었으니까. 그런데 우리에게도 증언을 해 줄 협력자를 만나게 된 것이다.
　공범자들이라 그런지 개울을 사이에 두고 두 집은 한 가족처럼 친하게 되었다. 그 집도 두 치짜리 각목 기둥에 '타마구' 기름종이를 덮은 방 두 개였다. 아들 둘에 딸 하나가 있었는데 맏아들은 나와 동갑이었다. 채소 장사를 하는 박 씨 아저씨는 일본에 징용을 갔다 온 분이었다. 필적도 좋고 서생처럼 조용하셨다. 채소 장사를 얼마나 하셨는지 상당히 익숙하신 편이라 언제나 오전 중에 맨몸으로 돌아오셨다. 나는 시 건설국에 다녔으나 학력과 병력이 미달이라 정식 직원이 될 수 없었다. 그때는 과외 교사란 직업도 정착되지 않았었다. 가정 교사가 있었으나 대개 고학생들이 숙식이나 등록금 정도를 제공받고 일정한 보수는 없었던 것 같다. 가정 교사가 월급으로 식구들을 부양한다는 말은 없었다. 나 역시 아이들에게 개인 지도를 했어도 월급을 고정적으로 받은 적은 없었다. 안정된 직장이 시급했다. 그래서 건설국에 있는 토목과로 나갔었다. 토목과에서는 제기동 근처의 공장과 창신동 공장이 있었다. 제기동 쪽에는 덤프트럭 롤러 등에 공사 장비가 비치되어 있었다. 창신동에서는 암석을 깨부수어 자갈과 모래를 만들어 냈다. 거기에는 지옥을 연상할 만한 엄청나게 큰 기름솥이 있었다. 시커먼 타마구를 펄펄 끓이는 데다 잔자갈과 모래를 부어 섞은 다음 덤프트럭으로 실어 냈다. 도로 포장에 쓰일 아스팔트였다. 성경에 노아가 홍수 시 방주라는 큰 배를 만들었다는 얘기가 나온다. 그 방주를 만들 때 역청을 썼다고 했다. 서울시에서는 이곳을 역청 공장이라 했다. 주로 도로 공사에 관련된 작업을 하게 되었다. 나는 시간이 지남에 따라 차츰 도로 공사장에 나가는 일이 많아졌다. 중노동은 아니었지만 도로 공사 현장에 나가면 땡볕에 행인들의 뭇 시선도 부담이었다. 아스팔트 공사를 하다 미옥이를 마주치게 될까도 걱정이었다. 도로 공사는 기술도 아니고 막노동으로는 부를 축적하기가 어렵다는 사실에도 어깨가 무거웠다. 당시는 시에 예산이 없어 미국의 원조비로 공사가 진행되었다. 길을 내 흙을 다진 뒤 짜 맞춤 돌 기초에 자갈과 모래를 펴고 역청

즉 아스팔트를 까는 것이 종래의 방식이었던 모양이다. 이때 롤러로 다진 흙 위에 목침만 한 크기의 돌을 일정하게 짜 맞추는 작업이 어려웠다. 품도 시간과 비용도 많이 들었다. 그래서 공급과 운송 그리고 작업이 용이하게 켜켜이 자갈과 모래를 까는 방식으로 공법을 바꾸고 있었다. 미 고문관은 아스팔트를 덮을 때 성글게 된 곳에는 물이 스미지 않도록 일을 시켰다. 잔자갈과 모래에 타마구를 섞는 것은 어려웠다. 중앙청 석조 건물 공사 때부터 돌을 가져다 썼다는 창신동 채석장에 그 역청 공장이 있었다. 타마구를 펄펄 끓이는 데다 잔자갈과 모래를 섞어 아스팔트를 만들었다. 그런데 고운체를 가져다 그 뜨겁게 달구어진 타마구 모래를 쳐서 틈새를 메우도록 했다. 그렇게 해 자갈의 굵기, 잔자갈과 모래의 비율 등으로 도로의 수명을 시험하는 모양이었다. 미 고문관은 도로 포장 원조로서 힘든 실험을 우리가 대신하게 하고 있는 것 같았다. 기술의 발전은 모두에게 유익할 수 있지 않은가? 종로나 을지로는 이미 포장이 되어 있었고 새로 하는 충무로부터 자갈 시공이었다. 나는 공사장의 하루하루가 미옥이와의 만남이 우려스러웠다. 나의 창피보다 미옥이에게 실망을 줄 것이 더 걱정이었다.

"장사를 해야 돈을 번다는데"란 말이 귀에 들어왔다. 앞집 아저씨가 매일 장사를 일찍 마치고 유유자적하시는 모습도 부러웠다. 무악재만 넘으면 농촌과 다름이 없던 시절이었다. 영천시장은 먼동이 틀 때면 녹번동 쪽에서 들어온 채소 상인들로 크게 붐볐다. 앞집 아저씨는 채소를 시장에서 받아서 팔러 다니던 얘기를 무용담처럼 들려주기도 하셨다. 채소 상인들이 중계를 할 때 은어를 쓴다는 것도 궁금했다. 과연 도매시장 구경을 나가니 채소를 실은 마차들이 줄지어 섰고 '바소코리(발채)' 지게를 진 사람과 인력거 소매상들이 북적거리고 있었다. 중계 상인이 채소가 잔뜩 실린 마차의 한쪽에 있는 높은 곳에 올라가 손가락과 팔을 이리저리 움직이며 큰 소리로 무어라 외쳤다.

"땅아랭이."

앞집 아저씨의 대답이셨다. 마차 물건의 경매가 이루어진 것이다. 이런 식으로 마차의 채소는 하나하나 팔려나갔다. 그러니까 중계상이 중얼대던 소리는 물건값을 암호로 외치는 것이었던 모양이다. 채소의 신선도가 중요하기 때문인지 절차가 아주 빠르게 진행되었다. 그 "땅아랭이"란 말도 몇천 몇백 몇십의 숫자를 간략하게 해서 쓰는 말 같았다. 나는 처음이라 어리둥절할 뿐이었다. 이렇게 거래가 성립되면 행상들이 대금을 치른 다음 채소를 인력거와 지게에 나누어 갖고 바쁘게 흩어졌다. 이따금 가락시장에서 경매에 비리가 일어났다는 보도가 있다. 이 거래에서 은어를 사용하기 때문에 생기는 일이 아닐까? 또 이렇게 외부인이 쉽게 이해하기 어려운 절차를 중계상들끼리 짜고 이득을 챙길 수도 있을 것이었다. 호기심에 이끌려 나도 채소 지게를 지고 골목을 누비며 다른 행상들처럼 목청을 돋우어 보았다. 그러나 중학교 때 장사를 하다 그만둔 것처럼 나의 적성에 맞지 않았다. 중달이가 하왕십리에 있는 동동크림과 미용 비누 도매하는 곳을 보여 주었다. 장사란 유행을 잘 알아야 되는 모양이었다. 하지만 그것도 내게는 자신이 없었다.

악박골에는 우리 두 집이 신호가 된 것처럼 무허가 집이 날로 늘어나 소위 하꼬방집으로 산 중턱까지 덮이게 되었다. 앞집 아저씨는 시간이 남는 대로 동네 통장 일도 맡아보시게 되었다. 부지런한 아주머니는 맥쩍게 지내기가 아쉬웠는지 아저씨와 같이 다니는 행상들에게 하숙을 치셨다. 피난과 김포에서의 이사로도 많은 경험을 했다. 그러나 나는 영천동과 현저동 두 곳으로 이사를 살며 참으로 여러 가지 일을 배우게 되었다.

국제차량공업사

　나는 경찰청에 다니던 김포 선배의 소개로 용산에 있는 자동차 공장에 나가게 되었다. 그 선배는 경찰청에서 자동차 공장에 영향력을 갖고 있는 것 같았다. 뭐니 뭐니 해도 기술이 제일이라고 했다. 국산 승용차를 처음 만들기 시작한 국제차량공업사였다. 시발자동차로 더 잘 알려져 있다. 처음 자동차를 만들기 시작했다는 의미에서 이름을 그렇게 시발이라고 지었던 모양이다.
　우리나라에서 처음 자동차를 수출하기 시작한 것은 버스였다고 하니 놀랍다. 내부는 모두 외제이고 겉껍질만 철판으로 두드려 만든 버스였던 것이다. 시발 승용차 역시 그 부속의 대부분이 미군 지프차였다. 창경궁에서 해방 10주년 기념 산업 박람회가 열린 적이 있었다. 나도 중학 재학 중인데 친구의 충동으로 어려운 구경을 했었다. 당시의 그 형편없던 모습을 산업 박람회라고까지 이름을 걸었던 데에 증인이 필요할 것도 같았다. 나는 교과서도 살 돈이 없었었다. 더욱이 차비를 들여 집을 벗어난다는 것은 생각도 못했다. 그런데 차비와 입장료 등 거금을 들여 구경을 갔던 것이다. 산업 박람회가 궁궐이 자리한 곳에다. 동물원과 식물원까지 있는 창경원에서 열렸으니 누구나 그 규모에 짐작이 갈 것이다. 정말 장난감 전시장 같았었다. 연필과 고무신 심지어 벼 이삭 같은 것이 전시가 되었었다. 농업국임을 강조할 때여서 그랬을까? 벼 알이 80개쯤 달렸던 것으로 기억된다. 김포 걸포리 유씨의 것이라고 적혀 있어 내 시선을 오래도록 머물게 했다. 하여튼 국산품 전시회에 벼 이삭까지 보이다니! 논에 물을 댈 때 사용하는 양수기도 있었다. 국산품 전시회이니 적어도 이 이상의 제품은 내다 놔야지 생각하게 되었다. 하지만 그것도 동력장치인 모터는 없고 무쇠로 부워 만든 토관 같은 것이었다. 제일 구경꾼이 많이 모이는 곳을 찾아보니 담배 궐련을 만드는 장소였다. 궐련이 일정하게 잘려 나오는 것도 볼 만했지만 흰 가운을 입은 여공들의 손이 얼마나 정확하고 빠른지 모두의 감탄을 자아냈다. 탁 한 손에 잡으면 한 갑거리의 궐련이 스무 개비였고 그것을 포장하는 솜씨 또한 번개 같았기 때문이었다.

그리고 시선을 모으는 데가 또 하나 있었는데 국산 자동차가 나왔다는 곳이었다. 하지만 담배 마는 기계도 국산이 아닌 것을 뻔히 알고 자동차는 더욱 거리가 먼 일이었다. 그래서 속을 아는 사람들은 모두 실망이었다. 가난과 한국전쟁의 혼란의 10년이 아니었나? 그 사실을 실토하듯 산업의 원동력에 대한 비교가 있었다. 미국 제너럴모터스사와 우리나라의 전력을 전신주 모형으로 나타낸 것이었다. 일개국의 총 전력이 제너럴모터스사 하나와도 비교가 안 될 만큼 떨어져 있었다.

　시발자동차 공장은 용산구 문배동 주변에 있었다. 500평쯤 되었을까? 당시로서는 꽤 큰 공장이었다. 두 곳으로 나누어져 있었다. 한 곳은 엔진을 취급하였고 규모가 큰 장소에서는 차체를 만들어 내부를 완성해 냈다. 차체는 외제 철판을 가져다 별 굴곡이 없이 상자 모양으로 만들었다. 차 바닥에는 드럼통 철판이 일부 들어갈 때도 있었다. 그래서인가 어떤 사람은 시발자동차를 드럼통을 두드려 만들었다고 했었다. 물론 드럼통도 외제였다. 국산으로 된 것은 엔진의 껍데기며 본체가 되는 실린더였다. 더하여 피스톤도 국산이었고 바퀴에 붙이는 휠 캡도 우리 제품이었다. 승용차 바퀴에 모양으로 붙이기 시작한 것을 공장 사람들은 호일 캡이라고 했다. 얇은 철판을 압축기로 조금 볼록하게 찍은 다음 반짝반짝 광이 나게 도금한 것이었다. 거기에 시발이란 글자도 찍혀 있어 모양이 승용차답게 한결 돋보였다. 그 밖에는 하체나 전기 등 거의 미제였다. 그것도 미군 지프차에서 나오는 중고품이었다. 그러나 산업 박람회를 관람하신 이승만 대통령께서 국산품을 애용하여 우리 산업을 일으키자는 말씀에 시발자동차가 주목을 받게 되었다. 시민들에게도 애국심의 발로와 함께 인기가 있어 자동차 주문이 줄을 서게 되었다. 그래서 전 공원 약 100여 명이 야간작업까지 할 때도 있었다. 서울에는 서비스 공장이란 자동차 수리업소가 청계천 일대를 비롯해 여러 곳에 있었다. 그 서비스 공장에서도 몇 사람이 모여 베이비 왜건이란 승용차를 만들었다. 시발자동차는 상자 같아서 고급스럽지 못했기 때문이다. 그래서 차체를 둥글둥글하게 외제처럼 만드는 것이 중요했다. 기왕 미제 군용차에다 겉만 그럴싸하게 꾸미면 되었다. 이 차체를 꾸미는 일은 판금사들의 몫이었다. 옷을 만드는 데 재봉사보다 재단사를 더 쳐 주는 것처럼 자동차 기술 가운데에도 이 판금사의 대우가 좋았다. 철판을 재단하고 용접하며 망치로 두드려 모양을 내는 작업이다. 그래서 일제 시부터 판금을 '빵킹'이라고 하며 선망의 대상으로 여겼다. 판금사의 대우가 훨씬 좋았으니까.

나는 공장에 들어가자 완성부에 배치되었다. 차체 즉 몸통을 바디부에서 제작해 나오면 거기에 각종 부속을 부착해 차를 작동시키는 부서에서 일하게 된 것이다. 인원의 반쯤은 미군들이 사용하던 가건물인 바라크 같은 데서 나머지 반은 노천에서 작업했다. 완성부도 일의 종류에 따라 몇 부서로 나누었다. 집을 지을 경우에도 골조가 형성되면 배관과 전기 설치에 보일러와 칠 그리고 도배가 된다. 자동차도 차체가 되면 배관과 전기와 함께 스프링을 설치하고 하체를 부착시킨다. 거기에 엔진을 올리고 기계들의 작동을 시험해 가며 칠과 내장을 완성시킨다. 지금의 현대식 공정에서는 그 방식이 달라졌을 수도 있다. 그런데 여기에서 나는 완성 작업 가운데도 자동차의 굴뚝이라 할 머플러를 담당하게 되었다. 사람들은 엔진 같은 중요한 기술을 배워야 된다고 했다. 머플러만 다는 기술은 시발공장처럼 큰 곳에서나 필요할 것이라 했다. 재래식 가옥에서도 굴뚝은 나중에 세웠다. 지금은 건물에 굴뚝이 거의 없다. 하지만 구옥이 아니면 현대식 가옥에서는 굴뚝은 골조와 함께 세워졌었다. 그러나 자동차에서는 거의 마무리 단계에 달게 된다. 그러므로 이 머플러 달기 작업을 하며 나는 항상 그 자동차의 전체 상태를 볼 수 있었다. 자동차에 대한 기술을 오히려 빠르게 터득할 수 있게 되었다.

  나는 80년대 말 맹학교에서 모범 교사로 뽑혀 산업 시찰을 한 적이 있었다. 포항제철과 현대중공업 등이었다. 창경궁 산업 박람회의 모습을 구경했던 나는 그 비약적인 발전에 어깨가 저절로 올라갔다. 속으로는 만세 삼창을 부르고 있었다. 참으로 우리 기업과 기술자들이 자랑스러웠다. 시발 자동차 최무성 사장께서도 진짜 국산차를 만들려고 애를 많이 쓰셨다. 그 어려운 재정에서도 연구부가 운영되었었다. 차체도 미제 승용차처럼 유선형으로 만들고 무엇보다 국산 연료를 이용하기 위해 무진 애를 쓰셨다. 전문 연구원을 고용해 목탄 승용차를 만들려고도 했었다. 우리나라 정부에서 국산차를 만들려고 적극적으로 나설 때 이 국제차량공업사가 당연히 선정될 줄 생각했다. 그러나 다른 기업들이 더 왕성하게 활동하고 있었다. 나는 연구부 가까이서 일을 했기 때문에 시발 회사에서 휘발유를 쓰지 않고 운행되는 차를 만들려고 무진 노력하던 사실을 알고 있다. 건축에서 목수나 미장공을 건축가라고 하지 않는다. 설계를 새롭게 할 정도가 되어야 건축가라고 부른다. 자동차에서도 엔진이나 변속기를 잘 다룬다 하여 장인에 이르지 못한다. 차 전체를 파악하고 대처할 줄 알아야 한다. 나는 머플러를 달아 가며 자동차의 전체를 빨리 배우는 기회를 얻은 셈이었다. 머플러 담당은 기술자 하나와 뒷일과 심부름을 맡은 나뿐이었다. 이 일을 하려면 산소 용접도 할 수 있어야 했다. 산소 용접기를 잡아 보려면 기름밥을 1년을 먹어도 어렵다고 했다. 그런데 속칭 불대라고 하는 산소 용접기를 나는 공장에 들어간 지 다섯 달도 안 되어 잡게 되었다. 기술자가 결근을 하게 되니 서투르더라도 내가 그 일을 하지 않으면 안 되었다. 따라서 용접 기술과 아울러 판금사의 길로도 빨리 나갈 수 있었다.

은행원이 되면 미옥이를 만날까

 앞집의 동갑내기 박승우도 시발자동차에 칠을 하는 도장부에서 일을 했다. 출퇴근도 함께하게 되어 심심치 않았다. 무악재 밑 악박골에서 용산까지 걸어 다녔다.
 그 방면의 노선은 한 번에 가 닿는 대중교통이 없었다. 일인들이 영등포와 용산에서 공장들을 많이 운영하다가 간 자리를 이어받았기 때문일까 출근 시에 고원 차림의 우리 또래가 자주 보였었다. 공장 지대의 적지로서 제일 먼저 교통 문제를 꼽고 있다. 우리들 집과 직행 노선이 없을 뿐이었다. 용산은 철도와 도로를 비롯해 해상으로 통하는 수로까지 교통의 중심지였다. 평평한 지대가 이어져 큰 공장도 얼마든지 들어설 수 있었다. 주택 지대나 상가와도 떨어져 공해 문제도 대립을 피할 수 있었다. 시발공장도 처음에는 을지로에서 시작하다가 공장 지대인 용산으로 옮겨 왔다고 했다. 시발공장은 서비스 공장들과 달리 하루 8시간 노동

제를 지키고 있었다. 일이 많을 때는 식권과 아울러 추가 수당도 주었다. 당시로서는 좋은 대우였다. 규격 작업복은 없었지만 시발이라고 글자를 새긴 단체 모자도 지급되었다. 재일 동포 북송 반대 데모에도 200여 명이 시내에 나가 행진을 했었다. 엔진 실린더를 만드는 주물 공장과 사무실에만 여공이 하나씩밖에 없었으므로 시위에 나간 사람들이 모두 남자였다. 그때 시위에 동원된 단체 가운데 남자 공원들만 그 정도로 참여시킬 회사는 아주 드물었다. 당시는 개인 공장으로 여공들이 많은 제과 회사나 제본소와 신발 공장을 제외하면 시발공장만한 규모가 드물었기 때문이다.

앞집 아저씨는 채소를 파시고, 아주머니는 하숙을 치시고. 승우도 직장에 나가니 부러웠다. 거기에 승우는 야간 고등학교에까지 다니는 것을 알게 되었다. 그것도 상업 학교였다. 나는 화들짝 제정신이 드는 것 같았다. 농업은행에서 퇴출되었던 아픔을 잊을 수 없었으니까. 그런데 승우가 내게 학교에도 같이 다니지 않겠느냐고 했다.

마음에는 간절했으나 망설이게 되었다. 나이도 그렇고 상업 학교를 나온다 해 그 어려운 은행 문을 통과할 수 있겠는가? 그리고 입학시험을 칠 부담이나 1학년부터 시작하는 것도 문제였다. 그러나 저의 학교 야간에서는 이번에 시험이 없이 면접만으로 학생을 뽑는다 했다. 또 승우는 상고를 졸업하면 회사는 물론 사무원으로도 취업문이 넓다고 했다. 내가 좀 더 생각하니 교사가 될 미옥이와 다시 만날 경우 자동차 기름장이와는 어울릴 것 같지 않았다. 한강교 전차에서 명문 학교 배지를 단 미옥이를 본 뒤 나는 단념을 하려고 했었다. 그러나 손을 먼저 내밀었던 미옥이를 나는 잊을 수 없었다. 한강 중지도 전차 안에서 미옥이가 합장한 손을 내 앞에 내밀던 모습이 자꾸 머리에 맴돌고 있었다. 그래서 미옥이와 가까워지려는 노력으로 일단 면접을 보기로 했다. 나를 앞에 한 교감님은 주판 급수 자격증이나 학원 수료증 같은 게 없느냐고 물으셨다. 나는 한동안 보통 고시를 준비하며 강의록으로 공부하던 과목들을 말씀드렸다. 교감님은 몇 가지 질문 끝에 나를 고등부 2학년으로 편입을 허락하셨다. 승우는 3학년에 올라 있었다. 내가 농업은행에 들어갔을 때 나를 인도해 주시던 과장님의 말씀이 갑자기 떠오르기도 했다. "상고에 다닌 적이 없느냐?" 하시던 말씀이었다. 미옥이 아버님이 양곡에 있는 농업은행의 전신인 금융조합에 다니신다는 것까지 기억되었다. 마침내 나는 야간 상고 2학년에 편입하기로 결심했다. 공장 일을 마치고 학교 시간을 맞추려면 지각이 잦을 수밖에. 그러나 몸이 고된 것 외에 큰 문제는 없었다.

상고에까지 편입되어서일까 미옥이에 대한 거리감이 훨씬 가깝게 느껴졌다. 자동차 기술자로서나 회사원으로서나 전보다 내 위치가 많이 향상되었다고 자각한 것이다. 나는 미옥이에게 편지를 쓸 용기까지 내게 되었다. 손을 잡아 주지 않았으므로 내가 마음에 없어서 그랬던 것으로 판단할 것이 걱정이었다. 마음이 변하기 전에 나도 오직 미옥이만을 생각하고 있다는 것을 고백하고 싶었다. 중학교에서 원식이와 미옥이네 집에 갔을 때 문패에 적혀 있던 주소를 나는 잊지 않고 있었다. 미옥이에게 편지를 쓰며 얼마나 가슴이 설레었는지! 그 글을 쓰던 밤의 시간은 어찌나 빠르던지! 또 답장을 기다리며 얼마나 조바심이 나던지! 그러나 미옥이의 답장은 없었다. 그렇지만 편지를 더 쓰거나 미옥이의 집을 다시 찾아갈 용기를 낼 수 없었다.

승우는 졸업하고 나는 3학년이 되었다. 하지만 3학년 1학기 시험을 볼 수 없었다. 학비가 밀렸기 때문이다. 나를 부른 교무주임께서는 새 입학생 둘을 데려오면 시험을 치게 하겠다고 하셨다. 그러나 별안간 그것이 어떻게 가능하겠는가? 인기가 없는 학교라 그런지 교실에는 항상 빈자리가 많았다. 그래서 신입생을 소개하는 재학생에게 한 학기 학비를 면제시키고 있었던 것이다. 뒤를 캐 보니 승우도 자기 학비를 감면받기 위해 나를 이용했었다. 왜 이런 사실에 일언반구도 없었을까? 조금이라도 내게 양해를 구하는 게 양심이 아니었을까? 이와 같은 내막을 알게 되니 내가 다니는 상업고등학교에 대한 믿음이 사라졌다. 이런 학교를 누가 인정할지도 의문이었다. 은행원의 꿈은 어디로 없어지고 승우에 대한 불신감까지 참기 어렵게 되었다.

4·19에서 파편을 맞았지만

나는 불대를 잡은 지 1년밖에 안 되었는데 판금 기술자로 나가게 되었다. 나를 고용하겠다고 한 서비스 공장에서는 심한 사고를 당한 차 두 대를 보여 주었다. 그것을 고치면 기술자로 채용하겠다고 했다. 몇 사람에게 보였으나 수리 방법이 쉽게 나오지 않았던 것이다.

한 대는 뒤에서 부딪혀서 예비 타이어를 다는 장치 전체가 푹 들어가 있었다. 그때는 타이어가 자주 망가져 스페어타이어를 갖고 다니게 했다. 나는 차 뒤의 스페어타이어를 고정시키는 장치와 정지해 있는 차 범퍼에 쇠사슬을 걸게 했다. 그리고 차 하나를 최저의 속력으로 나가게 했다. 차 뒷면을 새로 만들어야 할 만큼 찌그러든 것을 차의 힘으로 당겨 빼내는 것이다. 타이어 두께 가까이 움푹 들어갔던 자동차 후면이 일단 원형으로 복구되었다. 철판이 늘어나고 구겨진 것은 산소불과 물수건으로 열을 조정해

가며 망치질로 조절하면 되었다. 또 한 대는 차가 높은 곳에서 구르는 바람에 이곳저곳이 몹시 우그러져 있었다. 이것은 타이어를 교체할 때 밑을 받쳐 주는 재키를 사용하면 되었다. 차 내부에 들어가 우그러진 반대편과의 사이에 적당한 길이의 기둥과 재키를 세우고 높이를 올려 주면 되었다. 미흡한 부분에는 철판을 늘리고 줄이는 판금 기술을 응용하면 되었다. 기술 계통에서는 일본 때를 빨리 벗지 못하고 있었다. 기술자를 '오야붕'이라 하고 심부름 일꾼을 '꼬붕'이라 불렀다. 문짝과 유리 등은 물론 망치와 같은 도구나 부속 이름을 모두 일본식으로 불렀다.

  내가 오야붕으로 처음 불림을 받았던 곳은 중부경찰서 바로 오른편 골목 안에 있던 서비스 공장이었다. 우리나라가 여러 면에서 기술이 열악할 시기라 자동차 칠에서도 뒤져 있었다. 특히 고급 승용차는 교통사고 뒤에 칠을 하면 서투른 솜씨가 흉하게 나타났다. 그것을 보완하는 도장 기술이 선을 보였었다. 자동차 적외선 도장 기술이었다. 내가 새로 간 곳이 바로 그 칠 공장이 있던 데였다. 공간이 넓은 편이어서 내가 일하는 자동차 수리와 개조 공장에, 도장 공장, 냉장고 수리 공장 그리고 증기 보일러를 제작하는 공장도 있었다. 그때는 낡은 차가 대부분이었다. 낡은 차는 고장이 잦다. 걸핏하면 사고까지 일으킨다. 그래서 몇 년마다 전체 수리를 했다. 마모된 엔진은 보링이라 해 닳아서 헐거워진 자리를 고르게 깎은 다음 새 심을 박았다. 느슨해진 부속들도 갈거나 조이며 손을 보는 것이다. 이때는 담당 운전사가 감독도 철저히 하지만 기술자들에게 일을 잘해 달라고 부탁을 한다. 아무리 감독을 철저히 해도 작업의 완성은 기술자의 손에 달렸으니까. 그래서 차주나 운전사는 날을 잡아 기술자들에게 큰 요리점으로 초대해 융숭한 대접을 했다. 물론 나도 기술자가 되었으니 그 자리에 함께하게 되었다. 어떤 때는 기생을 부르기도 했다. 말로만 듣던 기생이었다. 기생에게 술을 따르는 심부름은 물론 노래도 시키고 뺨에 지폐를 붙여 주었다. 나는 내 나이에 경험하지 못한 것들을 새로 많이 경험하게 되었다.

거기에 다니면서 4·19도 겪었다. 옆에 경찰서가 있었으므로 완전 무장한 경찰들이 심각한 모습으로 백차를 타고 드나들었다. 사태가 심상치 않으므로 일찍 퇴근을 시켰다. 중심가에는 버스가 다니지 않았으므로 걸어 시청 앞을 지나려니 낯익은 장갑차가 보였다. 6·25 시 김포 봉성리에서 보던 장갑차였다. 이 장갑차는 경찰청에 한 대만 있는 것 같았다. 봉성리에서는 어린데다 멀리 보았기 때문에 겉모습만 보았었다. 궁금해 가까이 가 보니 아주 빈약했다. 데모대들이 위협을 느껴 몸을 피기에는 너무 약했다. 고무 타이어에 닛산 트럭처럼 단출한 모양이 일본군이 사용하던 장갑차가 분명했다. 기관포 포신 하나가 삐죽 나와 있었지만 실탄도 쏠 수 없을 정도였다. 무력해져 아무것도 막을 수 없이 보였다. 정말 무시하고 데모대들은 기세를 꺾지 않고 있었다. 그러다가 계엄령이 내려 데모가 며칠 수그러들 줄 알았다. 그런데 4월 26일에는 초등학교 학생까지 거리로 나왔다. 데모대와 경찰 간의 대립이 한층 심해졌다. 중구 저동에 있는 중부경찰서는 데모대와 떨어져 백차만 드나들 뿐 조용한 편이었다.

나는 그날도 자유 퇴근이라 거리를 걷게 되었다. 당시는 내무부가 을지로에서 명동으로 들어가는 길 어구에 있었다. 데모대들이 을지로 4가 쪽에서 꾸역꾸역 밀려들며 내무부를 향해 행진을 했다. 담임 선생님인 듯한 어른이 앞에 가고 그 뒤에는 초등학생들이 무리를 지어 따르기도 했다. 사태가 급박하자 내무부 쪽에서 총소리가 났다. 그러나 데모대는 그냥 흩어지지 않았다. 몇몇 청년이 청소 인력거를 방패 삼아 내무부 쪽으로 조금씩 조금씩 전진해 나갔다. 그러나 사정거리 가까워질수록 도로의 데모대 수효는 줄어들었다. 사격이 심해 동료를 따라 나도 행진하던 대로를 벗어나 청계천으로 통하는 골목 어귀에 가 있었다. 여기애서 숨을 돌리며 내무부 쪽을 바라보는데 총알이 바로 발 앞에 떨어졌다. 전에 봉성리 제방에서 전투를 구경하던 것과는 상황이 달랐다. 이번에는 경찰과 내가 직접 대치하고 있었다. 드디어 동료의 옆에 섰던 사람의 구두에서는 피가 배어 나오고 있었다. 그렇지만 얼굴을 찡그릴 뿐 바로 병원으로 달려가거나 도망치려 하지 않았다. 그런 걸 군중 심리라 하는지 쏟아지는 실탄에도 청소 인력거를 계속 밀고 나가는 젊은이들을 바라보며 응원하고 있었다. 총탄에 쓰러지는 사람은 아직 보이지 않았다. 이때 내 정강이가 따끔했다. 나는 다리의 상처를 확인할 겨를도 없이 반사적으로 뒷길로 몸을 피하게 되었다.

  건물 뒤로 몸을 피해 바지를 걷어 올리니 무릎 밑에 충혈이 나타났다. 손으로 부비며 살피니 큰 문제는 아니었다. 파편에 맞은 모양이었다. 내가 경망스러웠나? 수치스러운 마음에 다시 그 대열에 합류하지 못하고 종로 편으로 나갔다. 종로에도 자동차는 하나도 안 보이고 4가를 향해 사람이 몰리고 있었다. 종로 4가 경찰서 앞이었다.

다 아는 사실이지만 그때의 내 경험을 여기에 적어 본다. 3·15 부정 선거에 대한 데모가 처음에는 마산에서 있었다. 무참한 데모 진압에 희생된 김주열 군의 처참한 사체가 바다에 떠올랐던 사실은 너무 잘 알려져 있다. 나도 그 사진을 신문에서 보았었다. 수류탄이었나 아니면 박격포탄이었든가 확실히 기억되지는 않는다. 어떻게 그 어린 학생의 머리에 그것을 때려 박을 수 있었을까? 나는 무엇이나 유심히 보는 편이었다. 그러나 그 사진은 자세히 볼 수 없었었다. 너무 참혹했다. 누구나 피를 끓게 만들 것 같았다. 과연 이것을 본 고대생들이 4월 18일 시위를 벌였던 것이다. 이 시위대를 반공청년단이란 깡패들이 나타나 마구 때리며 강제 해산을 시켜 4·19가 일어났던 것이다. 하지만 4·19 데모는 4월 26일이 더 본격적이었다. 이제 어떤 무력으로도 제압할 수 없을 만큼 거의 모든 시민이 거리로 나갔다. 그 가운데서도 무력 깡패들의 관할이던 종로 4가의 경찰서 앞은 정말 발 디딜 틈이 없었다.

경찰서 앞 좌우에는 계엄군이 집총을 하고 서 있었다.

"물러나라! 물러나라! 와—!"

데모대의 함성이었다. 그리고 실탄을 장전한 총을 잡은 군인들에게 겁도 없이 밀려들었다. 이에 군인들이 총을 쏘았다. 그러나 그것은 위협을 주기 위해 하늘로 쏜 공포탄이었다. 이것을 바로 알아차린 군중은 보다 더 세차게 앞으로 밀려들었다. 이때였다. 경찰서 2층 유리창이 드르륵 열리더니 불쑥 기관총 총신이 앞으로 나왔다. 경찰모의 고정대를 단단히 턱에 맨머리도 잠시 유리창 밖으로 나타났다. 모든 상황이 긴박했다. 경기관총도 하늘을 향해 위협 사격을 하려니 생각했다. 그러나 그것이 아니었다. 잔인하게도 맨몸의 사람들에게로 연신 불을 뿜고 있었다. 경찰서 맞은편 북쪽은 전매청 벽돌담이 이어져 있었다. 데모대가 좌우로는 피해도 뒤로 물러날 수는 없었다. 과연 시위에 참가했던 사람들은 그 탄환을 피하지 못하고 그대로 쓰러져 있었다. 마치 곡식 자루를 일정한 거리로 줄지어 늘어놓은 것처럼 총상자들이 쓰러져 있었다. 피에 피를 흘리는 사람, 축 늘어져 꼼짝도 못하는 사람, 내장이 노출되어 덜렁거리는 사람 등 참으로 목불인견의 끔찍한 광경이었다. 여기에 총탄이 언제 다시 쏟아질지 모르게 위험했다. '나 살려라' 모두 도망칠 줄 알았던 사람들이 총상자들에게로 모여들었다. 의식이 있는 사람은 들쳐 업고, 내장이 덜렁거리는 사람은 세 사람이 협력해 받쳐 주며 맞잡고 병원으로 달렸다. 정말 가슴이 뜨거워졌다. 나도 무엇인가 해야 되겠다는 마음이 저절로 일어났다. 그때 모두의 심정이 나와 같았는지 두려움을 초월한 행동들이 계속되었다. 나는 길바닥에 아직도 남아 있는 총상자에게로 달려가려 했다. 그러나 내 다리가 제대로 움직이질 않았다. 사람들과 이리저리 밀리다 경계석에 걸려 다리를 삐었던 것이다. 그래도 절뚝거리며 남아 있는 총상자에게 한발 늦게 다가가니 그 사람은 이미 숨이 끊겼는지 반응이 없었다. 눈동자도 흐렸다. 내가 주춤거리는데 나이가 지긋한 분이 가까이 오더니 그 사람 코에 손을 대보았다. 그분도 좀 더 머뭇거리더니 내게 건드리지 말라는 손짓만 하고 멀어졌다. 병원으로 옮겨 가도 어쩌지 못할 거라는 포기의 몸짓 같았다.

  마침내 이승만 대통령이 하야를 하게 되었다. 나중에 보도를 보니 과연 종로 4가 경찰서 앞의 사망자가 제일 많았다. 신뢰를 잃은 경찰은 자리를 비워 대학생들이 파출소를 지키게 되었다. 혼란은 며칠 더 계속되어 대학생들이 질서를 유지시키고 있었다. 권력의 핵심이던 이기붕 의장의 제비 꼬리의 최고급 쉐보레 승용차는 대로에 나와 시위대들의 놀이감이 되었다. 농업은행 맞은편의 저택은 지하실까지 난장판이었다. 명함 한 장으로 목숨처럼 여기는 직장을 좌우하던 권력이었다. 내가 그곳에 갔을 때는 과일 상자 찌꺼기인 왕겨만 남아 있었다. 인공으로 재배한 수박이 있었다고 하는데 내 눈에는 보이지 않았다.

몇몇 대학생들이 눈에 거슬리는 물건들을 밖에 내다 태우고 있었다. 계속 독재 정권을 옹호하던 정부 신문인 서울신문사도 시위대들에 의해 태워졌다. 나중에 그 현장에 있던 사람을 만날 수 있었다. 관광버스 사업을 하고 있었다. 자기는 그때 자동차 조수를 할 때라고 했다. 같은 젊은이들이라 학생들의 데모대에 끼어 서울신문사 방화까지 했는데 뒤에 잡혀가지 않을까 걱정이 되었다고 했다. 그런데 그 데모대 선봉이 남산공원의 이승만 대통령 동상을 제거할 걱정을 했단다. 관청 건물에 불을 질러 마음이 켕기는데 또 엄청난 일을 저지르다니! 순간 자기는 뒤로 빠질까 망설였다고 했다. 그러나 그 데모대 선봉이 운전할 사람이 없느냐는 주문에 그 대열에서 빠지지 못했다고 했다. 사실 당시 대학생들 가운데 운전을 배운 사람이 있었겠는가? 그때 남산공원의 이 대통령의 동상은 쓰레기차에 매여 중심가를 끌려다니며 시민들의 가슴을 후련하게 했었다.

아이젠하워 대통령께서
내 손을 잡아 주시다니!

공장에 새로운 주문이 들어왔다. 신문사 차들이었다. 자동차 수리가 아니라 기자들의 사진 촬영대를 만들어 달라고 했다. 처음 들어보는 말이었다. 신문사에서 영화를 찍을 리도 없는데 사진 촬영대라니? 이것은 전혀 새로운 것이라 누구에게도 쉬운 일은 아니었다. 용도에 대한 설명을 한참 동안 듣고서야 이해가 되었으나 어떤 재료를 어디서 구해 어떻게 만들어야 할지 감이 잡히지 않았다. 견본도 없었다. 그러나 사장님은 내 솜씨를 믿으시고 주문을 받아 놓으셨다.

"오야지가 기한 안에 잘 해낼 거야."

나는 나를 칭찬하는 말씀이 협박처럼 들렸다. 4·19 기사를 취재하던 신문사에서는 사진 촬영에 큰 애로를 겪었다고 했다. 사건 현장의 사진을 찍어야 하겠는데 피사체를 온전히 카메라에 담을 수 있는 장소가 없었던 것이다. 당시 신문사에는 차도 몇 대 없었다. 차가 있어도 신문이나 나를 수 있도록 지프차에 천막 같은 것을 시우고 작은 끌개를 단 정도였다. 취재 기자를 위한 차는 더욱 어려웠다. 그래서 신문 운반용 지프차에 필요 시 촬영대를 올렸다 내렸다 할 수 있는 장치를 만들어야 했다. 그리고 취재 기자가 수시로 들고 다니며 사용할 수 있는 둔덕을 고안해야 되었다. 궁리 끝에 구상이 되었으나 재료가 또 문제였다. 미국 대통령이 그 해 6월 19일 우리나라를 방문하리라 했었다. 그러니 촬영대 주문 날짜가 코앞에 있었다. 재료를 구입하러 청계천 철물점을 뒤지게 되었다. 그런대 천막 같은 것을 두른 소위 호로차 위에 올라가 몸을 고정할 파이프 계단 촬영대를 만들 재료는 곧 구했으나 들고 다닐 둔덕거리는 어려웠다.

우선 재료가 생긴 파이프와 후판으로 조선일보 '호로차(덮개로 덮인 적재함이 있는 트럭)'에 올랐다 내렸다 할 수 있는 촬영대를 만들었다. 든든한 철봉을 따로 구하기는 어려웠으니까. 수도 파이프를 이용해도 기자의 체중 하나는 버틸 것이었다. 그 파이프로 디근 자를 엎어 세운 육교 같은 것을 만들어 올리면 되었다. 그것을 차채에 고정시키기 위해선 두꺼운 철판이 필요했다. 후판에 육교의 교각 격인 네 개의 다리를 고정시키도록 하는 것이다. 그러기 위해서 후판에다 내 다리보다 조금 더 굵은 파이프를 든든하게 용접해 뒷바퀴 위 차체에 볼트로 붙이게 되었다. 그러나 파이프의 높이와 차체의 유연성 때문인지 촬영대를 부착시키고 올라가니 가슴 높이에 손잡이를 해 놓았지만 조금씩 흔들렸다. 사진을 찍으려면 먼저 사진사의 자세의 안정이 필수적인데. 그래서 후판과 차체의 나사를 더욱 조이고 고정시킬 촬영대 다리 4개에 쐐기 같은 것을 끼우니 훨씬 안정되었다.

　신문사 운전사는 기분이 좋았는지 작업이 늦어져 통금 시간인데도 나를 태우고 종로 3가로 갔다. 신문사 차는 통금 저촉을 받지 않는다고 했다. 아무리 통행 금지를 시켜도 종로 3가는 불야성이었다. 그렇게 이름 높단 사창가였으니까. 갑자기 지프차가 들어오자 경찰 단속이 나온 줄 알고 사람들이 모두 도망쳤다. 그러다가 신문사 차로 확인되자 도망갔던 창녀들이 차로 모여들었다. 운전사는 그녀들과 구면인지 통금에도 어디나 다닐 수 있는 신문사 차라는 것을 한껏 뽐내고 있었다. 그러나 나는 배포가 약해 집으로 돌아가기를 재촉했다. 또 이동식 둔덕도 마음에 걸렸다. 잘못하다가 약속한 기일을 못 맞출까 걱정이었다. 그런데 청계천에 부탁한 알루미늄 앵글을 구해 놓았다는 연락이 왔다. 철물에 각이 나도록 뽑아 힘을 받도록 만든 걸 앵글이라고 했다. 알루미늄 앵글은 가벼우면서도 무게를 잘 지탱했다. 이것으로 기자들이 각각 들고 다니면서 접었다 폈다 하며 이용할 무릎 높이의 둔덕을 만들면 되었다. 그 정도의 높이만 되어도 사진 기자가 피사체를 내려다 볼 수 있을 것이었다.

　4·19 시 장비가 없어 역사에 길이 남을 사진 재료를 잃은 걸 기자들은 몹시 애석해했다. 그런데 내가 만든 촬영대가 미국 대통령이 방문했을 때는 잘 쓰일지? 외국인들은 우리나라 숭례문을 매우 아름답게 여긴다고 했다. 대통령 환영식장은 시청 앞 광장이었다. 기자들의 사진은 어디가 적합할지? 나는 남대문 즉 숭례문 근처에 가 있었다. 인산인해라 하던가? 서울역서부터 사람들이 콩나물시루를 이루었다. 그날이 일요일이라 사람이 더 많은

것 같았다. 기마대까지 동원되어 교통 정리를 했으나 길이 열리지 않았다. 나는 대통령 일행을 살피랴 기자들의 취재 모습을 둘러보랴 바빴다.

그런데 갑자기 경호 오토바이가 한 대 나타났다. 그리고 뒤이어 지프차가 한 대 다가왔다. 놀랍게도 그것이 미국 대통령 차였다. 바로 전까지 카퍼레이드가 있었는지 아이젠하워 대통령은 노출된 뒷자리에서 앞의 손잡이를 잡은 채 엉거주춤인 모습이셨다. 이것을 더 가까이 보려는 뒷사람들이 나를 밀쳤다. 나는 앞의 대통령 차로 넘어질 수밖에. 차 앞좌석에는 운전사와 보좌관인 듯한 사람만 있었다. 보좌관인가 경호원인가 한 사람은 어찌나 무섭게 보였는지 모른다. 날씨가 더워서 그랬는지 보좌관은 반바지 차림이라 정강이에 숭글숭글한 털이 그대로 보였다. 공격자로 오인해 방아쇠를 당기지 않을까 겁이 났다. 그런데 방어 무기는 보이지 않았다. 하지만 최대한으로 확대되었을 그의 푸른 눈동자는 어찌나 무섭던지! 저승사자의 모습이 그러했을까? 그것도 그럴 것이 내 손이 대통령 차를 잡은 채 떨어지지 않아 진로가 방해되었기 때문이다. 등 뒤에 사람 때문에 나는 빠르게 몸을 일으킬 수 없었다. 이때 칸막이에 가려 있던 보좌관보다 몸이 자유로운 아이젠하워 대통령께서 내 손을 잡아 주셨다. 그리고 몸을 일으켜 중심을 잡게 하셨다. 경호원을 불러 나를 떼어 놓으라는 명령은 없었다. 대통령이 직접 손을 쓰신 것이다. 세계의 최고의 권력자이지만 권위나 체면을 고집하지 않으셨다. 이 일은 나만의 순간적인 일이었으므로 그냥 지냈었다. 그런데 50년도 더 되어 이것을 곁에서 목격한 사람 이한창 박사님을 만나게 되었다. 자랑일 것도 없는 이 이야기지만 사람에게는 정말 인연이란 것이 있는 모양이라 여기에 그 사실을 밝힌다. 그리고 그 뒷이야기를 다음에 적기로 하겠으니 이 글을 끝까지 읽으시길 부탁드린다. 그때 하도 사람에게 막히니 공식 환영식을 포기하게 되었다. 환영 인파가 너무 몰리니 피해 무리로 바뀌게 된 것이다. 그 바다처럼 집결한 군중 앞에 위풍당당한 경호와 사자후의 모습 보기를 원했었다. 그러나 대통령 일행은 환영인파를 피해 배재학교 쪽 골목길로 숨어버리는 형편이었다. 남대문에서 미국대사관 관저가 있는 덕수궁 뒤 정동 쪽 샛길로 빠지게 된 것이다. 나는 대통령님의 얼굴에 유난히 크게 보이던 털 하나가 이제까지도 머리에서 지워지지 않고 있다.

인기 만점의 우리 어머니

　세를 사는 새댁이 쩔쩔매고 있었다. 진통이었다. 환경이 지금과 전혀 다르던 시절이었다. 임신이 되어 출산일이 다 되어도 병원에 한 번 가 보지 못하고 지내던 때였다. 특히 경험이 없는 신혼부부들은 더했다. 거기에 불타는 사랑에 혼인 신고도 없이 사는 남녀도 많았다. 그리고 풋내기들은 진통이 무엇인지도 모르고 지내는 젊은이도 있었다.
　그 사색이 된 애송이들이 어머니 눈에 띈 것이다. 이들이 병원비의 마련이 있을 리 없었다. 첫 국밥의 미역조차 모르고 있었다. 우리 어머니는 이런 이들을 위해 살고 계시던 분이랄까? 어머니는 아무 말 없이 산모를 도와 해산을 시키셨다. 어머니는 그때까지 30여 명의 아기를 아무런 사고 없이 순산시키셨다. 이후에도 산파 역할을 계속하시어 삼신할머니로까지 불리시며 64명의 새 생명을 세상에 내놓으셨다.

김포 운양리에서의 일이다. 어머니를 찾고 있었다. 산모의 출산을 위해서다. 하성 가금리에서는 어머니가 산파 아주머니로 인기가 있으셨다. 그러나 이사한 운양리에서는 해산모로 어머니를 알아주는 사람이 없었다. 그렇지만 우리가 서울로 이사하기 전 청진 아저씨의 셋째 아기를 운양리에 내려가 낳으셨었다. 청진 아저씨의 맏이를 맡아 돌보시기 전이었다. 그 아주머니는 어머니의 도움으로 첫째와 둘째를 낳은 뒤 다른 산파에게는 마음이 불안해 몸을 맡길 수 없다고 하셨다. 그리고 몸을 추수를 때까지 머무르셨다. 그동안 이웃에게 자기가 시골로 아기를 낳으러 오게 된 이유와 함께 우리 어머니의 해산 솜씨 자랑을 하신 것이다. 이 이야기는 산일을 앞두고 있는 이웃의 귀에 쏙 들어박히고 말았다. 이웃의 며느리는 아기를 낳다가 두 번이나 사산을 했었단다. 그래서 산모를 위해서라도 반드시 병원을 찾아야 했었단다. 그런데 병원비 마련이 어렵게 되어 출산일을 며칠 앞두고 어머니를 부를 것이라고 했다. 나는 이 소식을 듣고 펄쩍 뛰며 어머니를 막았다. 구급 시설이 없는 시골에서 공연히 사고를 당할지 모르니 포기하시라고 했다. 하지만 어머니는 그 집에 가셨다. 그리고 사내 아기를 순산시키셨다.

　그 경위를 요약해 본다. 다른 사람에게도 참고가 될 수 있으니까. 산모는 골반이 작아 산도의 확보가 어려웠다고 한다. 해산할 때는 산모의 안정이 우선이라고 한다. 반드시 순산할 수 있다는 자신감을 갖게 해야 된다고 하셨다. 두 번씩이나 실패를 경험한 산모는 좌불안석이었단다. 진통이 올 때마다 이리저리 몸을 뒤척여 산도도 확보가 어려울 지경이었다. 이러다가는 아기는 물론 산모까지 위험하게 될 것이었다. 어머니는 그 남편과 협력해 기저기감으로 산모의 상체와 어깨를 둘러 들보에 매달으셨다고 했다. 그리고 산모의 다리를 꽉 잡으며 안심을 시키는 동시에 골반을 벌려 주셨다고 했다. 이렇게 하니 산모는 함부로 몸을 뒤척일 수 없어 산도가 유지될 수 있었다. 그리고 출썩일 적마다 아기의 체중까지 가중되니 출산이 훨씬 용이하게 되었다.

이렇게 어려운 고비를 넘기시며 아기를 받으러 다니시지만 양말 한 켤레 들고 오시는 걸 볼 수 없었다. 그렇게 하며 사는 것이 사람의 도리라고 여기시는 모양이었다. 어머니는 짐승들도 잘 키우셨다. 조류독감이었을까? 가금리에서의 일이다. 닭들이 모두 죽어 나가고 있었다. 그런데 우리 닭들은 살아 있었다. 들기름이었나 참기름이었나 확실치는 않다. 볶은 소금을 그 기름에 녹인 다음 그것을 짚 대롱에 가득 채워 닭의 주둥이를 강제로 벌리고 몇 번 털어 넣으셨다. 돼지 병도 고치셨다. 과학자들의 실험에서 바이러스는 소금물에 맥을 못 쓴다고 했다. 비용이 많이 들지 않으니 지금도 조류독감이 돌면 양계장에서 식염수를 제공해 보면 어떨지? 아니 예방 차원에서 닭에게 적당 농도의 식염수를 정기적으로 공급하는 건 또 어떨지? 기르던 돼지가 먹이도 안 먹고 열이 높았다. 어머니는 가위를 슬쩍 불에 그을리시더니 그것으로 돼지의 뒤를 조금 자르셨다. 그리고 쭉쭉 훑어 올려 피를 내주셨다. 비실대던 돼지가 다음날부터 정상적이 되었다. 나는 어머니의 이러한 처방들이 어디에서 나오는 것인지 알아보고 배워야 했다. 하지만 어머니가 그렇게 불시에 가시리라고 여기지 못했다. 그냥 세상을 떠나시게 해 정말 아쉽기 짝이 없다.

도가니 폭발 사고

　자유당 말기에다 민주당 초기의 혼란으로 군무 행정이 제대로 이루어지지 않았다. 신검이 있었으므로 소집 영장이 나올 때가 지났는데도 병무청에서는 연락이 없었다.
　그러나 징병을 기피할 생각이 없었으므로 내가 해야 할 준비가 필요했다. 5·16으로 사회 질서가 잡혀 가기도 했다. 나는 자라나던 아름다운 농촌을 잊지 못했다. 노년이 되면 정든 고향에 내려가 사는 것이 꿈이었다. 내가 태어났던 그 집의 모습이 늘 머리를 떠나지 않았다. 아름다울 가 자에 쇠 금 자를 쓰는 가금리의 양지바른 옛집에서 다시 논밭을 가꾸며 살기가 소원이었다.
　마침 가금리의 앞마을인 양택리에 묘 자리도 있는 산이 매물로 나왔다고 숙부님이 알려 주셨다. 땅 값이 헐할 때라 평당 100원에 밑돌았다. 먼저 있던 산의 반 정도밖에 안 되었지만 3400평이면 한 살림의 화목은 충분히 나올 것이었다. 그때는 땔감이나 재목을 자기 산에서 생산했고 묘소도 매우 중요하게 여겼었다. 나는 그동안 열심히 모은 돈으로 이자를 놓기도 했었다. 내가 군에 있는 동안 어머니의 생활을 안정되게 해드려야 했다. 그런데 다른 사람에게 빌려준 돈이 잘 걷히지 않았다. 화폐 개혁 전이라 이자가 6부나 되었다. 돈이 귀서 그런지 일수 이자에 딸라변도 얻어 쓰기 힘들다고 했었다. 10만 원에 대한 6부 이자만 놓아도 어머니는 매월 방세에다 생활이 충분하시리라 여겼다. 쌀 한 말에 천 원이 훨씬 안 될 때였으니. 그러나 돈을 빌리면 '앉아서 주고 서서 받게 된다'는 말이 있다. 이자율이 높으므로 원리금을 싹 잘릴 경우도 많았다. 그래서 현금으로 어머니 수중에 안겨 드려야 안심이 되었다. 그런데 내 돈도 잘 걷히지 않았다. 내일 내일 미루기가 몇 차례인지 셀 수도 없었다. 그 가운데 주물 공장을 경영하는 데가 한 군데 있었다. 거기에서 내게 일손이 필요하니 나와서 작업을 해 달라고 했다. 돈을 받으러 다니느니 와서 일을 하면 품삯도 주리라 했다. 직접 현장에 가 있으면 금전 출입을 바로 알 수 있을 것 같기도 했다.

  1961년 8월 30일이었다. 미국에서 들어왔다는 흰불나방이란 곤충이 가로수 잎을 몽땅 먹고 흰 거미줄을 쳐 놓았었다. 전날 밤 비가 조금 내려 아침은 상쾌한 편이었다. 그것이 내가 마지막으로 보게 된 서울의 거리 모습일 줄이야!

  주물 공장이란 쇠를 녹여 무엇을 만드는 곳이다. 시발공장에서도 자동차 엔진의 틀이 되는 실린더를 만드는 주물 공장이 있었었다. 동상 같은 것도 주물 공장에서 만든다. 먼저 접착력이 약한 재 비슷한 고운 흙에다 목적하는 모형을 만들어 넣었다가 뺀 뒤

쇳물을 따라 넣었다. 쇳물은 고열에도 잘 견디는 흑연으로 만든 도가니에다 끓였다. 도가니는 열에 강한 특수 벽돌을 둥글게 쌓아 두 아름쯤 되는 화덕 가운데 설치되었다. 쇠를 녹이려면 높은 열이 필요했으므로 석탄불 화덕에 풍구질을 해 주어야 했다. 대개 초급자가 이 풍구질을 하게 되었다. 모터가 없이 발로 밟아 바람개비를 돌리는 풍구였다. 제일 처음 들어갔으니 내게 풍구 일이 맡겨졌다. 바로 앉은 자세에서 다리뻘이 아프도록 풍구 페달을 계속 밟아야 했다. 풍구를 돌리는 자리는 도가니에서 한 발쯤 떨어져 있었다. 작업 인원은 4, 5명으로 소규모였다. 서울역 근처 만리동의 일본식 주택의 마당에 천막을 치고 일을 했다. 철물도 재료가 귀할 때라 주워 모은 탄피를 재료로 썼다. 이 놋쇠를 녹여 작은 원동기나 양수기에 들어가는 부속의 원형을 만들었다. 이 원형을 그대로 사용할 경우도 있지만 기술자들이 선반이란 기계에 깎아야 제대로 된 부속을 얻게 되는 게 보통이었다. 고열에다 탄피를 다루니 겉으로 보기에도 위험했다. 나는 가끔리 해병대 주둔지에서 실탄을 주워다 화약장난을 하다가 어른들에게 야단 맞던 일도 머리에 떠올렸었다. 이 탄피는 엿을 바꾸어 먹던 시골에서 주물 재료에까지 되어 서울에 올라올 만큼 귀해져 있었다. 따라서 공장 주인이 자리를 비우게 되면 실물이 잦았다. 그러므로 내가 의심을 받지 않으려면 실물 감시도 해야 되었다.

 그런데 불발 탄피의 폭발이었을까? 갑자기 '펑' 하는 소리와 함께 뜨거운 쇳물이 사방으로 튀었다. 천막은 지난 밤 비에 젖어 있어 불은 일어나지 않았다. 별안간 녹은 쇳물의 도가니가 터지다니! 그리고 갑종 합격의 두 눈이 철문처럼 닫히다니! 64년 전의 사건이지만 나는 지금 이 글을 쓰면서도 그 고통과 슬픔을 참을 수 없다. 하느님이시여! 아니 운명의 여신이시여! 참으로 이렇게 가혹할 수가…! 가슴이 떨리고 머리가 다른 곳에 따로 떨어져 나간 것처럼 아득하다. 지금도 실명의 순간을 생각하면 몸까지 떨리고 눈시울이 뜨거워진다.

실명은 천벌인가

　제일 유명하다는 종로구 청진동 '공 안과'에 입원해 약 2주 정도 치료와 수술을 받았다. 그리고 새로운 눈으로 갈아 끼울 수 있다는, 서양 의사들이 왔다는 중앙의료원에 가 치료도 받았다.
　하지만 비용이 모자라 개안 수술은 받지 못했다. 눈 이식에 관해선 입을 뗄 수도 없었다. 또 눈을 잘 고친다는 안과를 찾아 다녔다. 어머니는 허둥대고 계셨다. 영등포에서 어떤 의원이 약을 먹이고 눈에다 찰흙을 붙였다 떼면 눈을 고친다는 말까지 들으셨다. 주물 공장에서는 공 안과의 치료비만 담당했을 뿐 아무 보상도 없었다. 공장이 너무 영세했었다. 빌려갔던 돈에 대해서도 말이 없었다. 공장에 나가 풍구만 돌렸을 뿐인데 마치 불운한 나 때문에 사고가 난 것처럼 원망까지 했다. 집에는 이제 치료비는커녕 생활비도 바닥이 나게 되었다. 채무자를 찾을 수밖에. 그런데 그 채무자는 나를 범죄인처럼 취급하며 고자세로 대했다. 예부터 빚진 죄인이라 했는데 상황은 전혀 달랐다. 입원비도 그렇지만 생활비가 어렵게 되었다고 사정해 보았다.

"이제 맨몸으로 나서도 먹을 게 생길 신체 조건이 되었는데 생활비 걱정이라니?"

채무자는 실명한 나를 비웃고 있었다. 자기 돈은 포기하고 구걸을 다니라는 말이었다. 피가 거꾸로 솟는 듯했다. 돈을 빌리려면 받을 능력을 충분히 갖고 있을 때라야 되었던 것이다. 당당해야 할 채권자가 실명이 되니 채무자에게 조롱을 받아도 어쩔 수 없었다. 이렇게 돌변한 형편을 신에게 호소하면 될까? 어머니는 충청도엔가 부인사라는 절에 들어가면 불치병을 다 고친다는 말도 들으셨고 기도원 말씀도 하셨다. 마침내 성당에도 나가시며 교리문답을 배우셨다. 얼마간에 우리 집에는 돌풍이 계속 몰아치고 있었다. 물에 빠진 사람은 지푸라기도 잡는다던가? 어머니는 정신없이 사방을 헤매셨다.

그런데 동회에서 중앙의료원에 극빈 환자 무료 입원 수속이 되었다고 통고가 왔다. 이웃 분들과 동회장님의 특별한 배려였다. 그래서 그해 말 을지로 6가의 메디컬센터라는 국립중앙의료원 안과에 다시 입원하게 되었다. 그렇게 소원이던 완전 개안 수술도 받게 되었다. 그동안 여러 곳에 다녔지만 부분 수술만 받았었다. 전신 마취의 대수술이었다. 그러나 내 눈으로는 햇빛도 식별이 안 되었다. 눈앞에 흰 구름 같은 게 어른거리고 탱크와 헬리콥터 비슷한 물체가 움직였다. 그러나 그것은 모두 허상일 뿐이었다. 실지로 보이는 것은 아니었다. 양 눈꺼풀도 모두 꽉 붙어 있었다. 개안 수술이라 했는데 봉합 수술을 한 것 같았다. 안대를 들추니 양 안검을 꿰맨 실밥이 그대로 있었다. 안대를 떼고 퇴원할 때도 봉합한 실밥은 남아 있었다. 그것은 수술한 상처가 다 나아야 뽑는 것이라 했고 제거하지 않아도 시간이 지나면 저절로 흡수된다고 했다.

 그래도 개안 수술을 포기할 수 없었다. 수속을 다시 밟아 어렵게 어렵게 중앙의료원에 다시 들어갈 때다. 서양 의사들은 개안 수술이 가능한 환자라야 받아 준다는 말이 있었다. 그래서 재 입원허락이 나오자 빛을 새로 찾을 희망에 마음이 한껏 부풀어 있었다. 구름장도 눈앞에 떠다니고 무슨 빛깔도 나타나 정말 눈이 보이게 되는 줄 알았다. 그러나 그것은 역시 시신경의 착란에 의한 허상이었다. 위아래 눈꺼풀이 딱 붙어 있는데 무엇이 보이겠는가? 쇳물에 의한 화기가 안구에까지 밀려들었던 모양이다. 눈알과 눈꺼풀이 모두 유착되어 버린 것 같았다.

 '아무리 수술을 받아도 가망이 없게 되었다'는 소식이 퍼지게 되었다. 양 눈꺼풀을 착 붙여 꿰매 놓은 실밥까지 공개되었으니! 이제는 병원으로 면회를 오던 사람도 끊겼다. 그렇다고 담당의사께서 이제 가망이 없게 되었다는 선고를 내리시지도 않았다. 앞으로 의학이 발달하면 안구 이식도 가능할 거라고, 희망을 버리지 않게 하실 뿐이었다. 이제 퇴원을 할 수밖에 없었다. 그런데 집에서 어머니가 오지 않으셨다. 서양 의사들은 책임감이 강해 환자를 끝까지 돌본다는 말을 믿고 계셨다. 특별한 증상의 환자는 실험 대상으로 더 관찰할 수 있다는 사실은 전혀 생각지 않으셨다. 나중에는 병원에서 동사무소를 통해 집에 연락을 했지만 무소식이라 했다.

무망중인데 숙부님이 나타나셨다. 내 퇴원을 위해 오신 것으로 알았다. 병원 담당 간호원 역시 달려와 숙부님에게 내 퇴원 수속을 밟아달라고 했다. 그러나 숙부님은 "이 사람 어머니가 있는데요." 하셨다. 숙부님이 나를 만나러 온 목적은 다른 데 있으셨다. 긴요하게 내 도장이 필요하게 되었다고 하셨다. 병원에 있는 사람이 도장을 갖고 있겠느냐고 되물었다. 숙부님은 집에 어머니가 안 계셨다고 대답하셨다. 나는 그 도장을 어떤 곳에 쓰실지 물어야 했었다. 하지만 그럴 겨를이 없었다. 아니 그 질문을 했어도 숙부님은 적당한 구실로 나를 피하셨을지 모른다. 나는 오히려 어머님의 행방이 궁금했다. 그래서 숙부님께 어머니를 먼저 찾아봐 주실 것을 부탁하며 퇴원 수속이 시급함을 알려 드려 달라고 했다. 그리고 도장을 보관한 곳을 숨김없이 일러드렸다. 우리 집은 그때까지 울타리가 없는 집이라 누구든지 드나들 수 있었다. 나중에 알게 된 사실이지만 그때까지 등기를 내지 못했던 양택리 산의 계약서 변경을 위한 도장이었다. 얼마 뒤 산 명의 이전 생각이 났으나 당시는 그럴 경황이 전혀 없었다. 실명은 자기 재산권까지 잃게 했다. 그런데 숙부님이 다녀가신 뒤 나를 찾는 사람은 더 이상 나타나지 않았다. 캐롤 신부님이라는 분은 Blindness is Death, 즉 '맹은 죽음'이라는 제목의 책을 썼다. 실명이 되면 명예, 가조, 친척, 직장, 재산 등 모든 것을 잃게 되어 죽음과 마찬가지라는 것이다. 그런데 거기에 더하여 천벌을 받은 사람처럼 죄인으로까지 취급될 때가 많아 참으로 억울하고 슬프다.

천호동 맹인부흥원

　의료원에서는 사회사업반이라는 부서에서 직원을 내게로 보냈다. 나를 천호동에 있는 맹인부흥원으로 퇴원시키기 위해서였다.
　재활원이라는 말을 쓰지 않을 때였다. 시각장애인들도 그냥 맹인이나 장님으로 불렸었다. 공 안과를 경영하시던 공병우 박사님이 세운 우리나라 최초의 시각장애인 재활원이었다.
　광나루 다리를 건너 조금 가면 있었다. 미군이 군용으로 놓은 편도의 다리라 헌병이 지키며 왕래를 조절하고 있었다. 그래도 그것이 한강의 두 번째 다리였다. 독학으로 안과 의사가 되어 박사 학위까지 받으셨다는 공 박사님은 일찍이 해외에 다니시며 선진 문물을 익혀 우리나라에 보급하고 계셨다. 그런 뜻에서도 맹인부흥원의 의미는 상당한 것이었다. 안과에서 치료에 최선을 다하다 실명자가 나오면 재활 훈련을 시켜 자립할 수 있도록 새 길을 개척하신 것이다.

부흥원은 진흙을 틀에 찍어 말린 두껍고 거친 흙벽돌집이었다. 박사님은 부족한 건축 재료를 위해 어디서나 얻을 수 있는 흙을 쓰도록 하신 것이다. 그것도 시각장애인들이 손수 닥어 말리도록 하셨다.

시각장애인들의 자립 생활을 위한 수입원으로는 신발 먼지떨이와 목욕탕이 있었다. 도로 포장이 제대로 되어 있지 않을 때라 외출에서 돌아오면 문 밖에서 흙부터 털어야 했다. 그래서 건물 앞은 물론 웬만한 가정집 앞에는 신발 먼지떨이가 놓여 있었다. 철사나 고무로 그 용도에 맞게 제품을 만드는 공장도 있었다. 박사님은 일찍부터 재활용에 대해서도 관심이 높으셨던 모양이다. 그것을 버리는 헌 타이어를 사용하도록 하셨다. 도구를 사용해 타이어를 일정하게 자르는 것은 시각장애인들도 충분히 할 수 있었다. 그리고 그것을 규격에 맞게 꿰는 작업도 가능했다. 또 목욕탕도 경영하게 하셨다. 연탄보일러를 고안해 목욕물을 데우도록 하셨다. 그것이 십구공탄 보일러의 시발은 아니었는지? 용수가 달릴 때는 전기 모터를 쓰지만 그렇지 않으면 지하수 펌프를 시각장애인들이 돌아가며 작동하게 되어 있었다.

내가 어쩌다 몇 달 사이에 이런 곳에 오게 되었는지 신세 한탄이 나왔다. 그러나 시각장애인들도 자활의 길이 있다는 데 마음이 움직이기 시작했다. "이제 맨몸으로 나서도 먹을 게 생길 신체 조건이 되었는데 생활비 걱정이라니?"라고 하던 채무자의 비웃음이 계속 내 귀에 맴돌고 있었으니까.

나는 눈꺼풀이 폐쇄되어 버려 눈물이 잘 통하지 않게 되었다. 누액이 정체되면 머리에 충혈 현상이 나타나 두중감에 어지럼증이 생겼다. 도가니 폭발 시에 입은 화상이 표면은 치료가 되었으나 계속 근질근질해 잠을 이루기가 어려웠다. 화상은 다른 상처와 달리 염증이 가라앉아도 화독이 빠질 때까지 가려움증이 남아 있었다. 거기에 청신경에도 손상이 있었는지 귀에서 사이렌 소리 같은 이명이 계속 울렸다. 특히 찬바람을 쏘이면 그 증상들이 심하게 나타났다. 하지만 그것들은 나만의 증상이었다. 따라서 작업을 피할 명분이 아니었다.

그런데 원장님은 내게 병원에서 바로 나와 몸이 덜 회복되었을 것이니 쉬라고 하셨다. 그러나 내 마음은 쉬기가 더 불편할 것 같았다. 나는 이제부터 자활의 길을 찾을 생각을 갖게 되었으니까. 그래서 선두에 서서 작업장으로 나갔다. 부흥원에서는 찍은 흙벽돌을 닥치는 추위에 얼리지 않고 말리기 위해 이리저리 뒤적여 주는 작업을 했다. 볕이 나면 벽돌들을 펴 널고 해가 저물면 의지간으로 옮겨 쌓는 작업이었다. 무게가 있는 데다 덜 굳어 소홀히 하면 벽돌이 깨어졌다.

당시 부흥원에는 나를 비롯해 그만그만한 나이의 남성 시각장애인이 여섯 명 있었다. 이 원생들을 책임지고 있는 원장님도 시력이 정상이 아닌 분이었다. 원생 중에 하나만 그것도 빈약한 약시弱視였고 모두 전맹全盲이었다. 원장님과 약시는 주로 목욕탕 일을 하게 되었다. 마치 맹인부흥원이라는 이름을 지키기 위한 구성원처럼 되어 있었다. 가끔 원생의 변동이 있었으나 거의 전맹들이었다. 부흥원이란 명칭대로 취사도 세탁도 청소도 스스로 했다.

건물은 원생용과 원장 댁 그리고 목욕탕이 따로따로 떨어져 있었다. 하지만 옷이 터지면 끼리끼리 바느질도 했다. 연탄난로에 살짝 추긴 신문지 위에 콩을 놓아 볶아 먹기도 했다. 그러나 전맹들만 있으니 해가 어디에 있는지 잘 몰랐다. 눈이나 비가 오려 할 때 그 대비도 어려웠다. 색깔의 분별이 어려우니 옷을 입는 것이나 모자와 장갑 등 구색을 맞추기가 힘들었다. 물품의 구별이 어려워 애써 얻은 간장을 물로 알고 그냥 버리는 일도 있었다. 특히 가시가 박히거나 몸을 다쳐도 그 판별이나 치료가 곤란했다.

　박사님은 우리 국민 생활 개선 운동의 선구자이셨다. 집은 우리나라 재래 가옥의 단점을 보완해 추위와 더위를 잘 피할 수 있도록 되어 있었다. 벽은 흙벽돌로, 문이나 창은 이중이 되게, 천정에는 왕겨를 얹었다. 원사는 침대에다 부엌 등 약 30평쯤 되었지만 부엌과 거실에 작은 연탄난로 하나씩으로 난방이 가능했다. 약시생도 태양의 방향조차 식별이 어려울 만큼 시력이 나빴다. 날이 흐릴 때는 시간을 알 수 없었다. 다행히 원사에는 교환 전화가 한 대 설치되어 있었다. 거의가 전맹이니 변고가 있을 때 비상용으로 쓰라는 박사님의 배려였다. 하지만 거려오거나 외부로 나가는 전화는 없고 취사 담당은 때마다 전화 교환원에게 시간을 알아보는 시계가 되었다. 박사님은 김칫독이나 간장독 같은 것도 모두 깨트려 버리셨다. 김치와 간장 같은 것을 담그는 시간을 절약해 다른 일로 더 성과를 올리자는 것이었다. 따라서 원생들은 우리 전래의 반찬은 한 가지 없이 밥을 먹어야 했다. 우거지 소금국에 왕소금에 생야채만으로 때워야 했다. 악식이란 말이 있지만 이러한 악식이 있을까? 그러나 나는 달게 먹으려 했다.

　그릇도 개수질과 정리 보관이 간편하도록 주로 접시를 사용하게 하셨다. 우리나라 '빨리빨리'의 원조가 아니실지? 그 대표적인 예가 있었으니 '속도식 공병우 타자기'였다. 지금은 '빨리빨리'를 우리 국민 단점의 대명사로 삼는다. 하지만 공 박사님 같은 빨리빨리의 선구자가 아니었던들 오늘날과 같은 발전이 있었을까? 공 박사님은 세상을 떠나시면서 시체까지도 의과대학에 기증하시어 모든 이들을 위해 밑거름이 되려 하셨다.

맹학교에 편입

　부흥원의 나에 대한 재활 교육은 더 있었다. 점자와 타자 그리고 보행 교육이었다. 그 지도 교사는 우리나라 시각장애인 박사 2호인 전재경 선생이셨다.
　우리나라 시각장애인 박사 1호와 2호는 모두 미국에서 나왔다. 우리나라 대학에서는 한동안 시각장애인을 입학조차 시키지 않았었다. 박사 학위 같은 것은 더욱 어려웠다. 오히려 미국에 가 공부하던 시각장애인들에게서 박사 학위가 먼저 나왔다. 고등 교육에 최고 학위를 받음으로써 학계는 물론 사회적으로도 인정을 받을 수 있지 않은가? 참으로 시각장애인들에 대한 차별은 도를 넘었었다. 전 선생님은 유학하시기 전 건국대학 후 국내에서도 좋은 직장을 두루 거치셨다. 우선 국립서울맹학교 사범과를 나와 교사가 되실 수 있었다. 그러나 국제우체국 점자 우편물 검열관으로 일을 하셨다. 그리고 공병우 타자기 공장에서 점검원으로 근무하셨다.

　전 선생님은 타자기 공장 근무 중 일주일에 한 번씩 부흥원에 오시어 나를 가르치셨다. 나는 시각장애인도 작업으로 수입을 올릴 수 있고 공부도 가능하다는 사실에 한층 고무되기 시작했다. 전 선생님은 나의 희망에 따라 맹학교 편입의 길도 안내하셨다. 그런데 필요한 서류인 호적 등본과 김포중학 졸업 증명서를 준비하려니 길이 없었다. 어머니는 물론 다녀가신 숙부님도 연락 두절이었고 지금처럼 자원봉사자도 없었다. 그래서 중학교 졸업 때 기념사진을 찍자던 재구를 떠올리고 한글 타자기로 첫 편지를 썼다. 재구는 숙부님이 김포농고 선생님이시라 본인이 못 가더라도 졸업 증명서는 쉬울 것 같았다. 그런데 일주일 정도 뒤 편지가 회송되었다. 나중에 알아보니 재구는 학군 장교로 집에 없었다. 이때 고모님과 어머니가 부흥원으로 면회를 오셨다. 할아버님이 청진 아저씨의 어머님과 남매이셨단다. 할아버님은 독자로서 오 남매를 두셨었다. 따님 세 분 가운데 큰 고모님만 김포 하성에 사셨다. 전화 같은 통신이 제한되어 늦게야 하성에 나의 실명 소식이 전해진 모양이었다. 청진 아저씨나 숙부님을 비롯해 모두 소식 불통이었는데 큰 고모님이 어머니와 나타나신 것이다.

　"애 재훈아! 네가 어떻게 이 지경이 되었냐?"

　고모님의 첫마디 말씀이었다. 그 말씀 가운데는 내게 대한 염려보다 크게 범죄를 저지른 것 같은 원망이 더 확대된 느낌이었다. 따라서 내 평생 잊히지 않는 말 가운데 하나로 이제껏 머리에 남아 있다. 어머니도 고모님 곁에서 죄인처럼 쩔쩔매시며 침묵을 지키셨다.

"어머니…!"

 내가 입을 열었으나 한동안 말이 더 나오지 않았다. 자식 하나를 바라고 수절하며 사시다가 정말 이 지경이 되니 세상을 아주 등지신 것은 아닌가 끔찍한 생각까지 했었다. 그래도 궁금한 게 있었다. 어떻게 해 그동안 소식을 끊으셨었는지가 알고 싶었다. 어머니의 대답이신즉 참으로 한심하기 짝이 없었다. 중앙의료원의 서양 의사들은 고아에게 동정심이 강해서 나를 홀로 버려 두면 무료로 눈 이식도 해 주고 살길도 마련해 준다고 사람들이 알려 드렸단다. 사람들의 입에 떠도는 말을 그대로 믿고 계셨던 것이다. 서양 의사들은 환자를 끝까지 책임진다는 말을 진짜로 믿으셨다. 하긴 내가 부흥원에까지 인도되었으니 아주 허황된 사실은 아니었을지 모르겠다.

 맹학교의 서류 마감일이 촉박한데 큰일이었다. 기일 내에 서류가 미달이면 내가 새로운 꿈을 갖게 된 배움이 허사가 될 것이었다. 적령기를 훨씬 초과한 나이라 겨우 편입 시험 허락을 받아 냈다고 전 선생님이 말씀하시지 않았던가? 이제 일상적인 편지를 주고받는 것으로 서류를 마련하기에는 시간이 너무 촉박했다. 그렇다고 고모님이나 어머니가 관공서 일을 제대로 하실 분들도 아니었다. 그런데 고모님으로부터 새 정보가 생겼다. 가금리 친구의 형님이 하성면 사무소 직원이 되었다는 것이었다. 파출소나 면소에는 행정 전화가 설치되어 있을 것이었다.

 고모님이 다녀가신 뒤 원에서 내 인기가 좀 오르고 있었다. 정말 시각장애인들은 세상에서 아주 버림받은 사람들 같았다. 공자님의 가르침을 신앙처럼 믿던 백성들이었다. "신체발부는 수지부모"란 공자님의 말씀이 있다. 머리카락 하나도 부모님에게 속한 것이라는 말씀이었다. 그것을 제대로 보존하지 못하면 불효가 된다는 것이다. 머리를 짧게 깎으라는 단발령이 있을 때 목이 잘릴망정 상투는 지키겠다던 유생들의 말은 너무 유명하다. 따라서 몸이 성치 않은 장애인은 부모에게 불효자였다. 특히 시각장애인에게는 오죽하랴. 또 우리나라 왕실에서 세력 간에 암투가 심할 때 시각장애인 복술가가 사이에 끼어 크게 미움을 샀었기 때문이라는 말도 있다. 심지어 시각장애인에게 길을 제대로 알려 주면 악신이 붙어 재수가 없게 된다는 말도 있었다. 그래서 자식을 제대로 관리하지 못한 어머니께서도 시집 식구에게 죄인처럼 고개를 떨구시게 되었다.

 물론 부흥원에 있는 사람이 병고를 겪거나 노약자가 아니니 위로의 면회가 필요하랴? 그러나 세월이 아무리 지나도 찾아오는 사람이 하나도 없으니 시각장애 원생들은 천벌을 받고 옥에 든 것처럼 외로울 수밖에. 거기에 고모님이 수수엿까지 고아 오시어 나누게 되니 원생들이 나를 도두보기 시작한 모양이었다.

 그리고 전화도 걸려왔었다. 고모님을 통해 상황을 알게 된 가금리 친구의 전화였다. 필요한 전자 통신 기기의 신속성과 편이성을 실감하는 기회이기도 했다. 서류를 속달 등기로 보냈다는 전화였다. 그 친구는 이후에도 내게 여러 차례 필요한 일을 해 주었다. 그러나 그 친구는 자기 일에 대해 나의 사례를 극구 사양했었다. 자기가 나를 위해 한 일이 남에게 알려지는 것조차 막으려 했으므로 여기에 이름을 적지 않는다.

 나를 축하하려는 것인지 원장님은 팥죽을 쑤기로 하셨다. 우거지 소금국에 날배추와 무 같은 것만 먹다가 단팥죽이라니! 원생들은 한껏 기대에 부풀어 있었다. 그러나 더 좋은 별식을 위해 귀한 설탕 가루까지 구해 넣은 팥죽이 모두 맹물로 변해 있었다. 원생들은 누가 자기 혼자 먹으려고 건더기를 몰래 건져 간 것으로 의심도 했다. 설탕 가루를 뒤에 넣어야 하는 걸 모르고 미리 첨가시켜 팥이나 새알심이 모두 삭아 버렸던 것이다.

나는 아끼던 털 조끼를 맹학교 편입을 앞두고 보다 깨끗이 하기 위해 삶았다. 그랬더니 그것도 물이 되어 있었다. 그 역시 누가 탐을 낸 것으로 의심했었다. 털은 양잿물에 삶으면 그것도 삭아 버렸다. 시각장애인들만 있으니 사태 파악이나 물품 식별에 문제가 많았다. 하지만 털 조끼를 입지 않아도 편입 시험 때 춥지는 않을 것 같았다. 나는 다른 일보다 공부에는 취미가 있었다. 불과 두 달도 안 되는 부흥원 생활이었지만 추억거리가 참 많다.

국립서울맹학교

　한동안 맹학교를 맹아 학교라 불렀었다. 일인들이 1913년 서대문구 천현동 지금의 금화초등학교 근처에서 장애인 교육을 제생원濟生院으로 시작했단다. 시각장애인인 맹생과 청각 언어장애인인 농아생을 같은 장소에서 교육시켰었다. 종로구 신교동 왕실 궁터에 이사한 학교 이름도 맹아 학교라 했었다. 장애의 특성을 무시한 맹아 학교에는 문제가 많았었으나 일제라 그대로 지냈었다.
　해방이 되자 어려운 국가 재정에도 맹아 학교가 장애별로 분리되어 맹학교와 농아 학교로 나뉘었다. 시각장애인들의 보행난을 조금이라도 고려했다면 평탄한 곳을 맹학교로 지정했을 것이다. 그러나 대지 면적이 똑같이 배정되었다는 명목으로 시각장애인들은 맹아 학교 서편의 인왕산 비탈로 밀리게 되었다. 폭발적으로 늘어나는 서울 인구와 함께 터에 무허가 건물이 맹학교 자리에도 난립이 되었다. 국립이란 이름에 어울리지 않게 서울맹학교는 운동장조차 제대로 없이 되었다.

새로 지은 목조 건물은 1층에 교무실과 초등부 6학급, 2층에는 중고등부와 안마, 침 실습실이 있었다.

나는 편입 시험에 무난히 통과가 되었다. 맹학교에서는 안마와 침 등 자립을 위한 의학 교육이 있어 일반 대학을 나와도 중학 1학년부터 다시 배워야 했다. 그러나 나는 중학교 2학년에 편입이 되어 2층 교실로 들어가게 되었다. 담임 선생님도 시각장애인이셨다. 당시 인정받는 시각장애인의 직업으로 맹학교 교사가 유일했다. 내가 1962년 맹학교에 들어갔을 때 전국 10여 개 교에 시각장애인 교사가 50명이 안 된다고 꼽았었다. 그러니 나와 시각장애 담임 선생님의 만남은 매우 소중하게 여겨졌다. 나는 안내자가 없이 다니고 있었으므로 맹학교 교무실도 혼자 갔었던 것이다. 담임 선생님은 나를 교실까지 손수 안내하셨다. 나는 시각장애인도 작업할 일이 있고 공부의 기회가 있으며 길의 안내도 가능하다는 사실에 퍽 고무되어 있었다. 일반인들은 시각장애인을 걸인 등 인간 이하로 취급하는 데 반해 나라에서는 오래전부터 자립시키려고 애를 썼다고 했다. 일제가 선진 교육이란 이름으로 1913년에 시작한 장애인 교육보다 역사가 월등하게 깊었다. 세종대왕 당시는 맹인에게 음악 교육을 시켰고 그 뒤에도 맹청을 두어 역학으로 직업을 배우게 했다는 것이다. 그래서 지금까지도 시각장애인 복술가가 존재하고 있다.

내가 들어간 중 2의 학급 인원은 20명이 안 되었다. 다른 반들도 10명 내외의 적은 수였다. 시각장애 학생들은 일일이 손으로 만져 가며 익혀야 할 경우가 많아 많은 학생을 한꺼번에 가르칠 수 없었다. 필기도 선생님이 칠판에 쓰지 않고 하나하나 또박또박 불러 주어야 했다. 그래서 맹학교 교실에는 흑판이 없는 경우가 많다. 당시는 전맹이라야 맹인이라고 인정하는 정서가 있었다. 수업이 몇 시간 진행되니 맹학교 교육이라고 일반 학교와 크게 다르지 않다는 것을 나는 실감할 수 있었다. 교육 방법이 다를 뿐 그 내용은 거의 일반 학교와 같았다. 그런데 점자가 문제였다. 점자를 쓰는 것은 쉽게 익혔으나 읽기가 안 되었다. 산소 용접을 할 때 손가락 끝에 여러 차례 화상을 입어 감각이 몹시 둔했다. 종이에 찍힌 점자가 하나하나 구별이 어려웠다. 굳은살을 벗기면 감각이 예민해질까 손가락을 시멘트 바닥에 갈았으나 그것은 더 미련스러운 행동이었다. 오히려 상처의 고통과 함께 시간만 더 걸리게 만들었다.

  맹학교에서는 방학 외에는 기숙사에 학생들을 모두 수용하며 숙식을 제공하고 있었다. 현재는 형편들이 좋아져 숙사가 호텔 못지않게 되었어도 집에서 통학하는 학생이 있다. 하지만 지방에서 상경한 사람과 아울러 그때는 재학생은 거의 입사를 했었다. 재정이 좋지 않을 때라 식사는 김치 깍두기와 콩나물 아니면 된장국이 전부였다. 분교 초기에는 수도도 없어 샘물을 길어 썼다고 한다. 내가 입사했을 때도 식당과 세탁실 말고는 수도가 없었다. 기숙생들은 교문 밖 우물에서 용수를 길어다 써야 했다. 실생 인원도 방의 크기에 따라 5~7명이나 되었다. 그러나 내게는 연탄 난방의 숙사가 호텔처럼 안락하게 느껴졌다. 새 희망으로 부풀어 있었으니까.

무엇보다 침을 배울 수 있어 기대가 컸다. 환자를 치료할 기술을 배운다는 것은 의원이나 하는 일이 아닌가? 앞을 못 보게 되었는데 그런 일을 할 수 있다니! 그때는 고등과 실업 교육에 대한 학제가 개편되기 전이라 중학에서도 의학의 기초인 해부를 가르쳤다. 일반 학과에다 의학 과목을 고등부 3년에 모두 이수하기는 어려웠다. 그래서 맹학교에서는 어린 학생에게 벅차지만 해부 같은 기초는 중등부서부터 배우게 했다. 어떤 선교사님이 기증했다는 해부 즉 사람 뼈가 맹학교에 몇 개 남아 있었다. 해부라 함은 몸을 부위별로 자르고 헤처 가는 것이다. 그러나 뼈를 해부라고도 한다. 지금은 플라스틱 같은 재료로 사람의 모형이나 장기를 마음대로 만든다고 한다. 그런데 그때는 사람 뼈를 갖고 공부를 했다. 다만 몇 가지지만 진짜 인골까지 만지며 공부를 하게 되니 참으로 의학도가 된 느낌이었다.

그리고 맹학교에서는 대학 졸업자까지도 중학에서부터 다시 공부를 시키는 이유를 실감하게 했다. 나는 적령기를 7년 정도나 넘긴 만학도지만 오히려 한 학년을 건너뛰어 소홀함이 있을까 걱정되었다. 하지만 맹학교에 들어간 지 몇 달이 안 되었을 때다. 어린 학생들까지 침구안마법을 위한 데모에 동원되어야 한다고 했다.

'아니 시각장애인들이 무슨 데모를 하다니!'

놀라지 않을 수 없었다. 그러나 모든 시각장애인의 생활이 달린 문제라고 했다. 의료유사업법이라 침, 뜸, 안마, 접골 등 의료보조 업종이 있었다. 그런데 해방과 함께 우리나라 의료법이 서양식을 따르게 되었다. 안마, 침 등 직업을 잃게 될 것이다. 모든 것이 내게 밀려드는 비운에 따르는 문제처럼 느껴지기 시작했다.

안마 피리

나는 자격지심으로 한동안 시달리게 되었다.
'무슨 죄를 지었기에 이 지경이 되었을까?'
닥치는 일마다 난관이라니! 고민에 빠져 며칠씩 잠을 이룰 수도 없었다. 간질 환자처럼 몸에 경련이 일어나기도 했다. 화상으로 생긴 가려움증도 심해졌다. 스스로 손발을 주무르고 쓰다듬고 쓱쓱 비벼 줘야 진정되었다.

부흥원을 거치고 맹학교에 바로 들어온 내가 심기일전해 공부에 전념하게 되나 했었다. 맹학교에서는 질서를 위해 상·하급생의 위계가 군대처럼 엄했다. 나이가 아무리 많아도 상급생을 형님이라 모시고 명령에도 복종해야 되었다. 청소도 시키는 대로 하고 물도 떠다 바쳐야 되었다. 큰 수모일 수 있었으나 나는 맹인으로 새로 난 사람이라 생각하고 참았었다. 그런데 침구안법의 제정을 위해 데모에 나가야 한다니! 앞이 다시 까마득해졌다.

시각장애인에게는 단 두 가지 직업이 있었다. 점을 치는 복술과 안마였다. 그런데 동양 철학에 의한 복술은 미신이라고 외면하는 경향이 심해지고 있었다. 고등 교육이 통제된 데다 시력이 없어 노동이 어려우니 그 시절 시각장애인들에게 다른 직업이 더 있었겠는가? 뭐니 뭐니 해도 사람은 먹고 사는 게 우선이었다.

그러다가 여름 방학이 되어 현저동 집으로 갔다. 어머니는 천주교 구역장님의 안내로 서대문 성당에 꾸준히 나가고 계셨다. '하느님께 빌면 내 눈이 뜨이게 될 것'이라고 믿으셨다.

"하늘에 계신 우리 아비신 자여, 네 이름의 거룩하심이 나타나며…" 교리문답집을 열심히 외우시며 기도하셨다. 집에는 먹을 것이 없어 굶게 되었다. 그런데 성당에서 강냉이 가루를 받아오셨다. 어머니를 성당에 인도한 여성회 반장님이 강냉이 가루를 받도록 해 주셨단다. 그 반장님은 유명한 미술 교수님의 사모님이시라고도 말씀하셨다. 우리나라 국민들의 굶주림에 선진국이 원조하던 구호 식량이었다. 그러나 그것을 끓일 연료가 없었다. 그래서 날로 먹나 했는데 앞집 승우네서 고맙게 연탄불을 빌려주었다. 그때의 막막함을 내가 어떻게 잊을까.

맹학교에서는 그런 처지의 학생을 위해서였는지 상급반이 되면 외부 안마 실습을 허락했다. 안마 피리를 불며 손님을 찾아다니는 것이다. 안마가 익숙해야 되겠지만 내게 그런 것을 따질 여유가 있을까?

학교에서 보행 교육이 실시된 것은 얼마 뒤의 일이었다. 외국에 드나드시던 공 박사님과 접촉이 있어 그랬는지 전재경 선생님은 이미 보행 교육법을 알고 계셨었다. 나는 전재경 선생님으로

부터 보행법의 요점을 배웠다. 바른 자세를 하고 지팡이를 소가 꼬리를 흔들듯 좌우로 저으며 앞으로 나가는 것이다. 그러나 너무 갑자기 못 보게 되어서인지 몸을 푹 숙여야 했다. 무엇을 잃었을 때 머리를 깊이 숙여 찾던 자세였다. 이렇게 머리를 앞으로 내밀고 걷다 보니 이마에 상처가 아물 날이 없었다. 피딱지를 감추기 위해서도 모자를 반드시 써야 했다. 눈을 다치기 전에는 누구보다 시내를 잘 쏘다녔으므로 서울 지리는 익숙했다. 안마를 받을 만한 부유층 주택가도 알고 있었다. 다른 안마사들도 여행객이 묵을 여관이 많은 곳이나 안마 손님이 나올 계동 같은 데를 잘 아는 모양이었다. 골목에서 안마 피리 소리가 겹칠 때가 많았다. 안마사들이 손님이 나오는 곳으로 몰리는 까닭이었다.

나는 그럴 만한 새로운 장소를 개척하기로 했다. 모두 형편이 쪼들릴 때였고, 특수층을 제외하면 안마가 무엇인지도 모를 때였다. 안마가 끝나면 밤이 깊었다. 학교는 문을 걸어 기숙사로는 들어갈 수 없었다. 현저동 집으로 갔다가 다음 날 일찍 등교를 해야 했다.

다행히 마포 방향에서 나오는 사회 안마사가 두 명이 있어 동반자가 되었다. 기완 씨와 남필 씨. 그들은 나에게 손위였지만 나를 친구처럼 대해 주었다. 피리를 불며 대개 광화문 네거리에서 만났다. 네거리 국제극장 쪽에 파출소가 있었는데 통금 시간이 지나도 시각장애인들을 단속하지는 않았다. 세 사람은 전차 레일 홈에다 지팡이 끝을 걸고 서대문까지 함께 걸었다. 한밤에 대로 복판을 걷는 통쾌함을 누가 맛볼 수 있을까? 그러나 한겨울에는 신문로 돈의문 언덕길의 차가운 바람이 바늘 끝처럼 따가웠다.

나는 선배에게 안마 피리를 얻으며 손님 맞는 요령을 꼼꼼하게 물었다. 그 선배는 학생 안마사를 더 원하는 사람도 있다고 했다. 학생 안마사들이 사회 안마사보다 정성을 다하기 때문이란다. 어떤 선배는 안마 피리를 불어 돈이 생기면 군고구마를 한 봉지 사 들고 왔다. 그리고 그것을 기숙사 자기 방 실생에게 나누어 주었다. 이렇게 미리 외부 경험을 하면 사회 적응이 빠르다고 했다.

그러나 학생복 차림의 안마사가 퇴짜는 맞지 않을지 걱정이었다. 그렇지만 교복밖에 없으니 어쩔 수 없었다. 그것도 교복을 살 돈조차 마련이 안 되어 그동안 차고 다니던 스위스제 손목시계를 팔아 맞춘 것이었다. 안마 피리는 처음에 누가 고안한 것인지 전해지는 말이 없다. 대개 손가락만 한 굵기에 연필 정도 길이의 대나무 두 개를 쌍으로 한 것이다. 입에 대는 부위에 갈대 같은 것으로 떨판을 댔을 뿐 아무런 장식이나 조음 장치가 없었다. 소리도 '삑—' 하고 아주 단순했다. 그러나 자동차 소음이 없어서 그랬는지 소리가 상당히 멀리 나갔다. 안마사들의 시름이 몽땅 실린 것처럼 소리가 매우 처량했다. 나 자신도 그토록 구슬픈 소리에 눈시울이 자주 뜨거워졌었다. 한겨울 안마 피리 끝에 고드름 같은 얼음이 달리고 손가락에 동상이 생길 때는 나도 모르게 울음이 터졌다. 눈꺼풀이 서로 달라붙어 나는 눈물도 흘릴 수 없었다. 울음도 그냥 참아야 했다. 어떤 때는 실컷 울고 싶지만 그럴 수도 없었다. 눈으로 충혈이 되면 앞에 허상이 생기고 어지럽기 때문이었다. 방송국에서 안마 피리 소리를 효과음으로 사용한 적도 있었다.

안마 피리로 골목을 누빈 지 만 2주 만이었다. 삼청동 총리 공관 근처를 지나는데 "안마." 하고 부르는 소리가 들렸다. 그렇게 기다리며 마음의 준비를 거듭했지만 몸은 초긴장이었다. 그래서 손님을 앞에 하고 기도를 올리듯 속으로 숫자를 셌다. 나는 그 손님을 단골로 삼기 위해 정말 정성을 다하며 시간도 오래도록 했다. 거기에 부족한 것은 없었는지 더 물어서 손님이 만족할 수 있도록 성의를 기울였다.

당시 안마 요금이 300원이었다. 쌀 한 말을 사고 돈이 조금 남았다. 통금 시간이 박두했지만 어떻게 이 감격을 그대로 지낼까. 나는 막차를 갈아타며 어머니께로 갔다. 쌀과 어머니가 좋아하시는 오징어 한 마리를 사 들었다. 어머니는 돼지고기나 생선은 싫어하셨다. 물고기는 북어나 오징어에 조기나 드셨다. 이제 전처럼 내가 어머니의 생활을 책임질 수 있으리라는 자신감도 생겼다. 어머니는 아무 말 없이 내 손을 꼭 잡아 주셨다. 예로부터 '주경야독'이란 말이 있다. 비록 시각장애인이 되었지만 나 역시 부지런히 노력하면 돈도 벌고 공부도 할 수 있을 것 같았다.

김포중학 동기가 맹학교 교사로 와 있다니

시각장애인들의 입법 요구에 대한 데모는 1960년부터 있었단다. 전국 시각장애인들이 보건부에 모여 "십만 맹인 살리려면 침구안법 제정하라!"라는 구호를 외쳤단다.

맹학생들도 한 모임이 되어 실제로 침구안법을 위한 데모를 하게 되었다. 우선은 수업 거부의 기숙사 농성이었다. 그러나 맹학생들의 수업 거부 농성을 누가 알아주겠는가? 시각장애인들이 맹학교 교육을 받고도 걸식을 하게 될 절박한 사정을 누가 동감하겠는가? 공부를 싫어하는 학생들의 태업으로나 여기는 것 같았다. 사정이 이러하니 나 역시 시각장애인이 된 신세타령이 절로 나오게 되었다. 실명한 것도 부끄러운데 어린 학생들까지 먹을거리를 위한 시위에 나서게 되다니 참으로 참담했다.

이렇게 학교가 어수선한 분위기가 때때로 생겼다. 그런데 초등학교 여선생님이 교무실에서 나를 부르신다고 했다.

"조재훈, ○○○ 선생님이 부르셔서 왔습니다."

나는 교무실 문을 열고 선생님들께 학생 예절에 따라 신고를 했다. 그러나 그 선생님은 초등과 담임 반에 계시니 그리로 가라고 어느 선생님이 일러 주셨다. 나는 다시 더듬더듬 초등과 교실을 찾아가야 했다.

그런데 만나고 보니 그 선생은 김포중학 1학년 때의 동기였다. 그 선생은 자기 이름을 몇 차례 되풀이해 대며 기억이 안 나느냐고 했다. 나는 여자 반장 미옥이 이름을 대게 되었다. 그 여선생은 미옥이 자리에서 몇 자리 떨어져 있던 책상과 위치를 설명했다. 그리고 자기의 특징을 다시 일러 주었다. 그제야 나는 희미하게 그 선생의 모습이 상기되었다. 그 선생은 재구의 친척이기도 했다. 집도 재구와 가까운 곳이었다. 그러나 나에 대한 소식을 재구에게 들은 것은 아니라 했다. 나도 잘 알고 자기도 친하게 지내는 인척에게서 전화를 받았다고 했다. 그 인척이 자기가 맹학교에서 근무하게 되었다 하니 나를 긴히 만나 보라고 했단다. 그 인척은 나와도 격의 없이 지내던 사이였다. 그러므로 무엇이라도 갓 실명한 내게 도움이 되어 주라는 의미였던 듯했다. 그러나 나는 자존심만 상하게 되었다. 우선 이 지경이 된 사실이 미옥이에게 전해질 것이 염려스러웠다. 다른 사람에게도 그렇지만 미옥이에게는 이렇게 흉하게 된 꼴에 대해 알리고 싶지 않았다.

나는 학교에서 나가 하염없이 걷게 되었다.

"왜 내 신세가 이렇게 되었지?"

나는 걸으면서 그 말을 몇 번이고 되뇌게 되었다. 그런데 내 코에 구수한 음식 냄새가 들어왔다. 때가 지나는 것도 모르고 걷다 보니 허기가 지는 모양이었다. '술을 마시면 될까?' 그러나 그것은 학생으로서 안 되었다. 편입 시험 면접 때 교장 선생님 앞에서 입학만 시켜 주신다면 술 담배는 절대 안 하겠다고 맹세했었다. 술자리에서 기생에게 노래를 시키고 지폐에 침칠을 해 뺨에 붙여 주며 박수를 치고, 필터가 달린 아리랑 담배를 사례로 받던 일이 엊그제였는데…. 교장 선생님은 사회생활에 젖어 나이를 먹은 내가 천진난만한 학생들에게 나쁜 영향을 끼칠까 걱정하셨다. 기숙사에 성인 중도 실명자를 받았다가 행실이 나빠 강제로 퇴사를 시킨 사례도 있었단다. 그래서 나는 돈도 아낄 겸 좋아하던 술 담배를 완전히 끊고 있었다.

사직공원에서 세종로 방향으로 내려오는 길 협성학원 근처였던가 하는 것으로 기억된다. 드르륵 문이 열리며 음식 냄새와 함께 왁자한 식당 손님들의 소리가 흘러나왔다. 무심결에 나는 식당 안으로 발을 옮겼다. 그런데 별안간 문이 닫혔다. 나는 닫히는 문을 밀치며 다시 식당으로 들어가려 했다. 그러나 닫힌 문짝에 완강한 힘이 버티며 내 몸을 밀어냈다. 그래도 나는 바로 물러서지 않았다. 설마 식당에서 손님을 내치리라는 생각은 못 하고 있었던 것이다. "재수없게…." 하고 중얼거리는 소리에 나는 정신을 차리게 되었다. 누군가 내 얼굴에 무엇을 뿌리는 것도 감지되었다. 하는 수 없이 물러나 있으려니 입술에 찝찔한 게 느껴졌다. 소금을 뿌렸던 것이다. 울컥하는 감정에 문을 박차고 들어가 멱살잡이를 하고 싶었다. 그러나 참아야 했다. 그런데 흥분을 삼키며 몇 발짝 걷다가 보행자와 다시 충돌하게 되었다.

"짜식, 두 눈을 빼 놓고 다니나?"

중년으로 짐작되는 그 남자는 얼굴을 몹시 부딪힌 것 같았다. 내 이마에도 통증이 느껴졌다.

"정말 미안합니다."

나는 진심으로 정중하게 사과를 했다.

"아니, 이건 정말 장님이구먼…."

그 남자는 내가 맹인인 것을 발견하자 또 한마디 했다. "재수에 옴이 붙었나?" 하고 소리 지르며 내게 침까지 뱉었다.

벌레만도 못한 새끼가

　이 이야기들은 생각만 해도 모멸감이 들어 여기에 쓰기를 계속 망설였다. 그러나 그 당시 김은희라는 분과 영천동 천일이의 고마움을 잊을 수 없다. 해서 내가 처음 저질렀던 것부터 그날 일까지 여기에 적는다.
　그날 나는 맹학교에서 나오며 지팡이를 짚지 않았다. 지금은 밖에 나가려면 지팡이부터 찾는다. 그때는 충돌이 잦아 이마와 정강이에 피딱지가 떨어질 날이 없어도 지팡이가 귀찮게 여겨졌었다. 그리고 될 대로 되라는 자학 의식이 컸다. 그날 역시 동기생을 만난 뒤 마음의 갈피를 잡지 못해 거리로 나왔기 때문에 지팡이 짚는 것을 잊었다. 지팡이를 짚는 것이 내가 아주 맹인이 된 것을 스스로 인정하는 것처럼 여겨지기도 했다. 또 웬만한 길은 다치기 전에 쏘다니던 길이라 머릿속에 지도가 선명히 남아 있었다.

그러나 내 자살에 관련된 이야기의 시작은 길거리가 아니었다. 병원에서 실명이 되리라는 첫 진단이 내려졌을 때였다. 폭발 사고를 입던 가을이었다. 친가에 가까운 친척이 돌아가시어 어머니께서 집을 비우신 밤이었다. 먹을 것을 차려 놓으시고, 갈아 넣을 연탄까지 아궁이 옆에 준비해 두셨다. 앞을 못 보며 혼자 지낼 것을 대비하신 뒤에도 내가 주의할 일을 몇 차례나 당부하셨다.

그렇지만 목이 말라진 나는 어머니께서 떠 놓으신 물을 찾다가 그릇부터 엎어 놓고 말았다. 걸레를 찾아야 하는데 이번에는 밥상을 차고 말았다.

'아니 내가 정말… 평생을 이렇게….'

신세 한탄이 절로 나왔다. 살아갈 길이 막연해졌다. 우리 방에는 밖으로 나가는 문과 부엌으로 드나드는 쪽문이 있었다. 그래서 부엌으로 통하는 방문을 열어 놓고 다른 문들을 꼭꼭 닫았다. 그리고 연탄 덮개를 과열로 화재가 생기지 않을 만큼 들쑤시니 독한 연탄가스 냄새가 코를 찔렀다. 베개를 쪽문 문턱에 가까이 갖다 놓은 다음 코를 그리로 향하고 누워 잠을 청했다.

'내 삶이 이것으로 끝나다니….'

갖가지 상념이 머리를 스쳤으나 억지로 잠을 청해야 했다. 시간이 얼마나 지났을까? 잠에서 깨어났다. 깨지 말아야 할 잠에서 깨어난 것이다. 두통만 조금 있을 뿐 모든 것은 전과 다름이 없었다. 문틈이 있는 데다 창호지라 공기가 통했던 모양이다.

나 혼자였지만 그 쑥스러움, 허망함, 창피는 금방 씻어지질 않았다. 특히 어머니를 다시 뵙기가 얼마나 죄송스러웠는지 모른다. 내가 없었으면 벌써 재가해 새로운 가정을 이루셨을 것이 아넌가? 향교의 전교님으로부터 여중군자란 칭송도 받던 분이 아니었던가. 그런데 자살 기도를 또 해야 했다. 고통 없이 세상을 떠나려면 다량의 수면제를 먹으면 된다고 했다. 그러나 그것을 살 돈도 돈이려니와 간판을 식별할 수 없으니 여러 약방을 들를 방법이 없었다. 나중에 중도 실명자들과 이야기를 나누니 대개 나와 비슷한 과정을 겪고 있었다. 아니 중도 실명자들의 후유증이 많은 자살률이 높은 이유를 알 것 같았다. 그러나 자살은 염두에 조차 두지 말아야 할 것이다. 오죽하면 그런 일을 저지르겠느냐만 생각하기에도 끔찍하지 않은가?

두 번째 일이었다. 경찰서에서 출두 명령이 내려왔다. 군에서 입대하라는 영장이 나왔는데 내가 불복하고 있다는 것이다. 폭발 사고에 실명까지 하게 된 경위를 설명했다. 그러나 담당 경찰은 병역을 기피하기 위한 짓일 수 있으니 사건 경위와 함께 그동안 치료를 담당했던 의사들의 진단서를 받아 오라고 했다. 마치 범죄자를 다루듯 닦달했다. 경찰관은 기록되어 있는 나의 신체검사 결과에, 실제로는 달라진 내 현재 상황을 자기 임의로 반영할 수는 없는 모양이었다. 참으로 답답했다.

쥐도 악에 받치면 고양이를 문다는 말이 있다. 나는 이 몸으로 입대할 테니 군에 보내 달라고 버티게 되었다. 의사 진단서도 떼올 수 없고, 감옥에 보내면 형을 살겠으니 경찰관의 임의대로 하라고 했다. 난감해진 경찰관은 서서히 딱딱거리던 목소리를 가라앉히더니 나더러 그냥 집으로 가라고 했다. 그 밤이었다. 나의 이 한 몸이 거추장스럽기가 비길 데 없었다. 그리고 내 운명이 한없이 원망스러웠다. 불행만 남은 것 같았다. 어머니를 모시기는커녕 내가 짐만 될 것 같아 더욱 걱정이었다. 나는 어머니가 잠에 드시기를 기다린 뒤 밖으로 나갔다. 형무소 앞 무악재 비탈이었다. 이슥한 시간이라 이따금 차 소리만 요란할 뿐이었다. 나는 인도에 서 있다가 경사면의 가속을 받고 내려오는 대형차로 힘껏 달려들었다. 어설피 하다가 중상으로 끝나면 더욱 고통이니까. 그리고 공연한 운전기사에게만 짐이 될 것이 걱정이었다. 완전히 숨이 끊겨야 맹인의 자살 판정이 용이하리라고 여겨지기도 했었다. 그런데 보도와 차도 경계석 사이에 푹 빠져 골절과 동시에 앞으로 고꾸라지고 말았다. 그때는 구멍이 숭숭 뚫린 철물 배수구가 아니었다. 시멘트로 구들장처럼 만든 것을 사이를 조금씩 두어 걸처 놓았는데 그 깨어진 틈에 빠진 것이다.

무악재보다는 약하지만 신문로 언덕 내리막도 대형차라면 가속이 붙을 만했다. 차들이 고물인 데다 타이어도 재생이라 속도도 느렸다. 부흥원에서 갖게 된 재활 의지나 안마로 수입을 올리며 다시 키우던 자립심은 온데간데없이 사라진 후였다. 나는 이번 세 번째 자살 시도에는 반드시 성공하리라 생각했다. 한창 나이에 왜 삶에 대한 애착이 없었겠는가? 그러나 "맹은 죽음이다."라는 말처럼 기쁜 일은 드물고, 절망적이고 굴욕적인 사건의 연속이 아닌가?

서울고등학교 정문과 신문로 파출소 사이의 맞은편이었을까? 나는 신발 끈을 졸라매고 배수 시설에 빠질 것을 피해 경계석에 앉았다. 그리고 속도를 내는 요란스러운 차와의 거리를 재고 있었다.

'이것이다.'

판단이 들자 나는 있는 힘을 다해 앞으로 내달렸다. 그런데 차체와 부딪는 게 아니라 운전기사의 주먹이 사정없이 내게로 꽂혔다.

"이 벌레만도 못한 새끼, 뒈지고 싶으면 저 혼자서 뒈지지…!"

"정말 뒈지고 싶어요…."

운전 기사의 말에 나는 차 바퀴 밑으로 들어가며 대답하고 입을 다물었다. 정말 나는 그때 죽기가 소원이었다. 운전기사의 발길질이 사나웠지만 그것을 아프게 느낄 마음의 여유도 나는 없었다.

"이 새끼가 그래도 계속 죽은 척하고 있어…."

내가 무저항에 입까지 다물고 있으니 운전기사는 다시 소리를 지르며 나를 걷어찼다. 자기에게 쌓였던 분풀이였는지도 모른다.

"이것 보세요. 그러다간 정말 사람이 죽겠어요…."

어떤 여자의 목소리였다. 잠시 뒤에 경찰관의 호각 소리도 들렸다. 파출소가 가까워 신고가 바로 이루어진 모양이었다.

"자식! 죽으려면 저 혼자나 죽지 애매한 사람까지 고생을 시키려고…."

운전기사는 화가 풀리지 않아 계속 씩씩대고 있었다. 파출소에까지 불려 온 운전기사와 나 두 사람은 경찰관의 심문을 받게 되었다.

"경계석에 앉아 차들만 뚫어지게 바라보는 짜식이 힐끗 수상하게 보여 속도를 줄이려는데 과연 제 생각대로…."

경찰관은 운전기사의 말이 맞는지 내게 대답을 구했다. 나는 고개만 끄덕거렸다. 내게 무슨 변명의 여지가 있겠는가? 경찰관은 운전기사에게 입건해 조서를 꾸미겠느냐고 물었다. 운전기사는 아무 말이 없었다. 그런데 "잠깐만요." 하고 나서는 여자의 목소리가 들렸다. 이것을 처음부터 지켜보고 신고한 사람이 있었던 것이다. 방금 전의 여자 목소리였다. 그 여인은 운전기사가 먼저 나가기 전에 내게 몸을 하나하나 움직여 보라고 했다. 그리고 상처는 없느냐 다시 물었다. 나는 사방이 욱신거렸으나 움직이지 못할 정도는 아니었다. 나는 파출소를 나와 그 여인의 뒤를 따라 언덕 쪽으로 좀 걸었으나 고맙다는 인사도 할 수 없었다. 참말 죽을 각오였으므로 목숨을 부지하게 된 것이 오히려 원망스러웠다. 다만 성함이 어떻게 되시느냐고 물었을 뿐이었다. 그 여인은 한참 뜸을 들이더니 세상에는 인정을 나누며 살아가려는 사람이 더 많다고만 일러 주었다. 그래도 이름이 알고 싶다고 했더니 다시 뜸을 들이다가 "김은희"라고 했다. 따라오라는 신호처럼 앞장에서 무슨 소리를 '톡, 톡…' 냈다. 손을 잡아 주거나 팔을 잡을 수 있게 하지는 않았다. 언덕 위에 이르자 나는 지렛길을 따라 독립문 방향으로 간다고 했다. 그 여인은 경기대학 근처로 갈 거라고 하며 다음에는 반드시 지팡이를 짚으라고 했다. 지팡이가 없으니 반향음을 듣고 가라는 뜻인지, 그 톡톡 소리를 내는 것을 내게 주었다. 그것은 그동안 한 번도 본 적 없는 외제 볼펜이었다.

꿈에서는 더욱 행복할 수 있었다

　나는 집으로 가 누웠으나 이곳저곳이 쑤시고 근질거렸다. 화상도 사람에 따라 증상이 다른 것인가? 폭발 사고를 당한 지 몇 년이 지났어도 증상이 심했던 부위는 자꾸 근질거렸다. 북북 긁으면 시원하련만 피부가 약해져 그럴 수도 없었다.
　쇳물이 튈 때 모래바람처럼 내게 안겼는지 큰 상처는 없었으나 티끌 같은 쇠 알갱이가 솟을 때가 있었다. 쇳물이 폭발한 것이라 피부를 뚫고 박혔다가 밀려 나오게 된 것은 아닌지? 다행히 얼굴에는 별다른 흉터가 생기지 않았다. 안구와 안검이 늘어붙을 만큼 열기가 강했던 데 반하여 다른 부분은 깨끗했다.
　하지만 까끌까끌한 알갱이가 피부에 솟아날 때도 있고 골을 지어 미치게 가렵기도 했다. 살에 박혔던 주물의 티가 체외로 배출되는 것인지도 모를 일이었다. 여드름 같은 것이 생겨 꼭 짜면 쇳가루 같은 것이 나왔다. 화상의 화기는 냉수로 씻는 게 좋다 해

냉수마찰도 했다. 그래도 소양증이 남아 있었고 타박을 입으면 그 증세가 한층 심했다.

뒤척임 끝에 잠이 들었는데 아주 화려한 꿈이 보였다. 색깔도 매우 선명한 천연색이었다. 국장 같은 행사 때 만기를 든 행렬이 길게 따른다. 그런데 이것은 그렇게 슬픈 행렬이 아니었다. 모두 호사스러운 차림에 희색이 가득했다. 그리고 줄지은 깃발에는 전광판 같은 화면이 나타났다. 그리고 그 전광판에는 찬란하게 빛나는 글씨가 계속 이어졌다. 세상에서는 물론 상상 속에서도 이렇게 아름다운 광경은 처음이었다. 꿈속이지만 환성이 저절로 터져 나왔다.

그런데 더욱 신기한 것은 그 선두에 미옥이가 있었다는 점이다. 『심청전』을 읽으면 임당수에 빠진 심청이가 연꽃을 타고 살아난다. 미옥이도 무어라 표현할 수 없는 예쁜 꽃잎 위에 앉아 있었다. 나는 그 놀라운 장면을 말이나 글로는 다 설명할 수 없다. 그 화려한 모습으로 선두에서 미옥이가 활짝 웃으며 내게 손짓을 하고 있었다. 나는 황홀하여 정말 미칠 지경이 되었다. 행복에도 극치가 있을까? 그런데 이때 어머니가 나를 깨우셨다. 학교에 갈 시간이었기 때문이었다.

미국 샌프란시스코의 금문교에서는 절경에 반한 사람이 이따금 태평양에 몸을 던지는 일이 생긴다고 한다. 나 역시 그 절경에 그대로 빠져 있고 싶었다. 하지만 그것은 꿈이었다. 나는 잠을 깨우는 사람이 얼마나 원망스러운지 어머니를 무의식중에 발길로 내지를 뻔했다. 나는 어머니께 그날은 학교가 쉬는 날이라 핑계를 댔다. 그것이 나의 첫 결석이었다. 그리고 나는 그 꿈에 그대로 머무르기 위해 다시 잠을 청했다. 그러나 바로 잠을 이룰 수 없었다. 깨어진 꿈이 다시 이어질 리가 없었다.

현저동에서 맹학교가 있는 신교동까지의 대중교통은 몹시 불편했다. 또 만원 버스에서는 시각장애인을 밀어내는 일이 보통이었다. 그래서 걸어 다닐 때가 많았다. 사직터널이 생기기 전이라 언덕을 넘어 다니든지 신문로를 경유해 멀리 돌아다녀야 했다. 그 시간이 대개 100분이 걸렸다. 그러나 나는 그동안 하루도 결석한 적이 없었다. 맹학교 5년 중 그날 하루밖에 결석이 없었다. 재학 중에 밤마다 안마를 나간다고 퇴사를 시키지는 않았지만 일이 끝나면 밤이 깊었다. 적어도 통금이 되면 교문이 잠기므로 집으로 돌아가야 했다. 그 뒤에도 나는 고등학교 3년에 아무 말썽 없이 다녀 정근상을 탔다. 교장 선생님께서 적령기를 6년이나 초과한 나를 편입시켜 주신 데 대한 보답이었다. 내가 불량 학생으로 찍힌다면 이후에 나처럼 과년한 학생이 있을 경우 걸림돌이 될 수도 있을 것이다. 그런 일을 만들지 않기 위해 나는 모범생이 되려 했다.

그동안 하루도 빠지지 않으려던 결심이 허사가 되다니. 나는 좀 늦게라도 학교에 나가려고 했다. 하지만 어머니가 막으셨다. 내 얼굴에 멍 자국이 많다며 혀를 끌끌 차셨다. 그리고 물수건과 달걀로 문질러 멍을 풀어 줄 것이라 하셨다. 하도 부딪고 다녀서 매를 맞았다는 생각은 전혀 안 하시는 것 같았다. 나는 점심때가 지나 세종문화회관 맞은편 정거장에 가 있었다. 김은희 씨가 지팡이를 반드시 짚으라고 했던 말이 떠올랐기 때문이다.

사실 시각장애인의 권익을 옹호해 주는 것은 지팡이뿐인 것 같왔다. 시각장애인이 교통사고를 당할 때도 지팡이를 짚었느냐 아니냐에 따라 그 판결의 유불리가 하늘과 땅만큼 차이가 있었다. 나는 그 점을 왜 이제껏 무시하고 지냈는지? "세상에는 인정을 나누며 살려는 사람이 더 많다."라던 김은희 씨의 말도 다시 생각하게 되었다. 그런데 내 지팡이는 기숙사에 있었으므로 안마를 하러 나가기 전에 학교에 꼭 들러야 했다.

시각장애인이 버스를 타려면 참으로 어려움이 많을 때였다. 버스가 어느 방향으로 가는지 볼 수 없을 뿐 아니라 차들이 정차해 머무르는 시간이 아주 짧았다. 또 차장들은 사고의 위험 때문인지 시각장애인을 잘 태워 주지 않았다. 오히려 끌어내기도 했다. 그래서 시각장애인이 버스를 타기란 정말 '사투' 그 자체였다. 그렇게 죽을힘을 들여 버스를 타려고 기다릴 때였다.

"혹 재훈 씨가 아니신지?"

누가 조심스럽게 내게 인사를 했다. 그것은 동기생 경린이었다.

흰 지팡이와 친구들

　시각장애인들에게 흰 지팡이를 보급하기 시작한 것은 유럽이 먼저였다고 한다. 그러나 우리나라에서 흰 지팡이가 시각장애인들에게 보급되기 시작한 것은 미국의 영향이 컸다. 미국의 케네디 대통령이 흰 지팡이에 대한 규정에 서명을 했단다. 그 뒤 우리나라에서도 시각장애인들에게 흰 지팡이를 사용하도록 한 것이다. 도로교통법에도 흰 지팡이를 짚은 사람을 보호하기 위한 법 조목도 넣게 되었단다. 우리나라에서 흰 지팡이를 처음 보급할 때 적십자사에서 각목을 깎아 칠을 해 나누어 주었었다.

　하지만 너무 약해 얼마 쓰지 못했다. 금방 부러졌다. 좀 뒤에 알루미늄 파이프로 된 소위 '롱 케인'이란 것이 나왔다. 지팡이가 좀 길어야 방어 범위도 넓힐 수 있었다. 일본과 거래가 있는 사람들은 가벼운 재질에 접는 지팡이를 일찍부터 간편하게 사용했다. 우리나라에서도 한동안 접는 지팡이를 사용했었다. 그 후에 국산품으로 안테나식 지팡이를 보급하고 있다. 지금은 장애인복지법으로 시각장애인들에게 생활비까지 지원하고 있다. 그러나 1960년대에는 장애인을 보호하기 위한 법령이 거의 없었다. 오히려 장애인의 진출을 막는 규정이 많았다. 면허나 자격증을 따기 위한 시험에도 결격 사유라는 것으로 장애인들의 진로를 제한했었다. 그래서 시각장애인들은 물리치료사 자격시험도 볼 수 없었다. 그런데 시각장애인들이 흰 지팡이로 무법천지처럼 달리는 자동차를 멈출 수 있는 권리를 갖게 한 것이다. 그런데 내가 이 권리를 그동안 포기하고 있었다니! 더욱이 초등과와 중등 때의 동기인 경린이까지 만나게 되다니!

벌레만도 못한 새끼가 아니라 난폭 운전을 제지할 수 있는 흰 지팡이의 당당한 주인이 내가 아닌가? 새로운 각오로 기숙사에 가 지팡이를 다시 짚게 되니 지난 하루가 몇 년을 지낸 것처럼 느껴졌다. 정말 죽었다가 다시 살게 된 것처럼 세상이 달라 보였다. 지팡이는 눈이 없고 다리도 하나뿐이지만 앞장서 나가며 사람을 안내했다. 지팡이는 혈관과 신경이 전혀 없지만 맥이 통하고 감각을 잘 전달해 주었다. 허파가 없어 숨을 쉬지 못하지만 발자국마다 호흡을 맞추어 주었다. 한층 더 쓸모가 있는 점은 귀가 없지만 내 말을 듣는다는 것이었다. 추위와 더위 그리고 눈비와 한밤에도 필요가 생기면 어디나 먼저 나가 주었다. 어떤 시종보다 더 말을 잘 듣고 있었다. 시궁창이나 불구덩이에서도 군소리 하나 없이 탐지하며 나를 보호해 주었다. 그러느라 자기 몸이 다 부서지지 않는가? 화가 치밀 때는 그 화풀이로 빙판과 바위는 물론 닥치는 대로 마구 두드려대도 지팡이는 그 주인의 모든 아픔을 받아 준다. 그리고 상처를 대신 앓고 있지 않은가? 지팡이는 이렇게 학대를 받으면서도 언제나 좁은 공간에서 주인의 명령에 대비하고 있다. 그러나 한 푼 보수는 물론 유지 관리비도 거의 없다. 그런데 그동안 내가 이러한 지팡이를 너무 하찮게 여겼던 것이다. 나는 모든 이를 위해 지팡이처럼 역할을 할 수는 없을까?

얼마 지나지 않아 경린이게서 연락이 왔다. 시청 앞 '대려도'라는 중국요리점으로 사흘 뒤 저녁에 나올 수 있느냐고 했다. 나는 이 초라한 몸을 보이기가 싫었다. 그래서 나는 못 나가겠다고 했다. 그랬더니 데리러 오겠다는 말이 돌아왔다. 그 이유를 물으니 내 개안 수술을 위해 김포중학 동기들이 모금을 했다는 것이다. 참으로 이 사회가 정을 나누며 살려는 사람이 더 많은 것인가?

전신 마취로 수술을 하니 고통이 없을 것 같다. 그러나 마취의 후유증도 만만치 않았다. 나는 마취에서 깰 때 이를 몹시 갈았다. 그래서 몇 번 수술에 이가 모두 망가졌다. 또 수술 뒤에 상처의 치료에도 고통이 많았다. 그렇지만 앞을 못 보는 고통에 비길 수는 없었다. 어서 다시 광명을 찾고 싶은 생각만 굴뚝같았다. 그리고 경린이의 주선으로 내게 수술비를 마련해 준 동창들에게 열 배 아니 백 배로 보답할 생각이었다. 의과학이 날로 발전하기 때문에 몇 해 사이에 개안 수술 기술도 많이 발전했을 것이라는 기대도 있었다. 그래서 동기들의 만남과 함께 개안 수술을 받을 방학을 간절히 기다리게 되었다.

그 며칠 뒤였다. 꿈에 미옥이가 다시 보였다. 역시 가지각색으로 꾸며진 배경에 한층 돋보이는 아름다운 모습이었다. 또 무슨 일이 내게 있으려나 기다리게 되었다. 그런데 천일이가 학교로 나를 찾아왔다. 내가 현저동으로 이사한 뒤에는 만남이 뜸했고 실명 뒤로는 처음이었다. 한강 수영장에 갔을 때 전차에서 미옥이를 만났던 일이 연상되는 천일이었다. 이번에도 전날 밤 미옥이를 꿈에 본 뒤에 천일이가 나타났다.

천일이는 하교 시 학교가 있는 동숭동에서 영천 집까지 사색을 위해 걸어 다닌다고 했다. 그런데 중간에 맹학교가 있으니 앞으로 자기가 들러 나에게 책을 읽어 주면 어떻겠느냐고 했다. 나는 학교 수업을 마친 뒤 숙사의 저녁 식사까지 시간 여유가 있었다. 저녁을 먹은 뒤에는 안마를 하러 가야 했으나 손님은 늦게 나오므로 그 시간도 활용할 수 있었다. 점자 일기가 서투른 데다 항상 독서에 목말라 하던 참이라 천일이의 그 말이 가뭄에 단비처럼 느껴졌다. 맹학생들에게 교과서조차 점역이 다 되지 않던 시기였다. 그러므로 일반 서적은 점역물이 거의 없었다. 그래서 학생들이 불평하면 선생님은 맹학교 도서실의 점자책이라도 빠트리지 말고 읽어 보라고 하셨다. 옳은 말씀이라 여겨져 나는 학교 도서실의 점자책을 읽기 연습 겸 차례로 빌려 보았었다. 그런데 천일이가 나를 위해 일부러 찾아와 글을 읽어 준다는 것이었다.

독서도 독서지만 첫째로는 마음의 위로를 갖게 되었다. 그동안은 내가 알고 지내던 모든 사람들로부터 외면을 당하는 기분이었다. 천일이는 철학 개론에 이어 파스칼, 칸트를 읽고 월간 『현대문학』, 노벨 문학상 수상작, 토스토옙스키 등 문학 서적도 읽어 주었다. 장애인을 배려해야 할 국공립 대학은 시각장애인의 입학 원서조차 받아 주지 않았다. 사립도 신학 계열을 제외하면 두어 개 대학만 시각장애인을 허용했다. 시각장애인들 고등 교육의 길이 막혀 있었던 것이다. 따라서 시각장애인들은 대개 공부를 포기해야 했다. 그런데 천일이는 내게 유능한 교수님들의 강의도 요약해 들려주었다. 학문에 대한 씨앗을 내게 심어주었던 것이다.

하루는 내가 김은희 씨에게서 받은 배가 통통한 볼펜을 천일이에게 보여 주었더니 기자들이 주로 사용하는 거라고 했다. 그 볼펜은 며칠씩 계속 사용할 수 있다고 했다. 만년필도 어떤 때는 하루도 못 쓰는데 며칠이나 쓸 수 있다니. 그리고 천문이 형이 80대 1이 넘는 경쟁을 뚫고 기자가 되었다는 사실도 알려 주었다. 천일이 형 천문이는 내게 잊지 못할 교훈을 준 사람이었다. 취직할 직장이 없다고 불평하자 쓰임받을 능력을 갖춘 사람은 언제나 필요하다고 했었다. 사회의 부패를 말하자 그것을 바로잡을 인물이 필요하다고도 했었다.

서울안마원에서

 나는 동창들의 도움까지 받아 개안 수술을 받았으나 또 실패였다. 눈꺼풀이라도 떼어 달라고 병원에 부탁했으나 그것도 안 되었다. 실컷 울며 눈물을 시원하게 흘리면 속이 후련해질 것 같았다. 그러나 눈물을 흘리는 것도 안 되었다.
 그렇지만 동창들의 고마움을 잊을 수 없었다. 몇 년 뒤 내게 수입이 생기자 그 원금과 은행 이자를 동창회 총무에게 갚았다. 그것은 보험금 납부와 같은 것이었다. 은혜에 대한 보답은 더 큰 보답으로 이어 가니까.
 실명을 재확인한 나는 맹학교를 계속 다녀야 했다. 밤에는 안마 피리를 불고 낮에는 맹학교에 나가는 것이다. 그런데 미옥이가 또 꿈에 보였다. 보석처럼 빛나는 달걀을 가득 담은 바구니를 들고 나를 향해 빵끗 웃었다. 뿐만 아니라 바구니가 황금색으로 반짝거리고 양계장의 닭들은 훈련된 병정들처럼 미옥이 좌 우에 질서정연하게 늘어서 있었다. 세상에 이런 광경이 있을까?

다음 날 학교에 나가니 시각장애인이신 최진모 선생님이 수위실 앞에서 나를 기다리고 계셨다. 낙원동에 있는 서울안마원에 나가지 않겠냐고 하셨다. 피리 안마사들이 제일 먼저 들어가기를 원하는 안마원이었다. 최 선생님은 내가 안마 피리를 불고 다니다 교통사고를 당할까 크게 걱정하셨다.

지금은 안마 시술소가 드물다. 그러나 한때는 번화가마다 호화로운 전광등을 달고 시술소가 영업했었다. 어떤 곳은 유리벽에 비단잉어가 노는 호화판 시설도 있다고 했다. 그러나 안마원의 처음 시작은 초라하기 이를 데 없었다. 작은 방 하나에 달랑 전화기 한 대가 전부였다. 1956년 11월 19일에 개원했다는 서울안마원 역시 3평도 안 되는 규모에 전화기 하나뿐이었다. 그때는 시각장애인의 경제력이 그만큼 말이 아니었다. 파고다공원 뒤 공중변소 곁에 있었다. 낙원동 218번지라 했다. 일본식 2층짜리 목조 건물이라 다다미방이었다. 화장실도 공중변소를 이용해야 할 만큼 시설이 없었다. 일본 사람들은 10센티미터 이상 볏짚을 두툼하게 포개 꿰맨 위에 돗자리를 붙인 다다미라는 것을 방에 깔았다. 그 시대 사람들은 어떻게 그렇게 가난할 수 있었을까? 지금으로서는 상상이 안 가는 일이었다. 안마사들은 전화를 갖지 못해 손님을 찾기 위해 골목골목에서 안마 피리를 불었다. 그러다가 꾀를 낸 것이다. 여럿이 돈을 모아 안마원을 차리기로 한 것. 그런 것을 주식형 안마원이라 했다.

서울안마원이 그 시초가 되었다. 처음에는 네 명이 시작했었다고 한다. 그런데 내가 1964년에 3만 원을 내고 들어가자 주주가 여섯 명으로 되었다. 그동안 안마 피리로 어머니와 생활하며 근근이 모은 3만 원이었다. 안마원에 들어가면 위험한 차도에서 손님을 찾아다니지 않고 걸려오는 전화로 고객을 맞으면 되었다. 그리고 맹학교 재학생으로서 첫 번째 안마원 안마사가 된 것이다. 전화가 걸려오면 우선 단골손님인지 아닌지를 가려야 했다. 단골손님은 대개 자기에게 익숙해진 안마사를 불렀다. 따라서 고참 안마사일수록 단골이 많았다. 나는 신참이므로 손님을 받지 못하는 날도 있었으나 그 시간에 공부를 하면 되었다. 그 여유에는 점자책이 있었다. 하지만 점자를 읽고 또 읽어도 감각이 무디어 속도가 늘어나지 않았다. 어떤 시각장애인은 점자로 글을 쓰고 읽는 속도가 정안인의 쓰고 읽기 못지않은 경우도 있었다. 참으로 부러운 일이었다.

하지만 그나마도 읽을 점자책이 너무 부족했다. 천일이가 학교로 찾아와 여러 가지 책을 읽어 주지만 성에 차지는 않았다. 학교 사감 선생님이 "이 녀석들아! 점자책이 없다고 투정만 하지 말고 도서실에 있는 것만이라도 다 읽어 봐." 하시던 말씀을 잊지 말아야 했다. 그래서 나는 학교 도서실의 책을 차례로 빌려 안마원에서 읽었다. 학교에는 사범과 과정이 있었으므로 교육원리, 교육심리 등 교육에 대한 책이 꽤 있었다.

안마사에게 전화가 생겼다고 어려운 문제가 모두 해결될 리는 없다. 먼 곳의 손님이 부르면 찾아가기가 힘들었다. 또 안마를 마치고 돌아오려면 통금이 있을 때라 집으로 돌아가기가 여간 어려운 것이 아니었다. 왕십리나 원효로는 전차 레일이 안내가 되지만 약수동이나 북아현동 같은 데는 더욱 곤란했다. 길을 잃으면 물어볼 대상이 전무했다. 그래서 어떤 때는 통금 해제까지 거리를 헤매다 학교로 가야 했다. 지금도 그때를 회상하면 내가 어떻게 그런 경위를 거쳤고 지금까지 생명을 온전히 유지할 수 있었는지 놀라울 뿐이다.

그렇다고 항상 어려운 일만 계속되지는 않았다. 이따금 의외의 사태로 다 함께 즐거움을 누릴 일도 생겼다. 음성이 좋은데다 말씨가 정말 멋진 상필이란 동료가 있었다. 그리고 여자에 대한 말솜씨가 아주 깍듯했다. 시각장애인들은 성대모사에 재질 있는 사람이 많은 것도 사실이다. 여기에 반한 아가씨들의 전화가 잦았다. 한번 만나자는 요구까지 빈번해졌다. 그러면 약속한 장소에 대리로 나가 데이트를 즐기는 것이다. 물론 시각장애인이라는 것을 감추기 위해 검은 안경을 쓰고 목소리가 들통이 날까 어물대다가 돌아오게 된다. 그렇지만 그것만으로도 모두가 즐거움을 맛보게 되었다.

시각장애인들의 보람은 애써 도움을 준 사람이 성공하게 되는 일이다. 이 원장의 아들은 명문 대학에 입학이 되었고 정 부원장의 여동생은 방송국 성우가 되었다고 했다. 세종대왕께서 맹인들도 직업을 주어야 자식들을 교육시켜 나라의 일꾼이 되게 할 수 있다던 말씀이 입증된 셈이었다. 흔히 장애인들의 자녀는 불량자가 많다고 한다. 대개 불우한 가정에서 태어난 아이들은 대물림되기가 십상이라는 말도 있다. 사실일 수도 있다. 그러나 불우한 환경을 딛고 성공한 사람이 더욱 큰일을 하는 경우도 많다. 우리나라의 경제 성장과 아울러 안마사들의 환경도 많이 바뀌었다. 지금은 근골격계 환자 치료에 안마사들이 상당한 역할을 하고 있음을 아무도 부인하지 못할 것이다. '침구안' 자격증에 대한 입법이 제대로 성안되었다면 시각장애인들이 국민 보건에 더 큰 역할을 하게 되지 않았을까? 이렇게 시각장애인들의 활동이 활발해짐과 아울러 유학생도 늘어나고 학위 소유자도 많아졌다. 그래서 시각장애인들의 자립심을 한층 북돋우어야 할 명분도 확대되기에 이르렀다.

국모 육영수 여사님

1964년부터 학제가 바뀌어 서울맹학교의 사범과 과정이 없어졌다. 그래서 개편된 고등부에서부터는 교사 자격증을 못 받게 되었다. 안마사 자격증이 더욱 절실하게 되었다.

비록 세상을 모를 나이지만 장래가 암담했다. 학생들은 태평로에 있던 국회의사당을 향해 '침구안법'을 제정해 달라고 소리를 높였다. 세종대로에 나서 시위도 벌였다. 그러나 경찰에 의해 바로 제지되었다. 일부 학생은 트럭으로 던져져 학교 운동장으로 실려 왔다. 또 조를 나누어 보사부와 각 정당 본부 사무실 그리고 국회 사무처로 찾아가 탄원서를 제출하고 농성도 이어 갔다. 빈곤한 가운데도 입법 운동비를 거출하여 요원들에게 제공하기도 했다. 걸인이 되지 않겠다는 최후의 몸부림이기도 했다.

그러나 법을 제정해 줄 국회는 요지부동이었다. 학생들은 발악을 하다시피 경찰과 맞섰다. 나도 죽음을 세 번씩이나 각오했던 사람이었다. 두려울 게 없어 보였다. 정부에게 먹여 달라는 것이 아니었다. 일을 하도록 법을 만들어 달라는 것이었다. 하지만 두 사람이 좌우에서 달려들어 양팔을 비틀어 올려 트럭으로 던졌다. 추락을 막기 위해 경고용 호루라기와 곤봉이 있었다. 그래도 시각장애 학생들은 최후의 발악을 하듯 몸부림을 멈추지 않았다. 그러나 훈련된 경찰관들이었다. 포승줄로 몇 학생씩 묶어 버렸다. 나도 뒤로 팔이 묶여 무리에 연결해 놓으니 꼼짝할 수 없었다. 백인들의 유색 인종에 대한 차별이 이러했을까? 시각장애인들의 살려 달라는 피의 외침은 물거품만도 못하게 금방 스러져 버리고 말았다. 애꿎은 교장 선생님만 책임을 지고 퇴직을 당하게 되었다. 인정을 받아 최초로 그 자리에까지 오른 시각장애인 교장님이셨다.

맹학생들의 실습 교육은 보통 누워서 하게 된다. 안마나 침은 대개 누워 있는 사람에게 시행하니까. 둘씩 짝지어 한 사람은 하고 다른 편은 받게 된다. 이렇게 교대로 하다가 어느 정도 익숙해지면 짝을 바꾼다. 여러 체형의 사람을 경험시켜 다양한 환자를 다룰 수 있게 하기 위한 목적이다.

그런데 첫 시간일 경우는 선생님이 모든 학생을 눕혀 놓고 돌아가며 일러 주어야 할 때도 있다. 맹학교에 처음 부임한 교장님이 이 장면을 목격한 적이 있었단다. 사정을 모르는 교장님은 당장 그 교사를 교장실로 오라고 했었단다. '어찌 귀중한 수업 시간인데 학생들을 침대에 눕혀 두느냐'는 것이다. 다행히 육 여사님께서 맹학교를 방문하시어 침 실습을 참관하실 때는 그런 모습은 아니었다. 여사님도 학업 중에 학생들이 모두 누워 지내는 것을 보았다면 놀라지 않으셨을까?

그날이 1966년 4월 21일이었다. 육영수 여사께서 불시에 맹학교를 방문하셨다. 마침 나는 침 실습 시간에 선생님께 나가 점검을 받게 되었다. 난치로 알려진 아토피 환자를 침으로 고치는 능력 있는 선생님이셨다. 그 소문이 외국에까지 알려져 독일 아토피 환자를 완치시켜 대형 신문에도 크게 기사화 된 적이 있었다. 그 선생님은 해방 전에 침사 자격증을 취득하시어 참으로 많은 난치 환자를 고치셨다. 유명세를 타고 환자가 하도 밀려들어 정년이 되기 전에 퇴직을 하셨다. 그리고 환자만 전적으로 치료하셨다. 시각장애인들의 침사 자격증은 생계 수단이기만 했던 것이 아니라 국민 보건에도 크게 이바지했던 것이다.

선생님은 무지한 학생들로부터도 첫 번째 실습 대상이 되셔야 했다. 침이 서툰 데다 선생님 앞이므로 학생은 떨 수밖에. 그러나 선생님은 그 아픔을 꾹 참고 학생에게 잘한다고 칭찬을 하신다. 평생 지니게 될 침술사로서의 자긍심을 심어 주시는 것이다. 학생이 이때 면박을 받으면 침술가로서의 자신감을 아주 잃을 수 있다. 나는 선생님의 목 부위에 있는 천주라는 혈에 침을 놓기로 되어 있었다. 침에는 소독이 매우 중요하므로 손과 기구와 환부를 소독하고 침을 놓으려는데 실습실 문이 열렸다. 그리고 학교 직원인 듯한 사람이 선생님께 얼른 가까이 와 속삭였다.

"육영수 여사님이 오셨어요."

이어서 침묵 가운데 여러 사람의 발자국 소리와 무비 카메라 돌아가는 소리가 들렸다.

"여러분, 놀라지 마시고 하시던 수업을 계속하세요."

나지막하면서도 정중한 말소리는 방송에서 들어 귀에 익숙한 육영수 여사님의 음성이었다.

"여사님…!"

나는 일개 학생에 지나지 않는다. 잘못하다간 노여움을 사 퇴학을 당할 수 있었다. 그래도 여사님께 하고 싶은 말이 있었다.

"예."

여사님은 한쪽 손끝을 내 어깨에 가볍게 대셨다. 안심하고 무슨 말이든 하라는 신호와도 같았다. 나는 시각장애인들 '침구안마법'이 폐지되어 구걸에 나서야 될 형편이 되었다고 말씀드렸다. 시각장애인들은 일제에서 해방이 되었지만 오히려 살기가 더 어렵게 되었다고 했다. 나는 실습을 계속하며 설명드렸다. 상당히 긴 시간이었으나 여사님은 나의 말을 끝까지 들으셨다. 그리고 "열심히 하면 좋은 결과가 있을 거예요."라는 말씀을 남기신 뒤 총총히 자리를 떠나셨다.

사람들이 대통령 부인 되시는 분을 대개 영부인이라 한다. 그런데 육 여사님께만은 국모님이라는 존칭을 자주 쓴다. 나는 얼마 안 되는 시간이지만 그 이유를 느낄 수 있었다. 그분은 정말 나의 어머니처럼 부드럽고 따뜻한 어른이셨다.

물리치료사가 되어 종합 병원에 근무하게 되다니

 졸업을 앞두고 나의 김포중학 동기인 선생이 내게 진로를 물었다. 나는 신문로 소동 후 그 선생을 피하고 있었다. 그러던 어느 날 내 장래가 궁금했는지 복도에서 만났는데 질문을 한 것이다.

 나는 예술대학 문예창작학과에 갈 수 있겠느냐고 물었다. 건국, 연세, 중앙대학의 일부 학과 외에는 모두 시각장애인을 피했다. 나는 김포중학 국어 선생님이 누구나 일기를 10년을 쓰면 작가가 될 수 있다고 했던 말씀을 믿고 있었다. 그래서 일기 쓰기를 계속하며 문학의 꿈을 키웠었다. 그러므로 핑계 삼아 대답한 것이었다. 그런데 그 선생 말이, 자기가 서라벌예술대학교 문예창작학과 교수에게 알아볼 수 있다고 했다. 아무 준비도 없이 공연한 대답을 한 것이 후회되었다.

 그런데 라디오의 어린이 시간이었다. 근로 청소년의 수기를 응모한다 했다. 1등 상금에 얼마 보태면 대학 등록금도 될 것 같았다. 이면 새싹회는 태평로 조선일보사 사옥 안에 있었다. 학교에서 서너 정거장 거리였다. 맹학교 고등학생인데 응모할 수 있느냐고 물었더니 가능하다고 했다. 그때는 거의 원고지에 쓴 것이라야 응모에 받아 주었다. 점자는 어떠냐고 했더니 안 된다고 했다. 백지에 써도 되느냐고 다시 물었더니 한번 보내 보라고 했다.

나는 마음이 답답하면 김은희 씨가 준 볼펜으로 16절지를 손가락에 돌돌 만 다은 꼭꼭 눌러 두었다가 한 줄씩 펴며 글을 쓴 적이 있었다. 하지만 손가락에 의해 접은 종이는 불규칙했다. 이 사정을 천일이에게 말했더니 자기가 해결 방법을 생각하리라 했다. 그리고 양동이를 만드는 함석집에서 백지 접이 집게를 만들어 왔다. 거기에 종이 길이의 끝을 나란히 물린 다음 돌돌 말고 나서 함석을 빼고 누르면 되었다. 납작해진 종이를 한 줄씩 풀며 글을 쓰면 되었다. 기대했던 등록금과는 거리가 멀었지만 3등으로 입선이 되었다. 물론 생활 수기라는 것이 고난의 표현이라 할 수 있다. 그러나 동정일 수는 없을 것이었다.

나는 방학에 집에서 이웃에 가벼운 환자가 생기면 선전을 위해 무료로 치료를 했다. 맹학교에서는 학생들의 실제 경험을 위해 졸업 전 한 학기 혹은 몇 달간 현장 실습을 시켰다. 나는 이 기간도 잘 활용해 환자를 보려고 애를 썼다. 맹학교 졸업 후에도 나는 집에 찾아오는 환자를 보며 밤에는 안마원에 나갔다. 그렇게 지내는데 학교에서 연락이 왔다. 부산 국립재활원에 가 물리치료를 공부하지 않겠느냐는 것이다. 초급대 과정으로 2년간 공부 뒤에는 물리치료사 자격증도 받고 병원 취직도 시켜 줄 것이라 했다. 나는 안마원을 그만두기로 했다. 3만 원을 내고 들어간 안마원의 가치가 30퍼센트가 더 늘어 4만 원이 되었다. 경제가 급속히 성장하고 있었던 영향도 있었나? 영국에서는 시각장애인 물리치료사가 있다고 했다. 안마나 마사지는 물리치료의 한 가지였다.

나는 육 여사님이 맹학교를 방문하셨을 때 "열심히 하면 좋은 결과가 있을 거예요."라고 하시던 말씀을 떠올리게 되었다. 여사님은 청와대의 야당이라는 별명이 있었다. 그리고 억울하고 빈궁한 사람들의 목소리를 잘 들어주신다는 말이 있었다. 그동안 청와대의 턱밑이라 할 맹학교에서 농성을 했었다. 그리고 세종로 거리에 나가 시위를 벌였었으니 여사님이 그 문제를 위해 나서셨던 것은 아닌지? 학교에서는 선배 졸업생을 비롯해 모범생이라 할 9명을 선발했다. 그 가운데 3명은 사범과 졸업생으로 교사 자격증 소지자였다. 또 그중 한 사람은 대학 3학년에 올라갈 시기였는데 그것을 포기하고 재활원으로 향했다. 재활원에 대한 기대가 그만큼 컸다.

부산 동래의 1967년 4월은 해풍으로 차가웠다. 우리는 국립재활원 16기였으며 물리치료과로는 처음이자 마지막 원생이었다. 우리들의 입원을 축하하기 위해 한국 맹인복지위원회장님과 시각장애인 격주간지 『점자새소식』 주필 겸 기자님도 대동하셨다. 재활원은 6·25 상이용사들의 정양원 터였다. 금정산 기슭의 동래 하천 부지인데 자리가 평탄하고 넓었다. 미국의 초등학생들의 모금으로 세워졌다는데 당시로서는 최신 시설이었다. 재활 병원 시설도 수욕치료에 작업치료실까지 다양하고 의족 의수 제작소도 있었다. 우리나라 최초 재활 병원을 위해 미국에서는 의사까지 데려다 교육을 시켰다고 했다. 우리가 그곳에 갔을 때도 미국에서 유학하셨던 오정희 박사님이 의무과장이셨다. 의학을 예방과 치료 그리고 재활의학으로 분류하고 있다. 제3의학인 재활의학은 부상병처럼 골절이나 절단 환자가 그 치료가 끝난 뒤 후속 조치를 하는 것이다. 신경에 이상이 생긴 것, 근육에 마비가 온 것, 관절이 굳은 것, 심지어 정신에 이상이 생긴 것 등을 치료해 정상 활동으로 살아갈 수 있게 만드는 광범한 요법이었다. 이렇게 치료를 시킨 뒤에는 직업 훈련까지 시켰다. 직업 재활 직종으로는 목공, 철공, 판금, 세탁, 이용, 미용 등등 다양했다. 전국에서 모인 장애인들은 수술에 작업치료까지 받으며 생업을 개척할 수 있게 된 것이다. 기숙사 입원실에 식당도 규모가 있고 건물도 10여 개나 되었다. 이러하니 불과 장애인 200여 명을 위한 예산이 진도군의 것보다 많다고 했다. 따라서 예산을 다루는 국회에서는 국가 재건에 대한 재정이 시급한 시기에 우리들을 큰 걸림돌로 보는 것 같았다.

물리치료과 원생들에 대한 대책도 별다른 것이 없는 것 같았다. 당장 필요한 물리치료에 대한 교재조차 없었다. 수소문 끝에 영국 왕립 도서관에 연결이 되었다. 그곳에서 점자로 된 의학원서를 빌려다 봐야 했다. 의대생들도 교양 과목이 우선인데 우리는 처음부터 원서를 갖고 공부하게 되었다. 왕립 도서관에서는 과목별로 책을 한 질씩만 빌려주었다. 따라서 우리들은 대출 기한 안에 일일이 점자판으로 베껴야 했다. 팔만대장경의 조각 작업에 방불할 지경이었다. 이때 필요한 점자지는 나누어 주었다. 나는 또 용돈을 비롯해 어머니의 생활비를 위해 입원 환자들에게 안마 마사지 등으로 보조 물리치료사 일을 해야 했다. 원에서는 기존 기숙과 병원 시설에 강의도 의무과에 근무 중인 의사들이 맡았다.

그런데 졸업이 가까웠지만 물리치료사 자격시험에 대한 말이 없었다. 물리치료사 자격시험의 결격 사유에는 청각 언어장애인과 함께 시각장애인이 포함되어 있었다. 그러므로 시각장애인들에게 물리치료사 자격증을 받게 하려면 법부터 개정되어야 했다. 침구안법에 대해서도 그랬지만 여기에 와서도 법률 문제가 우리를 울리고 있었다. 국회 보사분과 의원들 여러명이 원을 방문한 적이 있었다. 그러나 이 문제 해결에 대해서는 말이 없었다. 그리고 우리가 재활원에 들어갈 때의 원장님도 다른 곳에 근무하다 우리 졸업이 임박해 재직하게 되셨다. 우리 물리치료과를 열었으니 처음 취지대로 자격증과 취업에 책임을 지라는 의미는 아니었을지? 나중에 알게 된 일이지만 이 원장님은 우리들 문제를 해결하지 못한 책임 추궁으로 숙청이 되었다고 했다.

이렇게 여념이 없을 때 천일이가 재활원에까지 면회를 왔다. 군복 차림이었다. 하지만 한 끼 식사도 대접할 여유가 없었다. 재활원 졸업 후의 기쁜 소식도 전할 수 없었다. 천일이도 제대 후에는 전과 같이 시간을 내기가 어려울 것이라고 아쉬운 인사를 했다. 어떤 연유에서일까 그 뒤 부산의 국립재활원은 아주 문을 닫게 되었다.

금화시민아파트

나의 가려움증과 귀울림 현상이 사라지는가 했다. 나는 이 고질병에 대한 대책으로 미리 팔다리와 귀를 포함해 몸통을 쓰다듬어 주고 두드리기를 반복했었다. 그 효과인지 증상이 많이 좋아졌었다. 급한 일의 연속이 생기거나 무엇에 집중할 때도 증세를 못 느낄 만했었다.

그런데 재활원의 무책임을 호소할 길이 없는 데다 현저동 집에 오니 더 큰 문제가 기다리고 있었다. 재활원에서는 아주 문을 닫기까지 연구생이라는 명목으로 잔류 환자를 보며 우리 시각장애인들을 머무르게 했었다. 원에서도 우리의 억울함에 그냥 등을 돌릴 수 없었던 모양이다. 나는 혼자서라도 무슨 구제책을 찾을 수 있을까 했으나 머리만 혼미했다. 육 여사님을 다시 만나기는 어려울 것이다. 하지만 법 조항에 저촉이 되어 시각장애인이 물리치료사 자격시험을 못 보는 것을 육 여사님께 호소한들 무엇

할까? 시각장애인 문제는 강력한 지도자의 의지에 달려 있다고 봐야 했다. 시각장애인은 소수였다. 그러므로 국회의원 같은 정치인들은 소수로는 움직이기가 어려웠다.

우선 관련 부서인 보사부에 찾아가니 그때 우리 일을 맡으셨던 장관님이 바뀌어 모른다고 했다. 당시 보사부 장관은 비브리오성 장염이란 병균이 발견된 사실을 묵과한 책임에 사퇴를 당했었다. 나는 물리치료과 개원식에 와 축사를 하신 맹인복지위원회 회장님을 찾아 대책을 의논했으나 역시 허사였다. 국회의 입법 문제의 어려움을 누구보다 일찍 체득한 분이셨다. 소수의 의견도 받아 주어야 한다지만 민주주의의 원칙은 다수결이 아닌가? 시각장애인들의 침구안법은 한의들 업권에 직결되어 있었다. 안마사와 한의사는 인원이나 재력에서 비교가 안 되었다. 따라서 국회의원들이 한의사 편에 서는 것은 피할 수 없는 것이라 해야겠다. 육 여사님께서 시각장애인들을 위해 소리 없이 나서셨지만 그 결과가 이 정도였으니.

나는 귀가 한층 더 앵앵거리고 피부가 가려웠다. 틈이 나는 대로 쓰다듬고 두드려 주지만 평정이 어려웠다. 손가락의 동상도 겨울이면 근질거렸다. 약도 듣지 않았다. 그동안 금화산 줄기를 따라 무허가 건물들이 셀 수 없을 정도로 많이 들어섰다. 우리 집이 있는 골짜기에도 거의 산 중턱까지 집이 들어섰다. 그렇게 맑은 물이 흐르던 개울이 약수터라는 흔적도 없이 더러워졌다. 겨우내 내린 눈이 얼고 비닐 조각 등 쓰레기가 얽혀 켜켜이 쌓였다. 봄이 되어 녹으니 그 물이 넘치려 했다. 세를 든 사람이 내게 와 자기 방으로 물이 스며든다고 했다. 어머니는 내가 없는 동안 방을 두 개나 더 세우셨다. 터를 처음 잡았으므로 넓게 자리를 차지할 수 있었다. 남의 어려움을 그대로 지나치지 못하시는 어머니를 알아차린 사람들이 사정을 했던 것이다. 전셋돈이면 방 하나를 들일 수 있었다. 두 사람은 어머니를 설득시켜 전세 비용으로 영구히 살 방을 마련한 것이다. 그 끝에 방 하나에 물이 들어오기 시작했다는 것이다. 그러나 아무도 그것을 치우는 사람이 없었다. 그것에 대한 책임을 내가 지지 않으면 안 되었다. 나는 다리의 옷을 걷어 올리고 녹아내리는 얼음물에 들어가 개울을 맨손으로 치우게 되었다. 눈이 보이면 무슨 도구를 사용했겠지만 고무장갑 한 짝 없던 시기였다. 무허가 집이 너무 난립해 태풍이 오거나 화재가 생기면 엄청난 피해가 일어날 것 같았다.

어머니는 몇 사람에게 빚보증도 서셨다. 이럴 수가! 그러나 살아야 했다. 나는 맹학교에서 익힌 동양 의료와 재활원에서 배운 서양 의료법을 응용해 저가로 환자를 고치기 시작했다. 치료실은 커녕 깔고 누울 요 한 가지 준비가 없었다. 그러나 모두가 가난했으므로 불평이 없었다. 그냥 병만 고쳐 주면 그것이 제일이었다. 입소문에 환자도 늘어났다. 무허가가 모두 헐리고 아파트로 들어가게 되는데 세입자들에 대한 당국의 대책은 없었다. 그래서 우리처럼 세를 여럿 놓은 집은 그 보증금 마련이 어렵게 되었다. 이것을 딱하게 여긴 세입자 하나가 내게 비상수단을 한 가지 알려 주었다. 자기 돈으로 방을 만들어 전세라 하며 오래 산 사람에게는 월세를 일부 계산해 보증금을 깎으라는 것이다. 고마운 제안이었다. 그러나 나는 그렇게 하지 못했다. 수입이 생기는 대로 그 보증금을 하나하나 모두 해결해 나갔다. 어머니께서 보증을 선빚에 대해서도 원금은 내가 갚기로 했다. 사기를 당하거나 돈을 뗀 사람들은 대개 자기보다 만만한 사람에게서 그것을 메우려 한다. 따라서 사기는 사기로 이어지고 채무자는 채무자로 이어져 나가는 수가 많다. 고통스러워도 내게 이어지는 고리는 나로서 매듭을 지어야 했다.

이때 어머니께 산파 주문이 들어왔다. 상당히 알려진 약국의 약사 부인이었다. 딸을 일곱이나 계속 낳았단다. 남편에게 면목이 없어 병원을 포기하고 어머니에게 해산을 부탁한다는 것이었다. 과연 어머니는 악박골에서도 삼신할머니로 이름이 퍼져 있었던 모양이다. 조건도 좋았다. 여전히 딸이 나오면 쌀 한 말이요 어머니가 아들을 받으면 두 말치 값을 준다고 했단다. 어머니가 그동안 60여 명의 아기를 받으면서 처음 대가를 얻게 되는 것이었다. 다시 살림이 쪼들리고 있었으므로 우리 모자의 기대가 클 수밖에. 그러나 그 부인은 이번에도 딸을 보게 되어 참으로 안타까웠다.

무허가촌에서는 약국이나 병원이 멀었다. 나는 짧은 지식이지만 약에 관한 상식으로 한약 처방이나 양약도 썼다. 물론 친숙해진 사람들에게 동의를 구한 뒤 시행했다. 그렇게 하면 치료 효과를 더 높일 수 있었다.

그러던 어느 날 아주머니 한 분이 4학년짜리 아들을 업고 땀을 뻘뻘 흘리며 나를 찾았다. 병원에서 맹장 수술을 받으라는데 입원비 마련이 안 된다고 했다. 경과된 시간으로 보아 복막염으로 이어질 수도 있었다. 아이는 통증에 울고 어머니는 기가 막혀 목이 메었다. 내가 쓰려는 방법에 대해 사고가 생기면 책임을 지지 못한다는 양해를 구할 겨를도 없었다. 나는 그 학생을 진찰한 다음 항문에다 사용하다 남은 세탁비누 조각을 삽입시키게 했다. 한방에서는 충수염일 때 하리제를 위주로 한 처방을 쓰는 것을 나는 알고 있었다. 그런데 변을 통하게 하는 것은 관장도 한 방법이었다. 그리고 항문 주입용 관장약으로 비눗물도 사용이 된다는 사실을 양의학으로 배운 적이 있었다. 과연 그 학생은 곧 대변을 본 뒤 바로 회복되었다. 내가 시키는 대로 가벼운 제자리 뛰기도 하게 되었다. 100여 동이나 되는 금화시민아파트 공사도 완성이 되어 가고 "비누 조각 하나로 맹장염을 깨끗이 고쳤다."라는, 나에 대한 소문이 날개를 달고 있었다. 전혀 해결책이 없을 것 같던 문제들이 풀리고 일에 여념이 없게 되자 가려운 소양증도 잦아들었다. 그리고 신기하게 손의 동상도 치료가 되었다. 동상에 걸려 고생하는 사람은 해동될 때 한 시간쯤 그 물에서 작업을 해 보면 어떨지? 그렇다고 나는 경락의 방향에 따라 쓰다듬고 두드리는 동작을 멈추지 않았다. 이 쓰다듬고 두드리는 동작을 계속하면 잠도 잘 오고 몸도 가벼우며 소화력도 좋아지기 때문이었다. 와우아파트 붕괴로 시민아파트 부실 공사가 문제였다. 그런데 그렇게라도 무허가 건물이 정리되지 않았다면 태풍이나 화재에 더 큰 피해를 일으켰을지도 모른다.

문화방송 생활 수기 공모에 당선

　남대문시장 지하상가에는 도깨비시장이라는 것이 있었다. 미제 물건을 파는 곳이었다. 정부에서 국산품 애용 운동을 강력하게 추진하고 있었다. 그래서 도깨비시장 단속이 잦았다. 그러나 시장을 찾는 사람은 여전했고 상인들도 그 장사를 포기하지 않았다. 미제의 질이 월등하게 우수할 뿐 아니라 새로운 성능을 보이는 신제품이 다양하게 나오기 때문이었다. 따라서 단속만 피하면 이문을 많이 남길 수 있었다. 그러나 지하에서 물건을 숨겨 가며 항시 마음을 졸여야 하는 상인들의 건강이 걱정이었다. 대부분 진통제와 소화제를 상복한다고 했다. 어떤 상인은 진통제를 상복해 '미스터 아스피린'이라는 별명까지 갖고 있었다.
　그런데 그 상인이 소문을 듣고 나의 금화아파트로 찾아왔다. 양방에서는 질병의 원인을 주로 염증에서 찾으나 한방에서는 기의 불통으로 본다. 나는 그 점에 유의해 치료를 하니 난치에도 효과를 보였다. 염증은 5대 증상이라 해 열, 발적, 부기, 통증, 기능 장애가 생긴다. 그것은 대개 침으로 효과를 낼 수 있다. 소독을 철저히 하고 피를 빼는 사혈법을 쓰면 대개 효과가 있었다. 보통 염증은 세균과 항체 간의 대결에서 생긴다. 병균과 항체가 싸우노라면 마치 전쟁터처럼 전사자가 생기고 많은 불순물이 쌓인다. 염증성 삼출물로 환부가 붓고 통증이 일어난다. 이 삼출물만 제거해도 그 치료가 훨씬 쉬워진다. 극심한 고통의 통풍이나 무좀과 치질도 사혈로 치료되었다. 사혈은 혈당 검사 시 사용하는 소위 스프링 침이면 가능하다. 이런 병들은 병원이 우선이다. 그러나 병원이 어려운 사람들은 가족의 건강을 지키기 위해 누구나 시행할 만한 일 같다. 만성 신경통이나 기능 장애에는 환부를 주물러 풀어 기를 소통시키면 되었다. 상인분들이 결속을 과시하듯 그 꼭대기까지 걸어서 줄을 잇게 되었다. 노량진 사육신묘 근처에 사는 사람이 자기 집으로 와 치료를 해 달라고 한 적도 있었다.

그렇게 바빠 지내던 어느 날 한 장교가 와 치료를 받았다. 청와대에서 근무한다고 했다. 시각장애인들이 침을 놓는 것은 불법으로 단속을 받았다. 그런데 청와대라니? 그러나 나는 그런 것을 따질 틈이 없었다. 그 며칠 후 청와대에서 편지가 왔다. 별 내용은 없이 내 주소와 이름을 영문으로 써서 회답하라는 것이었다. 그렇지만 나는 거기에도 회신을 내지 않았다. 하루하루의 내 생활에 더 이상 바랄 것이 없을 것 같았기 때문이다. 그 뒤 얼마 지나서였다. 나는 다시 금화아파트로 돌아와 있었다. 밖에서 몇 여인들이 내 어머니 이름을 크게 부르며 나타났다. 이상한 일이었다.

젊은 사람이면 모르지만 다 늙은 어머니의 이름을 부르고 있다니? 무허가 주택 주민들이 아파트로 입주는 했지만 동사무소의 주소 변경 사무는 다 이루어지지 않은 모양이었다. 그런데 그 여인들은 어머니께 당시 최고의 회갑 선물이던 스테인리스 식기를 한 벌 내놓고 갔다. 나중에 보니 그 부인들은 육 여사님께서 사회봉사를 위해 만드셨다는 여성 단체 이름과 같았다. 그리고 그날이 바로 어머니의 주민등록 회갑 날짜와 같았다. 어머니의 주민등록 출생일은 음력이 양력으로 기재되어 있었다. 육 여사님께서 맹학교 실습실에서 잠깐 만났던 나를 이렇게 염두에 두고 계실까? 이것은 나의 지나친 '아전인수 격의 해석'일지 모르겠다.

그런데 관련하여 또 한 가지 일이 있었다. 문화방송 개국 기념 생활 수기 〈절망은 없다〉 공모에서 아내와 나의 글이 당선된 것이다. 여기에 청와대에서 아무런 이유를 달지 않고 축하금이 들어와 있었다. 여사님께서는 재활원의 일에 대해 아쉬움을 갖고 계실지도 모른다. 열심히 하면 좋은 결과가 있을 것이라고 하신 말씀에 대해서도 끝까지 책임을 지려고 하셨는지도 모른다. 여사님은 지체장애인들에 대해서도 관심을 기울이신다는 말이 있었다. 천일네 옆집 황 기자님의 맏딸 황연대 씨는 이화여자대학 의대를 졸업하고 장애인들의 정립회관을 설립했었다.

나는 1971년 11월에 맹학교에 근무하는 교사와 결혼했다. 두 사람이 모두 1급 시각장애인이라 어머님의 적극적인 도움에도 불편한 점이 여간 많지 않았다. 그러나 우리는 장애를 극복하고 모범 가정을 이룰 결의에 가득 차 있었다. 그렇지만 예상치 않았던 문제로 또 생활난을 당하게 되었다. 그때 돈 200만 원에 사기를 당해 몽땅 날린 것이다. 시민아파트 다섯 채 값이었다. 맹학교 근처에 집을 사 아내의 출퇴근을 용이하게 하려던 계획이 허사가 되었다. 아내는 만삭의 몸이 되어 가며 한 발자국도 식별이 안 되는 언덕길을 매일 오르내려야 했다. 그리고 새로운 문제가 또 생겼다. 좀 더 이름이 알려져서일까? 불법 의료 행위라고 단속이 나오기 시작했다. 단골을 빼앗긴 약국과 의원에서 고발한 모양이었다. 어떤 단속원은 사정을 딱하게 여기고 인사치레로 무마가 되었으나 불법이 합법으로 바뀔 리가 없었다. 노골적으로 뒷돈을 요구하는가 하면 단속원은 수갑까지 내밀기 시작했다. 가짜 단속원은 더 무서웠다. 나의 약점을 샅샅이 캐 가며 금품을 요구했다. 이렇게 되니 차라리 치료를 쉬어야 되었다. 그래도 아내가 직장에 나가므로 전처럼 끼니 걱정은 없었다. 그래서 여가에 아내와 나에 대한 글을 쓰게 되었다. 방송국 역시 원고지 글이라야 받아 주었지만 타자기로 쓴 것도 보내 보라고 했다. 조개가 몸을 파고드는 작은 모래알에 눈물을 흘리는 아픔을 견디며 진주와 같은 보석을 이루는 이야기였다.

무려 753 대 1의 경쟁이었다. 이 〈눈물을 흘리는 아픔이 없이는〉이라는 드라마가 인기 프로인 〈절망은 없다〉 시간에 방송되었다. 전국 각지에서 80여 통의 격려 편지가 금화아파트 78동으로 들어왔다. 이 사연으로 시각장애인에게 결혼을 자청한 아가씨도 생겼다. 언론 매체가 장애인 인식 개선에 귀한 역할을 할 수 있음을 증명하는 사례였다. 이 시기에 아내는 첫딸을 순산했다. 딸 이름도 문화라고 지었다. 큰 경사가 아닐 수 없었다.

안마 치료실 허가를 받아 간판을 걸면 단속을 피할 수 있을까?

아파트에서 평지의 단독 주택으로 장소를 옮겨 보았다. 서대문 성당에 나가 기도도 했다. 그러나 강북 인구 분산 정책에 의해 강남이라야 안마 시술소 허가가 나왔다. 나는 노량진 삼거리시장 근처로 이사했다. 그리고 제명원 안마 시술소란 업소를 보건소에서 허가를 받았다. 욕탕과 침실을 갖추고 전광등 간판을 단 호화로운 안마 시술소가 아니었다. 침과 안마 치료를 할 수 있는 방 하나만 있었다. 그러나 이 역시 찾는 환자가 많아지니 고발이 들어갔다. 손으로 하는 수기 요법만 허용이 되었고 침은 불법이었다. 그렇지만 치료 효과를 높이려면 침을 함께 사용해야 했다. 그 사이 아들 하나가 더 생겼는데 애들 앞에서 수갑을 찰 지경이 되었다.

욕탕을 갖춘 안마 시술소에서 자격증을 빌리면 명예 원장으로 대우한다고 접근해 왔으나 나는 퇴폐업이라는 말을 듣고 싶지 않았다.

그즈음 문세광의 육 여사님 총격 사건이 있었다. 나는 내 가족을 잃은 것처럼 슬펐다. 육영수 여사님은 내게 진정한 국모님이셨다. 다른 시각장애인들 가운데도 나와 같은 감정을 지닌 사람이 많은 것 같았다. 동작동 여사님 묘를 찾아뵙자고 했다. 안내를 받겠지만 '깜깜이'들의 단체 참배는 흔치 않은 일일 것 같았다. 시각장애인 연합회 회장은 이 사실을 해외에까지 알릴 방법이 없는지 생각해 보자고 했다. 여사님은 장애인들의 정립회관을 세우는 데도 역할이 크신 것으로 알려졌었다. 나는 천일이가 형이 통신사 기자가 되었다고 한 것을 기억했다. 통신사에 기사가 되려면 많은 대가를 지불해야 된다고 알려져 있었다. 외국어에 능통한 사원들로 통신사를 경영하자면 엄청난 예산이 요구될 것은 자명한 사실이었다. 그러나 천문이에게 전화하니 두말 않고 세계 각국으로 그 기사를 퍼뜨려 주었다. 나는 여사님께 작으나마 인사를 올릴 수 있어 마음이 좀 가벼워졌다. 천문이는 내게 큰 교훈을 준 것처럼 기자로서 사회 정의에도 앞장서 연합통신의 편집국장에 올랐을 뿐 아니라 부모님께도 효성이 지극해 칭송을 받았었다.

특수교사 자격증 취득

　무면허 의료 행위의 단속을 피하려고 강남으로 건너와 치료실을 차렸으나 허사가 되었으니 어쩔 것인가? 환자가 많으면 단속이 걱정이고 환자가 끊기면 어려워지는 생활이 걱정이었다.
　그래서 나는 다른 일을 알아봐야 했다. 천문이가 자기를 고용할 사람을 기다리지 말고 누구에게나 쓰임받을 수 있는 일꾼이 되라던 말도 생각이 났다. 아내의 직장 출퇴근도 어렵게 되었다. 대중교통이 현저동에서도 어려웠지만 노량진에서 맹학교까지는 거리가 훨씬 멀었다. 만원 버스에 갈아타기가 전쟁을 방불케 했다. 아내가 그 불편한 몸으로 초등학교 2학년짜리 딸의 안내로 출퇴근을 해야 했다. 그동안 딸아이가 커 초등학교에 들어가 맹학교 근처인 청운초등학교로 전학이 되었던 것이다. 눈비도 그렇지만 조절이 어려운 어린 것의 대소변은 더 큰 문제였다. 이 참담함은 역시 필설로 표현이 안 되는 일이었다. 그러던 와중인데 헛

전화가 자꾸 걸려왔다.

"박 과장님 안 계세요?"

또 박 과장님을 찾는 전화였다.

"어떤 박 과장님을 찾으시나요?"

나는 누구에게나 친절해야 된다는 것을 잊지 않고 있었다. 그래서 짜증을 억누르며 전화한 사람에게 정중하게 답변을 했다.

"박건치 과장님요."

"그러면 그분 아버님이 김포 군수를 지내신 분인가요?"

이럴 수가! 중학교 1학년 때 군수님 관사로 원식이와 나를 초대했던 친구였다. 그동안 상공부에서 과장의 지위에까지 올라 있었다. 얼마나 반가웠는지. 그러나 내가 실명한 사실을 어떻게 설명해야 할지? 나는 엇갈리는 기분이 되어 시간을 보내고 있었다.

그러다가 장마가 계속되던 어느 오후였다. 번민으로 잠을 설쳤기 때문인지 깜빡 졸았었다. 그런데 꿈에 미옥이가 보였다. 전에 보던 것처럼 여전히 특출 나게 아름다운 모습이었다. 이때 누가 잠긴 대문을 급히 두드리는 소리가 들렸다. 혹 밖에서 환자가 기다리나 나가보니 빗물에 젖기 시작한 우편물이었다. 시각장애인들의 격주간지 『점자새소식』이었다. 거기에 그해 9월 특수교사 자격 검정고시가 있을 예정이라는 기사가 있었다. 번쩍 정신이 들었으나 기일이 두 달밖에 없었다. 당시 『점자새소식』은 기사 전달과 점역 그리고 배달 관계로 '점자 헌 소식'일 경우가 많았다. 어떤 공고는 해당 기일이 경과된 뒤에 배달되는 것도 있었다. 특수교사 자격증을 받으려면 4년제 대학의 특수교육과를 졸업해야 가능했다. 4년이란 세월도 그렇지만 등록금이 어려워 감히 생각조차 못하던 일이었다. 그런데 자격 검정고시라니! 하지만 두 달 안에 무슨 수로 시험 준비를 해야 할지 허둥대게 되었다. 특수교육에 대한 자료는 일반 서점에서 취급도 잘 하지 않을 때였다. 특수교사가 되려면 일반교육 과정에 더하여 특수교육에 대한 과목을 더 익혀야 한다. 그래서 교육원리란 과목도 일반 과목과 아울러 장애인들의 특성에 따르는 것까지 학습해야 된다. 장애인을 교육하는 것이므로 대강 지나가면되는 것이 아니었다. 오히려 장애 아동 적성에 맞는 교육을 위해 한층 더 정성을 기울여야 했다. 그래서 특수교사는 수당까지 얹어 받는다. 더군다나 교재를 구한다 해 바로 책을 읽어 줄 사람도 없었다. 그렇다고 포기할 수 없었다. 천문이가 다른 사람이 고용하지 않는 것을 원망하지 말고 "쓰임받는 사람이 돼라." 하던 말도 상기하게 되었다.

꼬리에 불이 붙은 짐승처럼 날뛰려니 서울 적십자사 점자 도서실에서 『교직 연수 자료집』이라는 것이 포착되었다. 그때는 점자 도서관이 몇 개밖에 없었다. 그런데 역시 특수교육에 대한 자료는 더 드물었다. 우리나라에서 특수교육이 좀 더 제도적으로 시작되는 시기였으니까. 또 도서관에서 책을 빌리려면 회원 가입 절차가 우편으로 이루어지기 때문에 날짜가 한없이 늦어졌다. 회원으로 가입이 된다 해도 몇 권의 책을 한꺼번에 빌려주지 않았다. 분실을 염려해 대출한 책의 반환이 확인되어야 다른 것을 빌려주었다. 거기에다 그 오고 가는 기일도 보통 10여 일이 걸렸다. 그래서 교육에 관련된 여러 가지를 종합한 이 『교직 연수 자료집』이 내게는 가장 귀한 것이 되었다. 그 책이 내 손에 들어왔을 때는 시험 날짜가 한 달이 채 안 남아 있었다. 점자가 느린 대신 한번 읽은 것은 머리에서 지워지지 않도록 집중력을 총동원해야 했다.

나라에서 경제 사정이 좀 좋아지니 장애인 교육에도 힘을 기울이는 모양이었다. 늘어나는 특수 학교 학급에 비해 유자격 교사의 수급이 달리자 검정고시를 실시하게 되었다.

시험 장소는 마포구의 공덕초등학교였다. 일반대학 졸업자와 대학 재학생이 위주였고 고졸자는 오히려 적은편이라 했다. 나처럼 40대는 거의 없는 것 같았다. 다행히 과락이 없이 평균 60점만 넘으면 합격시키리라 했다. 필기시험 합격자는 대구대학에 가 면접을 보았다. 이런 것을 천행이라 하는가? 점자 읽기를 위해 학교 도서실에서 사범과생들이 보던 교육 관련 서적을 본 적이 있었다. 그러나 그것이 10년도 더 지나지 않았는가? 그러나 교사 자격증을 취득했다고 직장까지 보장되는 것은 아니었다. 그래서 경린이가 했던 말을 떠올렸다. 현저동에서 불법 의료 행위로 단속을 당하면서 그 괴로움을 실토했더니 교사가 되어 보지 않겠냐고 했었던 말이었다. 시각장애인들이 학교 직원이 되기는 하늘의 별 따기보다 어렵다고 했었다. 반복되는 말이지만 당시에는 시각장애인들에게 정식 공무원이 되는 길은 교원밖에 없었다. 그러므로 그 경쟁이 보통이 아니었다. 장관이나 국회의원의 도움을 받아도 어렵다고 했었다. 경린이 역시 딱한 내게 위로로 던진 한마디일 수도 있었다. 그러나 중학 동기들에게 기댈 수밖에 없었다.

그런데 자격증을 받은 지 반년 만인 1980년 6월 충주에 있는 맹학교로 발령을 받았다. 김포중학 동기 가운데 특히 경린이는 내 문제의 해결사였다. 경린이는 사업상이었나 일찍부터 골프를 쳐

고위층들과 교분이 많았다. 교사 발령은 만 40세까지로 39년생인 나는 연령 초과였다. 그러나 부모님의 출생 신고 지연으로 주민등록상 41년생이었다. 내가 교단에 서게 된 것은 정말 감격이었다. 미옥이가 꿈에 다시 나타났던 일도 무슨 암시를 한 느낌이었다. 나는 그 감격을 억제하지 못해 교육부 특수교육 담당관에게 "무엇 시킬 일이 없으시냐."라고 전화까지 걸었다. 참으로 주제넘는 일이었다. 담당관도 기가 막히는지 내 말에 한참 동안 대답이 없었다. 그러다가 마지못해 "점자를 연구해 보이소."라는 대답이 나왔다. 시각장애인들의 점자 표기에 이견이 생겨 교육 당국이 골치를 앓을 때였다.

학교 근처에다 하숙을 정해야겠는데 시각장애인이라 모두가 꺼리고 있었다. 성당의 교우를 통해 겨우 숙식 문제를 해결했으나 얼마 지나며 내가 흉물거리가 된 사실을 알게 되었다. 화상을 입은 지 20년이나 되었는데 아직도 가려움증이 재발할 때가 있었다. 아침저녁으로 반드시 경락이 흐르는 방향에 따라 전신을 쓰다듬고 두드려 주지만 손이 닿지 않는 등은 이따금 냉수마찰이 필요했다. 그렇다고 남의 집 안마당에서 벗은 몸을 노출시키기도 어려웠다. 그래서 대야에 물을 받아 방으로 들어가 냉수마찰을 했다. 그러던 어느 날 학교에서 그동안 친근해진 직원이 내게 조심스럽게 입을 열었다. "타지라 목욕탕 찾기가 어려우실 텐데 버스를 타고 조금만 가면 수암보 온천이 있습니다."라고 하는 것이었다. 좀 자세히 알고 보니 내가 방에서 때를 민다고 소문이 나 있었던 것이다. 그러나 나는 변명하기도 어려워 그 직원의 말대로 등이 가려우면 온천을 다녔다. 그러나 어떤 이유에서인지 그 집에서는 내게 다른 하숙집을 소개하며 그리로 가기를 권했다. 그 집은 교사 대학생 등 하숙하는 사람이 많았다. 장애인이라고 차별하는 일에 예민할 즈음이라 나는 주변을 더욱 살피게 되었다. 그런데 이것에도 차별이 있었다. 하숙비도 다른 교사들보다 더 받고 상차림에서도 차이를 두었다. 이 사실을 사람들에게 폭로하면 억울한 환경이 개선될 수 있을까? 장애인이면 이런 점을 모두 감수하며 살아야 마음이 편하겠지만 나는 방을 얻어 자취를 결심하게 되었다. 깜깜이가 아무의 도움이 없이 만사를 스스로 해 나가는 것이다. 나는 자립의 길에서 더 많은 인생 공부와 수련을 쌓을 수 있었다.

새로운 한글 점자 제정

충주 성심맹학교는 가톨릭 메리놀회에 의해 시작되었다. 약농 아생들과 5년간 함께 있다가 1959년 지곡동으로 분리되었다고 했다.

내가 갔을 때는 초등학교 6학급에 학생도 40명 정도에 불과했다. 우리나라 13개의 맹학교 가운데 70퍼센트 정도가 기독교 선교단 후원으로 설립된 사립 학교였다. 개신교에서는 시각장애인들에게도 선교에 정성을 기울였다. 장애인들을 차별하기는커녕 오히려 더 우대하는 편이었다. 그래서 맹인 목사님도 많이 나오고 미국 유학의 길도 열리게 되었다. 구교에도 예수회, 분도회, 메리놀회 같은 선교회가 있다. 부산에는 메리놀병원이 유명하다. 또 메리놀회는 충주에 맹학교를 세웠다. 메리놀회의 모펫 신부님은 5·16의 박정희 정부를 미국의 케네디 대통령에게 승인을 받도록 연결한 분으로 유명하다. 모펫 신부님은 강영우의 대학 진학을 도와 한국 최초의 시각장애인 박사가 되도록 하셨다.

내가 성심맹학교에 가니 2대 외국인 교장님인 노신기(로진스키) 신부님이 계셨다. 유럽의 작은 나라 리투아니아에서 미국으로 이민했다가 한국에서 군복무를 하신 분이었다. 리투아니아 역시 강대국에게 시달리던 나라라 약소국 국민의 애환을 잘 이해하는 신부님이셨다. 내게는 주로 3, 4학년 등 중급 학년 담임이 맡겨졌다. 맹인 교사가 하기 어려운 체육 같은 것은 다른 반 학생의 점자 지도와 바꾸어 했다. 대청소에 환경 정리 같은 학교 행사가 있을 때는 좀 어려웠지만 그것도 가능한 한 자력으로 해 나갔다. 마침 근처에는 여고가 있어 정 곤란한 일이 생기면 학생 봉사단의 도움을 받았다. 시각장애인 교사는 불편만 끼친다는 말이 나오지 않게 하려고 애를 무진 썼었다. 그 결과였는지 다음 교사 채용 시에 맹인 교사가 선발되기도 했다.

햇병아리가 자기 업무도 담당하기 어려운데 어쩌자고 특수교육 연구사에게 무엇을 더 하겠다고 전화를 했었는지! 나의 점자에 대한 연구는 방학이 되어서야 겨우 시작이 되었다. 교사에게는 방학이 가장 여유로운 시간이었다. 새로 점자를 연구하려면 현재 사용하고 있는 점자의 문제점부터 알아야 했다. 전에 박두성 선생님의 아드님인 박순태 점역사가 서울맹학교에 근무한 적이 있었다. 나는 그분을 찾아보았다. 그리고 박두성 선생님의 따님인 박정희 여사님도 찾아갔다. 그러나 한글 점자 즉 훈맹정음 연구에 대한 자료는 어디에도 없었다. 일제 시라 암암리에 우리 글에 대한 점자 연구를 했었기 때문인 것 같았다.

그러나 훈맹정음은 문자로서 의미를 줄 논리성과 편이성便易性

을 갖추는 등 장점도 많았다. 그 세 가지만 꼽아 본다.

첫째, 초성과 종성 기호를 일정한 위치 이동으로 가능하게 한 것이었다. 둘째, 중성의 중요 모음 10개를 석 점짜리로 질서 있게 정한 것이다. 셋째, 사용 빈도가 잦은 것일수록 점을 간단하게 한 것이다.

그런데 내가 전재경 선생님으로부터 처음 점자를 배울 때 하시던 말씀이 기억났다. 박두성 선생님은 6점 점자에 대한 수를 알기 위해 서울대학교 수학과 교수에게 문의를 하셨었다는 사실이다. 기존의 연구에 대한 근거를 모르니 박두성 선생님처럼 6점 점자로 제정할 수 있는 기호를 먼저 생각해야 되었다. 그래서 여섯 개의 점으로 만들 수 있는 기호를 하나하나 꼽아 보았다. 그 결과 한 점짜리가 6개, 두 점짜리가 15개, 석 점짜리가 20개, 넉 점짜리가 15개, 다섯 점짜리가 6개, 여섯 점짜리가 1개로 모두 63개의 기호가 나왔다. 이것은 수학의 수열이나 조합 혹은 집합을 생각하면 되었다. 점이 한 개 늘어나는 데 따라 제정할 수 있는 기호가 배로 늘어난다. 전에 전보를 칠 때는 모스 부호라는 것이 있었다. 전기 접촉의 길고 짧은 구별만 갖고 통신을 했었다. 이 2진수의 수학으로 지금과 같은 통신수단이 발전되었다. 여섯 점으로 만들 수 있는 기호는 수학적으로 2의 6승으로 64개다. 그러나 공집합이라 할 하나를 제하면 63개가 나온다. 시각장애인들의 점자 기호는 6진수의 이용이라 할까? 하지만 곱으로 기호를 증가시킬 수 있는 7점짜리, 8점짜리 점자는 어렵다고 한다. 촉지력의 한계가 있는 모양이다. 그래서 프랑스의 루이 브라유가 창안한 6점 점자가 세계적으로 통용되고 있다.

다음은 한글 즉 훈민정음에 대한 조사였다. 도서관에 가 자료를 찾았다. 그런데 이것은 고 3에서 대입 시험 준비를 위해 국어를 공부하던 것을 참고하면 되었다. 나는 대입을 거의 포기했었지만 시간이 생기면 진학 준비생의 동료의 공부를 넘보았었다. 그런데 한글 28자 중 안 쓰기로 한 넉 자를 비롯해 훈민정음 제정에는 천지인의 철학이 뚜렷했다. 그러나 훈맹정음에는 그것이 빠져 있었다. 그래서 맹학생들이 상급 학년이 되어 고문을 익히려면 천지인의 철학에 당황하게 되었다. 새로 한글 점자를 만들 때는 그것을 반드시 감안해야 되었다. 점은 하늘, 옆으로 이어 찍히는 것은 땅, 내리 이어 찍히는 것은 사람이라고 의미를 주어도 되었다. 자음 표기에서 점형으로 입 모양이나 혀 모양의 상징을 나타내 보는 것도 필요했다. 아무리 시각장애인이 사용하는 점자라도 우리 교육의 목표는 일반인들과의 소통에 중점이 있으니까.

그런데 가장 문제가 되는 것은 점자의 특성상 모아쓰기가 불가능한 점이었다. 비시각장애인들은 홀소리 10자 닿소리 14자만 익히면 된다. 그러나 기호문자에서는 글자마다 각기 달라야 한다. 예를 들면 쌍자음일 시 쌍기역이나 쌍디귿에서 크기를 마음대로 조절할 수 있는 묵자는 다만 원고지 한 칸이면 된다. 아니 뚫 자 역시 원고지 한 칸이면 되며 한자처럼 획이 64개까지 있는 복잡한 글자도 한 칸에 쓸 수 있게 된다. 그러나 점자에서는 그대로 풀어서 써야 하므로 뚫 자는 점 간 다섯이라야 가능하다. 따라서 한글 24가가 모두 풀어써야 하는 점자로는 그 기호가 67개가 필요하다. 쌍자음까지 초성 19개, 중모음에 복모음까지 중성 21개, 겹받침까지 종성 27개가 그것이었다. 그러므로 6점 점자의 기호

63개와 풀어쓰기에서 필요로 하는 67개의 표기 사이에는 4개의 부족이 생긴다. 그 해결이 문제였다. 하지만 더 자세히 살피니 겹받침 쌍기역이 기역 시옷 받침과 같이 써도 전 후 문장 내용을 보면 혼독을 피할 수 있었다. 특히 키읔 받침은 그 하나로 ㄻ, ㄽ, ㄾ, ㄿ, ㅀ 겹받침에 두루 사용해도 문맥을 감안하면 거의 혼독이 없었다. 초성 14자는 넉 점짜리나 두 점 짜리로, 중성 21자는 석 점짜리로 종성 27자는 넉 점짜리 아니면 두 점짜리를 주로 하고 다른 것은 나머지 기호로 정하면 되었다. 여기에는 미음 자와 같은 네모, 기역이나 니은처럼 생긴 점형이 들어가 있다. 이것을 초 중 종성이 위주임으로 삼성 점자라고 이름을 정해 보았었다. 마침내 모자라던 기호 4개를 해결하고 천지인 철학을 아우르며 더 많은 약자 약어를 제정할 수 있는 방안을 낸 것이다.

　우리가 휴대전화에서 입력된 전화번호를 찾을 경우 독자적인 문자라야 혼독이 없이 바로 찾아진다. 컴퓨터도 찾기 편집 창에서 꼭 맞는 글자를 써야 곧장 목적하는 것을 찾을 수 있다. 점자 기호 역시 마찬가지인 것이다. 그래서 어떻게 하면 고유의 특성의 기호를 살려 줄 수 있는가에 문제가 달려 있다. 이 점자 기호의 원리를 터득한 사람은 꽃꽂이나 상품 진열에서 자기만의 개성을 나타내는 방법을 알아낼 수 있을지도 모르겠다. 똑같은 점을 갖고 위치와 조합에 따라 보다 더 많은 모양을 만들어 나가는 것이니까. 국제 우편 요금이 만만치 않았을 때 점자는 무료라 이 점을 이용한 사람도 있었다고 한다. 동물의 언어를 연구하는 학자들은 짐승들의 다양한 몸짓에서 그 실마리를 발견하기도 한단다. 그러므로 점의 위치와 점형의 특징을 만들어 보는 것이다.

나는 현재 사용하는 한글 점자에서 활용도를 높일 것부터 알아보았다. 약자 가(1 2 4 6점)를 4점으로 쓰면 되었다. 수표(3 4 5 6점)도 한글 약자로 사용할 수 있었다. 그리고 니은 받침이 들어가는 약자(언, 연, 온, 운, 은, 인) 6개도 5점짜리 점자약자로 일치시키면 그 활용도를 2배 이상 높일 수 있었다. 이 밖에도 개선점이 있는 것은 사실이나 그것들은 단순한 내 견해일 수도 있었다. 언어나 문자는 한 번 익히면 습관처럼 되어 바꾸기가 어렵다. 따라서 확실하게 편이성便易性이 입증 된 후 신중을 기해 개선해 나가야 되리라 믿는다.

나는 다음 해 봄 방학까지 연구를 마치고 특수교육 연구사에게 전화로 이 사실을 알렸다. 그러나 연구사는 그 문제가 해결되었다고 하셨다. 단국대학교 특수교육학과 교수님에 의해 '점자통일안'이 나오기로 되어 있었던 것이다. 사실 이 햇병아리에게 점자를 연구해 보라는 대답은 인사치레일 수 있었다. 어찌 당국에서 나 같은 사람을 믿고 그렇게 중요한 일을 맡기겠는가?

월간『신동아』논픽션 당선과
한빛맹학교로 전근

　충주를 일명 교육 도시라고도 한다. 내륙에 위치한 데다 공해 산업 제한으로 공장 같은 산업 시설은 많지 않다. 반면 인근 지역에서 공부를 하러 온 학생이 많았다. 교육청에서는 학생들의 정서 함양과 글짓기 공부를 위해 백일장을 열었다. 문의하니 시각장애 학생도 받아 준다 했다. 학교에 이 사실을 알리니 적극 도울 것이라 했다. 내가 담임하고 있는 학생들에게 글짓기 지도에 열성을 기울여야 했다. 글짓기는 감성 표현이므로 독촉이나 억압은 절대 안 되었다. 짧은 시간에 자기표현을 자유롭게 할 수 있도록 하려니 어려웠다.

　그래서 방과 후 학생들과의 대화를 많이 나누어 보았다. 그리고 조금씩 글짓기를 시키며 문장력을 길렀다. 그리고 떨지 않도록 자신감을 가지게 했다. 그 결과 학교 개교 이래 백일장에서 입선자가 처음으로 나왔다. 일반 학생들에 준해 순위대로 상을 주었으면 좋았을 것을 특별상으로 입상을 시켜 아쉬움이 있었다. 그러나 시각장애 학생도 정안인들과 실력을 겨룰 수 있다는 용기를 돋우어 준 것은 사실이었다.

나는 문화방송 생활 수기에서 당선된 뒤 격려 편지도 많이 받았지만 집에 찾아오는 사람도 여럿 있었다. 그 사람들은 내가 원고지 사용에 어려움을 겪는 것을 보고 대필을 해 주었다. 그래서 몇 군데 응모해 입상도 했었다. 그러나 충주는 타지라 원고지에 글을 쓰는 것은 다시 힘들게 되었다.

그래서 타자기로 글을 써 월간『신동아』논픽션에 응모했는데 우수상으로 당선이 되었다. 우리 맹인 부부가 떨어져 지내면서 주고받던 편지의 내용을 정리한 이야기였다. 글의 제목도『맹인 부부 교사』였다. 이동이 자유로운 사람들은 충주에 매일 출퇴근이 가능할 수 있다. 그러나 시각장애인으로 안내자가 없으니 안전을 위해 불가피한 일이 생길 경우라야 가족을 만나게 되었었다. 나중에 어떤 분이『도시락 편지』라는 글로 당선된 기사가 있었다. 모자간의 애틋하고 교육적인 내용이라 했다. 그리고 이것을 편지글에 의한 첫 당선작이라고 했다. 그러나 우리 내외의 글이 이보다 몇 년 앞섰던 것은 사실이었다. 논픽션에서 우리 글을 읽은 분들은 직장 때문에 헤어져 지내는 맹인 부부의 사연을 안타까워하셨다. 그래서 속히 서울로 직장을 옮길 수 있기를 응원하셨다.

그 가운데도 경린이가 또 앞장을 서게 되었다. 경린이는 동창들 간에 신의가 깊을 뿐 아니라 사회적인 인맥도 넓고 두터웠다. 그리고 무엇보다 내 일에는 자기의 유불리를 따지지 않고 나서 주었다. 그 결과 충주에 간 지 약 3년만인 1983년 새 학기부터 서울 수유동에 있는 한빛맹학교 초등과로 전근하게 되었다. 집에 오니 그동안 사건들이 많았다. 한겨울에 수도 동파가 일어났던 일, 사내 녀석이 자전거를 배워 골목에서 동네 할머니와 부딪쳐 병원비를 물어야 했던 일 등 얘기가 많았다. 그 가운데 가장 곤란했던 것은 4학년짜리 사내아이와 여탕을 출입해야 했던 일이었다. 집에 남자 가장이 없으므로 여자들로서 새롭게 겪은 일이었다. 집에서 가장 시급히 해결해야 할 문제는 아내의 등굣길이었다. 그래서 이사하려 했으나 집이 잘 팔리지 않았다. 그리고 맹학교 근처가 노량진보다 집값이 월등하게 높았다. 궁리 끝에 돈을 좀 얻어 아내 스스로도 등하교가 가능한 옥인연립을 구입했다. 옥인연립은 매월 불입해야 하는 융자금이 남아 있어 단독 주택보다 저렴했다.

나는 검정고시 출신이라 정교사 자격증도 받아야 했다. 방송통신대학이 그 문제를 해결해 주었다. 5년간에 학과를 수료해 졸업하게 되어 있었지만 나는 4년 반 만에 학점 따기가 가능했다. 나는 통신대 뒤에 단국대학교 교육대학원 특수교육학과에 들어갔다. 한빛에서는 중등과까지만 있었는데 고등과까지 인가를 받았다. 맹학교 고등부에서는 실업 학교 교육으로 서울맹학교처럼 안마를 가르쳤다. 교육법에 따라 전국 맹학교 고등부에서는 안마 직업 교육을 실시했다. 따라서 한빛의 고등부에서도 안마 마사지에 침 등 이른바 이료과理療科 직업 교육이 시작된 것이다. 학교에서는 내게 직보과 과장을 하라고 했다. 이것도 출세인지 동료 교사가 교단에 선 지 10년도 안 되었는데 별을 하나 달았다고 턱을 쏘라고 했다.

한빛은 맹인 여성인 한신경 선생님이 1961년 세우신 학교였다. 선생님은 안질이 생겨 눈을 고치려는 일념으로 38선을 넘어 남하하셨단다. 그런데 눈은 고치지 못하고 남북이 갈리니 장애인의 몸이 되어 혼자 남한에 정착하게 되신 것이다. 시각장애에다 혈혈단신이라 자기 한 몸도 어려운데 가장 고난받는 맹인 여성들을 교육을 위해 나서신 것이다. 그리고 학교까지 맨몸으로 세우신 것이다. 이것은 참으로 기적과 같은 성공이었다. 신문로 파출소에서 만났던 김은희 씨가 "정을 나누며 살려는 사람이 더 많다." 라고 했던 말의 실증 같았다. 사회에서 천벌을 받은 사람처럼 맹인을 취급했다면 시각장애인 여성은 씨받이 정도로 천시를 당했었다. 아이를 낳지 못하는 집에서 맹인 여성을 데려다 자식이나 보려고 했었던 것이다. 그러나 여성 시각장애인도 공부를 시켜 유능하게 만들어 당당한 인물이 되게 할 수 있다고 생각을 바꾸신 모양이었다. 한 선생님은 손에 지닌 것이 아무것도 없었지만 오직 하나님에 대한 믿음 하나로 기적을 이루셨다. 신학대학을 다니시며 임마누엘 여맹원으로 시작해 인물을 키우셨다. 그 결과 지금은 역사와 전통의 국립맹학교를 앞지를 만한 수준으로 성장되었다. 그 어렵던 시절 몸을 의탁한 맹인 여성들을 굶기지 않기 위해 콩나물 장사와 양계로 연명을 시키셨다 했다. 한 선생님은 인덕이 있으셨는지 자기 수족처럼 말을 듣는 사람들이 잘 따라다녔다. 아니, 시력이 조금도 없지만 사람을 믿고 통솔하는 능력이 탁월하셨던 것 같다. 한 선생님은 자기 같은 무재주가 교장에 이사장까지 된 것은 오직 하나님의 은혜라고 하셨던 것처럼 정말 신의 가호였을지도 모른다. 매일 직원조례에서는 찬송가와 성경 낭독을 빠트리지 않으셨다. 그 찬송가 가운데 301장 〈지금까지 지내 온 것〉이 한 교장님의 애창곡이었다.

　나 역시 지금까지 지내 온 것은 모든 이웃의 큰 은혜였다. 점자가 느린 나로서는 돌아가며 성경 읽기가 참으로 고역이었다. 그러나 퇴직까지 그것을 계속하는 동안 성경을 처음부터 끝까지 몇 차례 되풀이 낭독으로 큰 공부가 되었다. 일직과 숙직은 물론 공동 작업에서도 내 몫을 이행했다. 학교에서는 당국에서 내려 주는 예산만으로는 운영이 어려웠다. 현재와 같은 사립 학교가 아니었다. 학교 재단에서는 모자라는 예산을 위해 바자회와 자선 음악회를 열고 수시로 작업을 해야 했다. 벽돌 나르기, 운동장 고르기를 비롯해 매년 김장철이면 채소를 운반하고 그릇을 옮기는 일 역시 교사들의 협력이 있어야 했다. 맹인 교사라 해 뒷짐을 짚고 구경만 할 수는 없었다. 나는 이런 일에 이미 단련된 몸이라 머슴 같다는 별명도 얻었다. 학교를 시작할 때는 근처가 거의 공지였다고 한다. 그러나 이것도 시각장애인의 약점이었을까? 터를 제대로 잡지 못한 데다 밀려나 비탈에다 음지라 춥고 습했다. 그래서 좁은 운동장을 몇 번씩 손질해야 했다. 그렇게 해 빨랫골이라 하던 골짜기가 이제는 진정한 큰 빛의 배움터로 이름을 날리게 되었다.

시각장애인들의 이료과 교재

 시각장애인의 수는 대개 인구의 0.3퍼센트라고 한다. 그러므로 한국의 시각장애인 수는 대개 15만 명으로 보고 있다. 노인 인구의 증가에 따라 자연 실명자까지 20만 명쯤으로 추산하기도 한다. 그 90퍼센트는 후천 실명이라 한다. 시각장애인의 대부분이 태어난 뒤에 실명이 되는 것이다. 전에는 영양 부족이나 안질로 인한 실명자가 많았지만 현대에는 사고나 면역 질환과 당뇨 같은 것에 의한 중도 실명자가 늘어나고 있다.
 전국에는 각 광역시와 도 등에 13여 개의 맹학교가 있다. 서울에는 청와대 근처의 국립 서울맹학교와 강북구 수유동에 한빛맹학교가 있다. 우리나라에서는 예부터 시각장애인들의 교육의 중요성을 인식해 직업 교육을 시켰었다고 한다. 지금도 시각장애인의 일부는 전통적인 철학관이나 작명소 같은 것을 운영하고 있다. 중국의 시각장애인은 음악인이 많이 알려져 있다. 공자님의

『논어』「위령공편」 41장에도 시각장애인 음악 선생님에 대한 이야기가 나온다. 박지연의 『열하일기』「도강록」에도 시각장애인 악사가 소개되었다. 일본에서는 습한 기후와 다다미방 생활로 인해 순환기 질환에 시각장애인 안마사가 많은 모양이다. 1913년 일인들은 우리나라의 장애인들을 위해 제생원을 세웠다. 그리고 시각장애인들에게 침과 뜸 그리고 안마를 가르쳤다. 의료법에 유사의료업이란 항목을 두어 시각장애인들에게 침구안에 대한 시술을 할 수 있는 안마사 자격증을 발급했다. 잔인무도한 식민지 통치를 했지만 시각장애인들에게는 신직업을 개척해 준 것이었다. 그것은 시각장애인들의 적성에 맞는 직업이었다. 그러나 해방과 아울러 일인들이 본국으로 돌아가자 안마 손님이 끊기게 되었다. 그러나 개명한 일본인들이 안마를 좋아했었다는 소문은 남겼다. 온돌방 생활이라 그런지 우리나라 사람에게는 안마가 잘 맞지 않는 편이었다. 이때 안마사들이 한밤에 피리를 불며 단골 개척을 해 나갔다. 간지럼을 타는 사람을 빼면 누구나 적당히 주무르면 시원한 게 사실이다. 부유층이나 정신노동자들에게는 안마가 좋은 피로 회복제가 될 수 있었다. 우리나라 시각장애인들은 끈질긴 생활력으로 자기의 직업을 개척하고 있었던 것이다.

  침구안과 전기치료에 관한 과목을 70년대쯤부터 이료과라 부르게 되었다. 상업 학교와 공업학교처럼 맹학교의 실업 교육에 관한 것도 이료과라 부르고 있다. 한빛에도 고등부가 생기고 내가 이료과 주임이 되니 그 초기부터 일이 여간 많은 게 아니었다. 과목별 시간 배정과 담당 교사 배치 등이 첫 과제였다. 맹학교에서 시각장애인 교사가 꼭 필요한 것은 점자 교육보다 이 이료과의 지도 문제 때문이었다. 점자는 비시각장애인도 지도가 가능하다. 그러나 이료 과목은 시각장애인 교사라야 가능했다. 따라서 이료과 과목과 시간 배정에 따라 시각장애인 교사의 수가 결정되는 것이었다. 그러므로 당연히 시각장애인 교사를 한 사람이라도 더 배정을 받을 수 있도록 노력해야 되었다. 그런데 이료과 교재 문제가 일어났다. 그동안 주로 일본의 교재를 번역해 사용했었다. 하지만 88올림픽을 앞두고 나라에서도 시각장애인들의 실업 교육을 계속 일본 책으로 하기에는 어려웠다. 병원의 물리치료사들의 전기치료 과목은 시각장애인들에게도 대부분 가능한 것이었다. 그래서 새로 발전된 전기치료 방식을 자극 요법의 하나로 시각장애인들의 이료 교육에 삽입시킨 바 있었다. 이것은 시각장애인들에게 침술치료를 못하게 하는 데 대한 대안일 수 있었다. 그러므로 전기치료학에 대한 교재는 새로 집필해야 되었다. 그리고 해방이 된 지도 40년이나 지났으니 그동안 일본식을 그대로 가르치는 것은 현장에도 맞지 않았다. 불가피하게 맹학교의 이료과 교재에 대한 개정을 해야 되었다. 이 문제에 대한 모임이 특수교육을 담당하고 있는 단국대학교에서 김승국 교수님의 주간으로 열리게 되었다.

　모임에는 시각장애인들의 침구 교육을 적극 반대하는 한의사 대표가 나와 계셨다. 한의들 가운데 첫 박사 학위를 취득한 분이라 했다. 앞으로 한방과 과목의 집필을 부탁하기 위한 포석인 것 같았다. 시각장애인의 국내 첫 박사 학위 소지자인 임안수 박사도 자리를 같이 했다. 임 박사는 '학생에게 가르친 이료과 교재를 교사가 그것 그대로 갖고 똑같이 이어 가르친다'고 했다. 사실 그때는 이료과 교재가 그 밖에는 거의 없었다. 임 박사는 사정이 이러하니 이료과 교재의 개정이 필수적이라는 것을 강조하기 위한 뜻일 수도 있었다. 그러나 한의 박사는 시각장애인들의 침구안 교육에 대한 꼬투리를 잡으려고 온 사람이었다.

"아니 중요한 의학 과목을 가르치는데 참고문헌 하나 없다고요?"

한의 박사는 목소리를 높이기 시작했다. 더욱이 시각장애인들에게 침 교육 같은 것은 입도 떼지 말라는 말일 수도 있었다. 이에, 김승국 교수님도 대답이 없으셨다. 이러다가는 교재의 집필 부탁은커녕 회의 진행도 어려울 것 같았다.

"박사님!"

나는 정중하게 그분을 불렀다. 그리고 반문했다.

"수태음폐경이 radial nerve(요골신경) 쪽으로 지나가나요? 아니면 ulna nerve(척골신경) 쪽으로 지나가나요?"

"뭐…요…?"

박사님은 당황하는 것이 역력했다. 한의들은 그때까지 영어 의학 용어에 대해서는 모르고 있었다. 의학 박사이면 당연히 알아야 할 것으로 생각한 서양식 의학 용어에까지 아직 미치지 못했던 것이다.

"그러면 거기의 혈들은 supination position에서 잡아야 하나요? 아니면 pronation position에서 잡아야 하나요?"

팔을 엎었다 젖혔다 하며 계속하는 내 질문에 박사님은 더 이상 말이 없을 뿐 아니라 거리를 멀리해 버렸다.

하지만 나는 박사님의 승복이 필요했다.

"박사님. 해당 경혈들의 위치를 supinposition에서 정해 가야 하나요 pronposition에서 정해 가야 하나요?"

그 박사님은 아주 자리를 떠났는지 더 이상 반응이 없게 되었다. 그래서 회의는 다음 순서로 이어 갈 수 있었다. 사실 트집을 잡자면 아무리 한의일지라도 박사가 의학 원어를 모르는 것은 시각장애인 이료 교사가 참고문헌 하나 없이 교육을 하는 것보다 더한 약점일 수 있었다.

얼마 후 나는 그 진행이 어떻게 되어 가는지 알아보았다. 그랬더니 양의사 분들의 협조로 병리 같은 일부 과목만 진전이 있다고 했다. 이것은 침구안법 입법보다 더 심각한 문제였다. 교육이 없는데 자격증이 어떻게 나올 수 있겠는가? 나는 정말 다시 잠을 못 이루게 되었다. 한빛에서는 직원들에게 거의 의무적으로 교회에 나가기를 권했다. 그러나 나는 성당에 나가는 것이 묵인되어 있었다. 현저동에 사는 동안 구역장님의 안내로 서대문 성당에 나갔었다. 아내가 있는 옥인연립에서도 구역장님의 안내로 성당에 다닐 수 있었다. 옥인동 구역장님은 모범택시 기사로 차를 태워 주기도 했다. 그리고 가끔 서대문 성당까지도 갈 수 있었다. 신자들은 사람의 힘으로 일이 어려울 때는 더 위대한 분에게 의지할 수 있어 위로가 되었다. 그렇게 기도 중에 상기되는 분이 계셨다. 그것은 국립재활원에 있을 때 우리 물리치료과를 가르치시던 오정희 박사님이셨다.

나는 학교에서 내 일을 부지런히 마치고 조퇴를 했다. 그리고 혜화동 정류장 근처에 있는 고려대 부속병원을 찾았다. 오정희 박사님은 우리나라 재활의학의 선구자로 추앙받는 분이셨다. 그래서 국립재활원의 오 박사님을 물리치료과가 있는 고려대학에서 모신 모양이었다. 나는 이전에 한빛에서 근무하게 되었다는 인사로 박사님을 찾아뵌 적이 있었다. 오 박사님은 열심히 살아가려는 나를 항상 응원한다고 하셨다. 이료 과목 가운데 전기치료나 마사지는 재활의학의 물리치료에 관한 것이었다. 따라서 물리치료사들 역시 자기 업권에 속하는 것을 순순히 시각장애인들에게 허용할지는 의문이었다. 나는 오 박사님께 이료과 교재에 대한 전반적인 면을 설명해야 했다. 오 박사님은 양의이시면서 재활의학이 전공이셨으므로 한방을 제외한 모든 과목 교재를 집필하실 수 있었다. 그리고 동료 의사나 교수들의 협조를 구하실 수 있었다. 나는 재활의학을 담당하시는 박사님이야말로 우리 장애인들의 편에 서 주셔야 되겠다고 간곡히 부탁드렸다. 이에 박사님은 그것이 자기 일이라고 대답하셨다. 오 박사님과 김승국 교수님은 모두 장애인들에 관한 일을 하시는 분들로 인연이 있었다. 그리고 여기에서 육영수 여사님의 시각장애인들에 물리치료 교육이 아주 허사가 아니었음을 입증하는 것 같아 나는 기뻤다. 재활원이 아니었으면 시각장애인들이 어떻게 원어 의학 용어를 배웠을까? 또 오 박사님 같은 분도 만날 수 없었을 것이었다.

 그러나 아무리 해도 침술, 경혈, 한방 등 한의 분들이 써 주서야 할 과목은 하나도 진전이 없었다. 왜 교재의 집필을 교수님들에게만 의존해야 하는지도 의문이었으나 물을 곳도 없었다. 김승국 교수님에 의하면 부탁 전화를 받은 한의대 교수님은 처음에는 집필을 수락하신다고 했다. 그러나 다음 날에는 모두 집필을 거부하셨다 한다. 나는 이 일을 당국이나 김승국 교수님 등 누구에게 미룰 수 없었다. 책임을 과중하게 넘기면 그분들마저 시각장애인들을 외면할 것 같은 불안감이 들었기 때문이다. 나는 주변 사람들 가운데 이 일에 도움을 받을 만한 사람을 생각해 보았다. 그 가운데 성당에서 어머님에게 대모님이 되어 주신 여반장님이 계셨다. 우리에게 성당에서 옥수수 가루를 타다 먹도록 한 분이셨다. 그분은 온구기로 뜸을 뜨는 것을 보아 침구안법에 대한 관심도 있으실 것 같았다. 또 남편께서 한국 미술협회 회장님으로 유명한 교수이셨다. 나는 구역장님의 안내로 새벽 미사에 나갈 때 어느 모임에서 그분께 인사를 올린 적이 있었다. 그런데 제사에 아버님 독사진이 없어 초상화 영정이 필요했다. 문화방송국이 정동에 있을 때 그 근처에 있는 교수님의 화실을 찾았었다. 그 교수님에게 그림을 부탁하려는 것이었다. 그러나 교수님의 그림은 엽서 크기만 한 것에도 내 월급이 들어가도록 비용이 엄청났다. 그래서 성당 여반장님인 사모님의 안내로 교수님의 제자에게 아버님 초상화를 그렸었다. 교수님 제자들 가운데는 작가, 교수, 의사 등 그림 동호인이 많다는 소문도 있었다. 나중에 나의 안타까운 사정을 들으신 교수님은 전화번호 하나를 알려 주셨다. 전화를 받은 분은 종로에서 크게 약국을 하는 약사님이셨다. 그 약사님은 우선 나를 안심시키셨다. 교수님의 그림 제자 중에 정민성 교수라는 분이 있는데 그 문제를 잘 해결하실 것이라 했다. 정민성 선생님은 임질에 걸려 일급 병원의 치료는 물론 최신 항생제를 다 썼다고 하셨다. 하지만 피오줌에 사경에까지 이르게 되셨단다. 그런데 가물치 13마리를 고아 먹고 깨끗해지셨단다. 그리하여 우리나라 전통의학을 연구하며 책도 쓰고 강의도 나가신다 했다. 과연 정민성 교수님에 의해 시각장애인들의 이료과 한방에 관한 교재 집필 문제가 해결되었다. 안마사들의 생업이 되는 이료과 교재를 위해 뒤에서 일을 한 나를 아는 사람은 그 공로를 널리 알려야 된다고 했다. 그러나 나는 내게 닥친 일을 해결하기 위한 것이라 내세울 것이 없다고 했다.

세계 최초로 모든 한자를
점자로 표기할 방식 창안

　나는 한글 점자를 새로 제정했다. 한빛에 와 근무하려니 고등부까지 생겨 시각장애인들에게도 한문 교육의 필요성을 절실히 느끼게 되었다. 그 연구를 계속 중인데 한의 분들의 시각장애인 침술 거부에 한문 점자가 더욱 필요하게 되었다. 특히 경혈학은 한자라야 되었다. 이것은 세계보건기구에서까지 인정한 사실이다. 그러므로 시각장애인들이 침술이 불가능하다는 이유로 한자를 문제 삼을 수 있을 것이었다.
　사실 한의학 용어는 대부분 한자로 되어 있다. 그래서 한자를 알아야 학습도 잘 되고 이해가 온전하게 이루어진다. 관찰과 실험이 곤란한 시각장애인들은 이과보다 문과가 적성에 맞지 않는가? 문과에는 한문 교육이 필수적이기도 하다. 우리나라 언어의 70퍼센트가 한문 용어로 이루어져 있는 것도 그렇다. 그런데 루이 브라유가 6점 점자를 창안한 지 160년이 지났지만 한자 점자는 다 만들지 못하고 있었다. 세계 각국의 문자는 물론 수학, 음악, 과학, 컴퓨터 등 시각장애인들에게 필요한 점자 기호를 만들어 사용하고 있다. 그러나 인구 대국인 중국에도 아직 한자 점자가 없다. 그 필요성에 따라 여러 가지로 한문 점자가 연구되었으나 상용한자 정도밖에 만들지 못하고 있었다. 한자를 많이 쓰는 일본에서는 8점짜리 점자를 창안해 새로운 구상을 했으나 모든 한자를 점자 기호화하지 못하고 있었다.

나는 무모할지도 모르는 도전에 나서게 되었다. 사람들이 한자를 흔히 상형문자라고 한다. 물체의 모형을 본떠서 만든 글자라는 뜻이다. 세상에 물체가 많은 것처럼 한자도 그 수가 30만자가 넘는다고 했다. 과연 나는 한자의 부수는 물론 획수와 모형 등 무엇부터 조사해야 그것을 점자 기호로 만들 수 있을지? 아무래도 그동안 연구해 놓은 한자 점자를 먼저 살피는 것이 중요할 것 같았다. 국내와 일본, 대만이 우선이었다. 당시에는 중국과 국교가 없었다.

"뜻이 있는 곳에 길이 있다."라는 말이 있다. 다행히 위르겐 고츠라는 영국인을 통해 중국 본토의 자료를 구할 수 있었다. 고츠씨도 중국과 대만에 다니며 한자 점자를 연구하고 있는 사람이었다. 전혀 불가능할 줄 알았던 중국의 자료를 얻게 되니 얼마나 기뻤는지. 중국에서는 문자 혁명으로 간체자를 만들어 사용한다 했다. 중국은 넓은 나라라 지역에 따라 시각장애인의 점자도 달랐다. 본토에서는 맹문이란 것을, 대만에서는 주음부호를, 홍콩에서는 영어 점자를 쓴다고 했다. 모두 표음화 된 점자 기호였다. 아직 모든 한자를 점자 기호화한 것은 없었다. 그래서 영국인 고츠 씨까지 한자 점자를 만들려고 나섰던 것이다.

　나는 우선 각국의 자전들을 살펴야 했다. 시각장애인들이라 해 정안인들과 격리되어 살 수 없을 것이었다. 비록 점자라 해도 정안인들과 원리가 통할 수 있는 문자를 만들어야 된다고 나는 생각했다. 한자의 원리를 이해하기 위해 허신의『설문해자』도 보아야 했고 우리나라 옥편이나『강희자전』과『한화대사전』도 알아야 했다. 이렇게 한 가지씩 연구하다 보니 차츰 연구 방식에 요령이 생겼다.

　대개 책머리에는 그 내용이 요약되어 있다. 자전에도 머리말을 읽으면 거기에 몇 글자가 나오는지 소개되어 있다. 그러나 한자 점자 제정에는 각 부수별로 몇 글자씩 나오는지 정확하게 알아야 했다. 처음에는 곁에 사람을 시켜 그 수를 부수에 따라 일일이 세어 보았다. 시간과 노력이 엄청났다. 그러다가 능률을 위해 우선 상용한자 옥편을 몇 권 구입해 여러 사람에게 쪼개어 나누어 준 뒤 부분별로 글자를 세게 했다. 수만 자가 넘는 자전을 살필 때도 그런 방식으로 책을 여러 권 사 한가롭게 지내시는 경로당 노인들을 찾아 부탁할 것을 생각했다. 한문 세대는 노년층이니까.

　그런데 책을 사러 교보문고에 가니 한문에 관한 책을 파는 곳은 제일 한가했다. 당시는 중국과 외교가 단절되어 있을 시기였기 때문인지도 모른다. 그래서 한문책 매점 아가씨들에게 초콜릿을 선물하고 시간이 있을 때 꼼꼼히 세어 달라고 부탁했다. 앞 못 보는 사람이 매점을 찾자 길을 잘못 들었다고 처음에는 추방까지 당했었다. 그러나 심심풀이 선물에 한자 점자 연구를 위한 것이라 하니 바로 친근하게 되었다. 그리고 불편한데 거기까지 오지 말고 필요할 때 전화로 확인하면 된다고 했다. 얼마나 고마웠는지! 미리 교육을 받은 점원들이라 그런지 웬만한 한문에 대해서는 즉석에서 해답을 구할 수도 있었다. 책을 구입하는 비용도 절약이 되었다. 물론 한자의 수효는 자전의 크기에 따라 다르고 부수를 어떻게 나누느냐에 따라 다르다. 어떤 책에는 사람인변도 두 가지, 초두 하나를 즉 풀초머리를 3획과 4획 그리고 6획의 셋으로 나누어 취급하는 등 세부적으로 분류해 놓은 데도 있었다. 어느 것을 기준으로 해야 할지? 나는 먼저 부수를 몇 개로 할 것인가부터 정해야 되었다. 그 결정에는 고츠 씨가 보내 준 자료를 기준으로 해야 되겠다는 생각이 들었다. 한자 점자는 어느 한 나라에만 맞게 하면 안 되는 것이었다. 적어도 한자 문화권에서 통용될 수 있도록 공통분모를 찾아야 했다. 그런데 한자의 본국인 중국에서는 간체자를 만들면서도 고유의 214개 부수를 지키고 있었던 것이다. 또 여기에 결정적인 역할을 해 주는 사람이 생겼다. 내 사정을 들은 친구 재구가 동료 가운데 한문 교사를 내게 소개시켜 준 것이다. 이 한문 교사는 결정적인 시기마다 좋은 정보를 내게 일러 주었다. 대만에 유학해 학위를 받고 교수가 된 중달이도 많은 궁금증을 풀어 주었었다. 그리고 내가 어릴 적 서당에 다니며 익혀 두었던 한자에 대한 기억들이 큰 도움이 되었다.

한자의 제자 원리에는 6서라는 것이 있다. 날 일이나 코 비와 같이 모양을 딴 상형, 숫자나 방향 같이 모양이 없는 것은 약속처럼 정한 지사, 좋다 나쁘다처럼 시체를 가릴 수 없는 것은 좋을 호 자와 같이 부수 아들 자와 계집 녀를 모아 뜻을 살린 회의, 부수 날 일에 푸를 청을 하면 개일 청으로 하고 삼수변에 푸를 청을 쓰면 맑을 청으로 해 의미와 소리를 살린 형성, 그리고 한 글자를 여러 가지로 활용하는 전주 문자와 그냥 음만 빌려 사용하는 가차 문자가 있다. 한자가 214개의 부수를 조합해 제정한 것으로 알기가 십상이다. 한자 점자를 만드는 데도 이 점을 먼저 고려해 보았다. 그러나 조사하니 부수에 속하지 않는 획들이 아주 많았다. 천자문의 땅 지 자부터 그것이 나타났다. 흙 토에 어조사 야를 쓰는 땅 지 자에서 어조사 야 자는 부수에 없다. 넓을 홍, 거칠 황에도 부수에 속하지 않는 획들이 들어가 있다. 한자를 모두 살피지는 못했지만 이러한 것들이 부수의 수효보다 더 많을 수 있다. 그러므로 한자 점자 제자에서 부수의 조합 방식은 성립이 불가능했다. 어떻게 하면 단 여섯 점을 갖고 기호이면서 뜻글의 의미도 살릴 수 있는 글자를 만들 수 있을까? 골똘히 생각하다 내려야 할 버스 정류장을 지나치는 일도 자주 생겼다. 몸이 근질대는 증상도 재발이 되었다. 화상을 입으면 어른들께서 "땟땟하고 알알하다."라고 하시던 기억이 있다. 화상의 통증은 말로 표현이 어렵다. 그런데 그것이 몸 상태가 나쁘면 증세가 다시 심해졌다.

　거기에 더한 변고도 생겼다. 어지럼증이었다. 이곳저곳 다니다 삼성의료원에 가니 메니에르병이라 했다. 방바닥에 몸을 착 붙이고 있어도 온 세상이 돌고 돌았다. 이제까지 아무도 모든 한자를 점자 기호화하지 못했는데 감히 나 같은 무지렁이가 나서느냐는 경고 같기도 했다. 그렇지만 포기할 생각이 없었다. 오히려 반드시 해내야 한다는 결의를 다지게 되었다. 이 어지러운 증세는 약도 잘 듣지 않았다. 앵앵거리는 이명에다 탱크가 들이닥치는 것을 느끼며 사는 고질병과는 비교가 안 되게 고통스러웠다. 평소에 쓰다듬고 두드리다 안 되면 내가 구급방으로 시행하는 피 내기 사혈침도 효과가 없었다. 그래서 어머니께서 뜸을 떴다. 어머니는 뜸을 뜨는 경험도 있으셨다. 이 뜸이 효과가 있었다. 온 천지가 빙빙 돌던 증상이 조금식 가라앉았다.

1987년 8월 30일 새벽꿈이었다. 미옥이가 다시 나타나 여행가방만 한 선물 상자를 내게 주었다. 거기에는 고급 제품인 벼루와 먹 그리고 붓이 가득 들어 있었다. 여름 방학이 끝나고 있었으므로 한껏 게으름을 피우고 싶었다. 늦잠도 청해 보고 식사 시간도 드디어 보는 것이다. 그동안 미옥이가 꿈에 보이면 좋은 일이 있었으니 반가운 손님이라도 오려나? 나는 그동안의 미옥이의 꿈이 하도 신기해 혼자만 품고 지내기가 아쉬웠다. 그래서 질투가 염려되었지만 아내에게 이야기를 하게 되었다. 그런데 자기도 아버님이 꿈에 보이면 먹을 게 생기든가 돈 벌이가 될 안마 손님이 찾아오는 일이 있었다고 했다. 정말 신기한 일들이었다.

1·4 후퇴로 참담하던 피난 시기에 역시 탄피 폭발 사고로 실명한 아내였다. 10여 세짜리 어린 딸의 이 모습에 그 아버님의 심정이 어떠하셨을까? 그래서 조금이라도 도움이 되려고 장인어른이 꿈이면 나타나시는 모양이었다.

그날 8월 30일은 1961년 폭발 사고로 내가 실명한 지 26돌이었다. 생일보다 더 잊을 수 없는 날이었다.

'정말 오늘도 내게 무슨 길조가 보이려나?'
"꿈은 남에게 말을 하면 그 기운이 새어 나간다."라는 말도 있었다. 그러니 꿈 얘기를 한 걸 후회하게도 되었다. 그때 나는 아내가 있는 옥인연립에 가 있었다. 아무 일 없이 하루 시간이 다 가므로 마음이 답답해졌다. 작은방 뒷창문을 열고 몇 차례 심호흡을 했다. 우리 집 뒤에는 불국사란 작은 절이 있다. 그리고 그 사이에 한길 아래로는 옥인제일교회가 있다. 그 한길 뒤로는 인왕산 수성계곡으로 연결되는 언덕이 있었다. 인왕산에서 불어오는 산바람이 유난히 상쾌했다. 그리고 머리가 맑아졌다.

'이것이다!'

나는 소리를 지를 뻔했다. 그동안 머릿속에서 이것저것 두드려 맞추던 생각들이 정리가 되었다. 한자 점자의 안이 마침내 떠오른 것이다. 기본 부호 4개와 선정 부수 부호 55개로 6점 점간 두 칸에 220개의 부호를 먼저 만들었다. 여기에서 214개의 부수 부호를 정한 다음 나머지는 약자 약어와 글자체 등 필요한 기호들을 정했다. 이렇게 6점 점자 앞 두 칸을 부수 부호로 하고 그 세 번째 칸에는 부수의 획수를 제외한 나머지 획수를 표기했다. 그 네 번째 칸부터는 해당 글자의 사용 빈도에 따라 순서를 정해 주면 되었다. 이 방식대로 하면 한자가 얼마든지 많고 계속 늘어나도 표기할 수 있었다. 또 영어의 알파벳, 일본의 가나, 중국의 맹문과 아라비아 수 등 각국의 점자는 모두 여섯 점을 갖고 만든 부호이므로 의미의 연결이 가능했다. 예를 들면 하늘천 자에서 4점에 1 4 5에 1점 1점의 의미를 생각해 보자. 먼저 4점에 1 4 5점은 큰 대 부수 부호다. 여기의 1 4 5점은 영어 알파벳의 d 자다. 그래서 day를 연상할 수 있다. 그리고 셋째 칸과 넷째 칸의 1점은 영어 알파벳의 a로나 숫자 1로서 의미를 줄 수 있게 된다. 이것은 각국의 점자 표기의 기호에 따라 의미를 붙일 수 있을 것이다. 따라서 한자 점자는 비록 점으로 된 것이지만 뜻글로서의 원리를 갖출 수 있게 되어 있다.

　점자 기호에 뜻을 가지게 된 지 7년 만의 일이다. 그동안 아무도 다 만들어 내지 못한 한자 점자를 창안한 것이다. 30만 자가 아니라 50만 자, 아니 그 이상이라도 한 원리에 의해 점자 기호를 정할 수 있게 되었다. 뜻이 있는 곳에 길이 열려 있었다. 사람은 의미의 포로라 하겠다. 네모난 입(입 구 자)과 해(날 일 자)가 어디 있으며 밑 터진 달(달 월 자)이 어디 있겠는가? 여기에 의미의 포로가 되어 지금까지 한자를 사용했다고 할 수 있다. 점자 기호 역시 얼마든지 의미를 갖게 할 수 있는 것이었다.

교육학 석사 학위 취득

 개학해 학생들을 만나니 꿈을 어떻게 꾸는지 궁금했다. 이야기인즉 평소 생활하던 일 가운데 보다 느낌이 강했던 것을 꿈에서도 보게 된다고 했다. 그래서 빛을 경험하지 못한 선천적 시각장애인은 꿈에서도 음향이나 촉감으로 꿈을 꾸는 모양이었다.
 "에! 꿈에서도 빛을 못 봐?"
 어느 학생은 꿈에서도 빛을 모른다는 것을 비웃으려 했다. 나는 공연한 질문으로 선천 맹인 학생에게 마음의 상처를 주나 했다. 그러나 그것이 아니었다.
 "야. 꿈에서 음악이 얼마나 아름다운지 너 들어봤어? 그리고 꿈의 촉감은 너 어떤지 알아?"
 선천 시각장애 학생은 반발했다. 그렇다. 각자의 느낌과 감정은 각각 다른 것이었다. 그리고 모두가 소중했다. 또 야맹증만 있는 줄 알았는데 주맹증 시각장애인도 있었다. 밤이면 보다가도

해가 있는 낮에는 잘 못 보게 되는 현상이었다. 참으로 이 세상은 다양한 것이었다. 좋아하는 사람을 꿈에 보면 누구나 행복을 느끼게 된다고 했다. 그래서 어떤 때는 꿈에서 깨어나지 않기를 바랄 적이 있었다고 했다. 이것은 다 같이 느끼는 감정 같았다. 정말 내가 잠에서 눈으로 보는 꿈을 볼 수 있다는 것은 얼마나 다행인지 모른다. 특히 내가 길조의 미옥이를 볼 수 있는 것은 행복 가운데 행복이었다.

세계 최초로 모든 한자를 점자 부호화한 사실은 중요하므로 그 경위를 여기에 다시 적어본다. 나는 6점 점자에서 나오는 63개의 기호를 기본 부호 8개와 선정 부수 부호 55개로 나누었다. 그리고 우선 기본 부호 4개와 선정 부수 부호 55개로 200개의 부호를 만들었다. 여기에서 214개의 부수 부호를 정하고 나머지 6개는 약자나 약어에 활용하기로 했다. 그래서 6점 점자 첫째와 둘째 칸으로 부수 기호를 정한 것이다. 셋째 칸에는 부수의 획수를 제외한 나머지 획의 수효를 표기했다. 넷째 칸부터는 같은 부수에 같은 획수인 글자일 때 그 사용 빈도에 따르는 차례를 정해 주면 되었다. 이렇게 하면 가장 획수가 많은 64획짜리 글자를 비롯해 30만 자가 넘는 한자를 6점 점자 5칸 이내에 모두 표기할 수 있었다.

그러나 이렇게 하면 한자 점자를 표기할 때 점간이 많이 들어갔다. 그래서 한자 한 글자에 점간 하나로 표기할 방법을 찾아보기도 했다. 수열이나 조합 혹은 집학의 수학을 생각한 것이다. 8점 점자로는 255자를 쓸 수 있고, 12점 점간으로는 2047자를 쓸 수 있다. 2의 8제곱은 256이 되고, 2의 12제곱은 2048이나 되는데 공집합 1씩을 빼면 앞과 같이 된다. 6점 점자에서 2의 6제곱은 64

이지만 빈 기호 하나를 빼면 63개의 점형이 생기는 것과 같다. 따라서 6점 점자 점간을 2층짜리 12점으로 하면 2048개의 부호를 만들 수 있다. 또 3층 18점짜리 점간을 사용하면 2의 18제곱으로 26만 2144가 나온다. 그러므로 3층짜리 점간을 활용할 수 있으면 거의 모든 한자를 점간 한 칸에 표기할 수 있다. 그러나 이렇게 해도 30만 자가 넘는 한자를 점간 하나에 모두 완전하게 표기할 수 없다. 그리고 한자는 세상이 발전해 가면 필요에 따라 새로운 글자를 더 만들어야 한다. 마침 국립재활원에 있을 때 알게 된 유해성 씨란 분이 서울에 와 시계포를 하고 있었다. 그때 시계는 금속 세공이었다. 그분은 나의 뜻을 이해하고 이 점간 제작을 도와주셨다. 하지만 점자지와 점필을 비롯해 촉지력과 기호의 한계 때문에 이 방식은 포기해야 되었다. 그래서 다시 지금 손에 익혀 사용하는 6점 점간으로 연구가 이어졌다. 한자 점자를 지금의 6점 점자를 그대로 활용하기로 한 것이다. 사용하지 않은 기본 부호 4개 등은 영어에서 대문자에 6점을 찍듯 글자체의 표시에 사용하면 되었다. 동시에 기호의 위치를 달리하는 데 따라 많은 약자 약어도 만들 수 있게 했다. 이처럼 하면 상형, 지사, 회의, 형성, 전주, 가차 등 6서의 한자 제자 원리도 거의 따를 수 있었다. 사실 우리가 한글을 쓸 때 자음이니 모음이니 따지지 않는다. 한자에서도 그 제자 원리를 일일이 따지지 않고 사용한다. 그 실용성이 더 중요하다고 할 수 있다. 그런데 이것은 머릿속에 있는 안이었다. 이것을 남에게 보이려면 점자 인쇄가 필요했다. 국공립을 제외한 사립 학교에는 거의 점자 인쇄기가 없었다. 시험시에는 교사들이 문제지를 손으로 찍어야 할 정도였다.

아쉬운 마음으로 시간을 보내는데 89년 2월 말 이료연구회의 종업식에서 나를 초청했다. 종업식을 마친 뒤 이료연구회 김필년 회장님이 따로 만나기를 원하셨다. 김필년 회장님은 맹인계 원로로 시각장애인들의 부족한 이료 교육을 위해 많은 애를 쓰시는 분이었다. 한신경 교장님으로부터 나의 한자 점자 연구에 대한 얘기를 들으셨다면서 앞으로 일을 함께 하면 어떻겠냐고 하셨다. 이료연구회에는 점자 인쇄기도 구비되어 있었다. 나도 누구의 협조가 필요하다고 말씀드렸다. 그 뒤 김 회장님은 한자 점자연구회란 모임을 주선하셨다. 김 회장님은 서울맹학교, 한빛맹학교, 역리학회 등 그동안 한자 점자를 연구하던 사람들을 청운동의 청운식당에 모이도록 하셨다. 그리고 두 번째 모임에는 그동안의 연구 요지를 점자로 적어 오라고 하셨다. 그래서 그 요점을 써 냈다. 그 뒤 얼마간 연락이 없으셨다. 그러더니 나와 비슷한 방식에다 음을 단 한자 점자를 내놓으셨다. 이럴 수가? 그러나 동부수, 동획, 동음의 글자도 여럿 있는데 이것에 대한 해결 기호는 없으셨다. 그러므로 미완성이라 시비를 가릴 가치조차 없었다.

나는 방송통신대학 초등교육과를 마치고 89년 단국대학교 교육대학원 특수교육학과에 들어갔다. 당시에는 특수교육학과가 이화여자대학교와 단국대학교에만 있었다. 김승국 교수님이 나의 지도를 맡으시게 되었다. 교수님은 입학한 지 얼마 안 되는 내게 한문 점자를 연구해 보라고 하셨다. 교수님은 점자 표기 문제로 시각장애인계가 시끄러울 때 '점자통일안'을 낸 분이셨다. 나는 한동안 망설이게 되었다. 나의 연구는 이미 완성되었을 뿐 아니라 한빛맹학교 직원과 김필년 원장님께 알려져 있었기 때문이다. 그런데 아직 내 연구가 공식적으로 발표된 바 없으니 학위 논문이 가능하다고 했다. 김 교수님도 내가 다른 방향의 연구를 제시하자 한자 점자 연구를 계속하라 하셨다. 다른 학과 석사 과정은 대개 2년이었지만 교사들의 교육대학원은 3년이었다. 그래서 1992년 봄 학기에「한문 점자 개발 연구」란 논문으로 석사 학위를 받게 되었다. 나는 한자 점자라고 하는 게 더 적합할 것 같았으나 김 교수님은 한문 점자라고 하시어 거기에 따르게 된 것이었다. 방송통신대학 졸업 시는 어머니께 학사 사각모의 기념사진을 찍어 드리며 행복해하시는 모습을 볼 수 있었다. 그러나 한 해 전 78세에 돌아가시어 석사 사각모는 씌워 드릴 수 없었다. 나 하나만을 바라고 수절을 하셨는데 더 큰 영광의 자리를 마련하지 못해 아쉬울 뿐이었다.

한문 점자로 학위를 받은 뒤에는 외톨이가 된 느낌이었다. 석사 논문에 대한 기밀을 유지시키기 위해 한자 점자에 관해서는 나 혼자 외롭게 서 있었기 때문이었다. 그것도 3년이 넘는 긴 시간이었다. 외톨이가 되니 무엇보다 보급이 어려웠다. 그동안 컴퓨터 점자 출력기가 학교에 설치되었다. 학교에서는 한자 점자에 관해 나를 끊임없이 지원하셨다. 하지만 재료비나 용지대와 제본비 같은 것은 내가 부담해야 되었다. 그러나 석사 논문으로 그 명예가 내 이름으로 되어 버리니 계속 지원을 받기에는 염치가 없었다. 그래서 나는 자원봉사자를 활용해야 되었다. 직원 가운데도 개인적으로 일을 부탁해야 되었다. 따라서 진작부터 학교 이름으로 나가지 못한 것이 후회되었다. 나 혼자의 힘으로 한자 점자를 보급하기는 참으로 벅찬 일이었다. 한자 점자를 창안하기도 어려웠지만 그 보급은 정말 많은 인력과 예산이 필요했다. 나는 우선 상용한자 옥편을 묵자로 형화하고 이것을 점자로 찍었다. 한자를 쓰고 그 옆에 점간의 동그라미를 그려 거기에 점을 하나하나 표시하는 것이다.

그런데 그 표시를 노란 색으로 했더니 복사가 되지 않았다. 눈에 잘 띄라고 노랑을 택한 것인데 복사가 되지 않았다. 5000여 자나 되는 작업을 다시 해야 되었다. 이 작업은 딸 문화가 했다. 다음은 동아『한한대사전』을 묵자 점자본으로 만들었다. 이것은 아들 문호가 거의 다 하게 되었다. 13만 자 대사전에서 기본이라 할 해서체만 쓰려 해도 2만 6000자를 일일이 손으로 쓰고 점을 표시해야 되었다. 이 작업이 너무 방대하고 어려워 동아출판사에 그 일을 맡기려 했다. 그것을 남에게 보이자면 정갈하고 품위도 있어야 했으니까. 그러나 비용도 비용이지만 자기들은 점자를 모르므로 그 최종 교정은 내가 해야 한다고 했다. 불가능한 과정이었다. 그래서 궁리 끝에 점간 같은 고무도장을 만들어 찍어 가며 완성해 나갔다. 그런데 한자에는 예서, 전서, 해서, 행서, 초서의 서체 외에도 본자, 속자, 고자, 약자 등 여러 가지 글자체가 있었다. 한문을 전공으로 공부하지 않은 사람으로서는 이것들도 점자화할 가치가 있는지 그 선택이 어려웠다. 이렇게 곤란한 일이 생기면 그때마다 우리 아이들에게 시켜 내 손바닥에다 한 획씩 쓰며 문제를 풀어 나갔다. 이처럼 점진적으로 나가니 도저히 불가능할 것 같던 한자 점자 자전이 이루어지고 있었다.

내가 이 수기를 쓰기로 한 목적의 하나가 이때 수고한 분들에 대한 고마움 또한 도저히 잊을 수 없었기 때문이다 그 수고를 활자로 남겨 영구히 세상에 남겨 드리고 싶었다. 몇 시간씩 봉사하신 분들은 헤아릴 수 없다. 적어도 10시간 이상 수고하신 분들을 떠올리는 것이다. 기준을 잡기 위해 먼저 묵자본 점자책을 만들고 그것을 바탕으로 점자책을 만들었다. 컴퓨터로 점자를 출력하도록 프로그램을 제작하고 모든 과정에 오탈자가 없도록 교정도 해야 되었다. 여기에는 항상 글을 읽어 줄 시력이 필요했다. 그래서 눈의 도움을 정말 많이 받아야 했다.

논문을 대필해 주시고 수시로 옥편을 봐 주시며 고문 역할을 하시던 권영섭 선생님이 먼저 떠오른다. 역시 논문을 대필해 주시고 컴퓨터 프로그램을 도와주신 이규장 선생님이 계셨다. 그때는 논문 역시 원고지에 써야 되었으므로 때마다 도움을 받아야 했다. 수시로 글을 제출해야 하는 내게는 원고지 하면 경련을 일으킬 정도였다. 상급에 계신 분들은 이런 사정을 모르는지 원고 퇴치에 따라 권위가 서는 것인지 조금만 흠이 있어도 전체를 다시 쓰라고 명령하셨다.

하성숙 선생님과 박윤규 선생님도 논문 원고 대필을 하셨다. 옆 교실의 정운영 선생님과 기숙사에 계시던 김숙자 보모님은 내가 궁금한 일이 생기면 언제나 불평 없이 참고서를 봐 주셨다. 서울맹학교의 이영미 선생님은 점자 천자문의 컴퓨터 작업과 상용한자 점자옥편의 교정 등 많은 일을 해 주셨다.

덕성여대의 신승아 학생은 상용한자 옥편 한 권을 다 점자로 옮기도록 내게 불러 주었다.

조혜숙 여사님은 70이 넘은 고령에도 찾아오시어 참고 서적을 읽어 주셨다. 수유3동 동회장님의 사모님이라고만 밝히신 분도 마찬가지 일을 계속해 주셨다.

특히 박주연 선생님과 최의신 보모님은 내게 큰일을 해 주셨다. 충주여고에 계셨던 박주연 선생님은 친구분들까지 동원하시어 방통대부터 녹음 봉사를 하셨다. 그리고 아들이 완성하지 못한 동아『한한대사전』점자본 후미를 마무리해 주셨다. 드리고 점자 천자문 묵자본도 이루어 놓으셨다. 최의신 보모님은 기숙사에서 어린 철부지 시각장애 학생들을 힘들게 돌보는 바쁜 분이셨다. 그런데 필적이 세밀하고 정확하시어 5만여 자의 명문당『한한대사전』을 꼼꼼이 쓰고 고무도장을 찍으며 점자 표시를 하셨다. 또 이보다 더 확대된 한자의 음에 따르는 음별자부편도 이루어 주셨다. 이 일에 최 보모님은 손가락에 물이 잡히고 굳은살이 박히게 되셨다.

이렇게 한자 점자의 기초 자료를 마련하기 위해 많은 분들의 도움을 받았다. 하지만 일반 학교와 통용되는 교재가 또 필요했다. 그래서 마포 점자 도서관과 협력해 중학교 1학년의 한문교과서도 점자로 만들었다. 여기에 강원도 춘천이 고향이신 유성실 여사님께서 약 400만 원을 후원해 주신 것도 큰 힘이 되었다. 교통비나 선지식인 접대비를 비롯해 소소하게 들어가는 비용은 계산도 안 되었다. 도서 구입비, 8점에 12점과 18점짜리 등 각종 점간 모형 제작비나 점자 출력 용지대, 복사 제본비만도 후원금의 3배 이상 들어갔다. 하지만 자기 일과 무관한 일에 누가 봉사를 하고 후원하겠는가? 참으로 정을 나누며 살아가는 사람이 많음을 실감하게 했다.

진시황은 중국 대륙을 통일한 최초의 임금님이라 시황이라는 이름을 갖게 되었다. 진시황은 뿐만 아니라 지방마다 다르던 한자도 통일했다. 문자의 통일로 국가의 명령 체계를 공고히 다져 놓았던 것이다. 세계인의 공용어로 에스페란토어가 있다. 한자는 언어를 몰라도 뜻글이라 필담으로 의사소통을 했었다. 한자 점자도 한자 문화권만 아니라 세계로 속히 보급되어 시각장애인들의 의사소통은 물론 학문과 문화발전에도 기여할 수 있었으면 좋겠다.

강북구 수유3동에서 제일 잘 지은 집

 충주에서 내가 서울로 오기를 기다리는 사람 가운데는 동기들뿐 아니라 환자들도 있었다. 환자들이 이사를 하면 대개 그 곳의 약방이나 병원을 찾는다. 그러나 침이나 한약에는 자기의 체질을 잘 파악하고 있는 단골 치료사를 찾는 경우가 많다. 내게 치료를 받던 단골손님들도 그렇게 심한 무면허 의료 행위 단속 중에도 몰래몰래 찾아오는 사람이 있었다.
 충주에 가 있을 때도 하숙집에서는 손님을 안 보냐고 물었었다. 내가 서울에 온 지 얼마 안 되어 집으로 전화를 건 사람은 '미스터 아스피린' 환자였다. 두통은 나았지만 허리가 아픈데 유명한 곳을 찾아도 못 고치고 있다고 했다. 요즘 흔히 발생하는 디스크 탈출이 생긴 것이었다. 환부를 충분히 풀어 근육을 이완시킨 뒤에 척추교정술을 시행하니 허리뿐 아니라 온몸이 거뜬하다고 했다. 동네에는 '감초 아주머니'라는 별명을 가진 여인이 있다. 시

장에도 감초 아저씨가 있는 모양이다. 이분들의 입소문이 대단했다. 사장님, 변호사, 교수님들도 오막살이 옥인연립을 찾았다. 어떤 환자는 평생 고질병인 줄 알았는데 회복이 되었다면서 수표를 손에 쥐여 주기도 했다. 거기에 한자 점자 창안과 점자옥편 출간에 대한 기사가 신문과 방송에 나니 내 인기가 점점 더 올라가고 있었다. 여기저기 모임에서도 참여해 달라는 주문이 늘어나고 있었다.

이렇게 되어 가니 환자도 모임도 선택이 필요하게 되었다. 건강을 생각해야 되었기 때문이다. 나는 오히려 시각장애인이라는 것을 자랑으로 삼을 정도가 되고 있었던 것이다. 나는 노량진에서 혹은 옥인동에서 수유리 한빛까지 버스로 다녔는데 그 불편이 말이 아니었다. 출근 시간에 버스를 가려 타기란 사선을 오르내리기처럼 위험했다. 그런데 옥인동의 어떤 아주머니가 안내를 자청했다. 앞으로 수유리행 버스까지 매일 태워 주겠다고도 했다. 신문기사를 읽었는지 내가 수유리행 버스를 타고 출근한다는 것을 알고 있었다. 자기도 매일 아침 옥인동 마을버스를 타고 세종문화회관 건너편 건물까지 다닌다고 했다. 얼마나 고마웠는지!

그러다가 노량진 집도 팔리고 경제적인 여유가 생겨 한빛에 걸어 출퇴근이 가능한 집을 사기로 했다. 건물을 지을 당시에는 수유3동에서 제일 잘 지은 집이라 했다. 강북구에서는 수유3동이 손꼽히는 동네였다. 터도 여유가 있었지만 정원에는 봄부터 목련 개나리 철쭉 장미… 등이 차례로 피고 구상나무와 사철나무에 한쪽으로는 금잔디에 작은 분수대 그리고 대추나무와 감나무 등 유실수까지 있었다. 지하 차고도 자동 셔터에 현관과 계단도 처음에는 신발 먼지가 털리라고 곰보돌이 먼저에다 대리석이 이어졌다. 정원 둘레에는 호박돌과 윤이 나는 자갈이 깔려 아름다웠다. 지붕도 서까래처럼 콘크리트로 골을 만든 다음 오지기와를 올리고 방열을 위해 궤틀반자 천정을 만들어 품위가 있었다. 거실의 벽에는 소나무를 써 솔향기가 은은했다. 건물을 지은 사람은 건축업자로 자기가 살기 위해 마음먹고 지은 집이라 했다. 80여 편 건물이라 대충 청소에도 3시간은 더 걸렸다. 집이 좋아지니 찾는 사람도 한층 격이 높아지는 것 같았다. 집으로 찾는 사람들 가운데는 나더러 "재벌이 된 것 같다."라고 농담을 하는 이도 있었다. 자가용까지 사 아들의 운전으로 내외가 차고의 자동 서터로 집을 드나들 때의 기분은 정말 재벌이 부럽지 않았다.

현저동 무허가 집을 생각하면 어깨가 저절로 추켜지기도 했다. 그리고 다른 사람을 돌보아야 되겠다는 여유도 생겼다. 충주에 있을 때 오웅진 신부님이 꽃동네를 시작하시며 후원회에 가입을 시키셨다. 상경해서도 적은 회비지만 계속 후원을 이어나갔다. 그리고 전국 맹학교에 30여 명 학생들에게 30만 원식 장학금도 보낼 수 있었다. 또 형편이 더 안 좋은 학생 9명에게는 매월 5만 원씩 1년 동안 보내기도 했다. 배를 곯고 있을 때 옥수수 가루를 나누어 주신 가톨릭에도 보답이 있어야 했다. 마침 김수환 추기경님이 선봉이 되시어 낙도 학생들의 도서관을 위한 모금이 있어 얼마간 보탤 수 있었다. 그리고 내가 다치기 전 재학 중이던 학교에 결식 학생 급식비 등도 지원할 수 있었다. 내가 막막할 때 도움이 되신 분들을 어찌 잊을 것이며, 그 은혜에 보답할 수 있는 기쁨이야말로 행복 그것이었다. 나는 은혜를 입은 분에게는 반드시 보답해야 하리라는 마음이 있었다. 은혜를 그대로 지나치는 것은 사회적인 보험을 끊는 것이라 생각했다.

"받는 기쁨보다 주는 기쁨이 더 크다."란 말이 있다. 성경에는 "오른손이 하는 일을 왼손이 모르게 하라."라는 말도 있다. 나는 아직 그러한 경지에는 이르지 못했는지 이제껏 홀로만 간직해 오던 사실을 여기서 공개하게 되었다. 그러나 이따금 후원을 받은 사람들이 잘 사는 것을 보면 내게 아무런 보답이 없었어도 그렇게 기쁠 수가 없었다. 평소에도 나는 다른 사람들이 잘살기를 원하고 있었으니까. 또 후원을 기억하며 보답을 하려 할 때는 예금통장이라도 털어 더 도와주고 싶은 마음이 생긴다. 나는 신문로 파출소에서 만났던 김은희 씨를 지금도 생생하게 기억하고 있다. 그리고 "이 세상에는 인정을 나누며 살려는 사람이 더 많다."라고 한 말을 잊지 않고 있다. 특별히 맹학교 졸업생들의 성공과 인정의 나눔은 내게 감동을 주었다. 시각장애를 극복하고 자립도 어렵다. 그런데 국내는 물론 해외에까지 나가 학위를 받고 상당한 지위에 올라 나를 찾을 때는 참으로 눈물이 날 지경이었다. 한빛 졸업생들 가운데는 자력으로 집을 사고 가정을 이루어 명절이면 내게 선물을 보내기도 한다. 또 맹학교 동기들 모임에 우리 내외를 초청해 푸짐한 대접을 하는 때도 많다. 주인용은 한빛을 다니다 그만두었는데도 시각장애인으로 대체의학에 이어 원광대학 한의과에서 박사가 되었다. 건강음료를 보내거나 유명 식당으로 부르기도 한다. 서울맹학교에서 아내의 지도를 받은 적이 있는 신순규는 미국 유학에서 하버드와 MIT를 거쳐 세계 수재들의 경쟁장인 월가에서 성공했다. 참으로 자랑스럽다. 그런데 순규가 서울에 오면 자기의 피아노 개인 지도를 하시던 음악 선생님과 우리 내외를 초대해 융숭한 대접을 했다. 유인태는 한빛에서 졸업한지 20년도 넘었는데 내 생일에 과일 상자를 들고 찾아와 큰절을 했다. 그리고 식구들의 점심을 사러 했다. 보람이 아닐 수 없었다. 이 수유리 집에서 딸은 성혼한 다음 미국 LA 어바인 경영학과에 유학을 했다. 아들도 대학 재학 중 군복무를 마치고 텍사스 오스틴 대학으로 언어연수를 갔었다.

내 자랑을 너무 늘어놓은 것 같아 쑥스럽다. 그런데 집에 도둑이 들기 시작했다. 이사해 1년쯤 되는 어느 날이었다. 외출에서 돌아오니 바깥 출입문이 그냥 열려 있었다. 집에는 문간이 모양 있게 세워져 있었다. 집 앞 한길 쪽 울타리는 담을 따로 쌓았다. 솟을대문이라든가 한옥의 큰 문 두 짝에다 광화문처럼 기와가 올려져 있는 문간이었다. 그 왼쪽에는 개집이 콘크리트로 아담하게 지어져 있었다. 그리고 평소에 출입은 오른편의 쪽문으로 하도록 되어 있었다. 그런데 쪽문을 닫으러 하니 걸리질 않았다. 잠금장치가 통째로 부서져 있었다. 본체의 현관문도 유리가 깨져 있었다. 집에는 나 혼자였다. 공포에 휩싸여 집 전화로 경찰을 불렀다. 그러나 출동한 경찰은 집을 샅샅이 돌아볼 뿐 내게 필요한 대답을 하지 못했다. 오히려 내게 피해 물품과 분실물을 말해 달라고 했다. 앞을 못 보는 내가 분실물을 어떻게 알겠는가? 답답하기 이를 데 없었다. 또 경찰은 어떻게 남의 살림을 알겠는가? 따라서 경찰은 내게 더 묻고 있었다. 나는 또 아내가 관리하는 장롱이나 살림살이를 모두 알기가 불가능했다. 몸이 추위에 노출되었을 때처럼 떨렸다. 그렇다고 경찰에게 계속 머물러 달라 할 수도 없었다. 두려움 속에 밤을 꼬박 새고 가게 문이 열릴 때를 기다렸다. 파수꾼이 새벽을 기다리기보다 시간이 더 더디었다. 날이 밝으면 문을 여는 줄 알았던 슈퍼도 그날따라 더딘 것 같았다. 슈퍼 가게에서는 집 수리공이나 동네 점포들을 잘 알 것이라 여기고 있었다. 이런 경우에 대비해 그동안 이웃과 사귀려 노력했었다. 그러나 주변 집들이 커서 접근이 어려웠다. 이럴 때는 옆 사람의 도움이 절실했다. 나는 조급했다. 지역 파출소 전화번호를 물어 기억하고 있었으므로 거기에 연락해 보았다. 문을 고치는 집과 유리 가게를 알기 위해서였다. 긴장과 초조감에 마음이 진정되지 않았다. 그렇게 호사스럽게 여겨지던 집도 무허가 집보다 불편했다.

수리공이 온 것을 슈퍼의 소개인지 파출소의 연결인지 나는 확인할 겨를도 없었다. 그런데 집이 고급이라 수리비가 만만치 않았다. 문 장식이나 잠금 쇠와 유리 같은 것도 등급이 있는 모양이었다. 수리비가 노량진이나 옥인동보다 훨씬 높았다. 흩트러 놓은 살림을 정리하랴 피해 물품을 조사하랴 일일이 더듬어 확인하려니 그것은 더욱 어려웠다. 원래 보석 같은 귀중품은 없었지만 아들과 나의 고급 잠바가 없어졌다. 이처럼 값진 것이 옷밖에 없어 도둑이 다시 오지 않을 것이라 여겼다. 하지만 우리 내외가 시각장애인이라는 것을 알았기 때문인지 수시로 집을 털러 드나들었다. 도둑이 왔다 갔다는 증거가 되게 피해 물품이 발견된 것만 해도 97년부터 이사하기까지 여섯 번이었다. 이러하니 차츰 생명의 위협까지 느끼게 되었다. 그래도 그 사정을 호소할 수도 없었다. 흉가로 소문이 생기면 집을 팔기도 어려울 것이었다.

『우리나라 전통 안마 지압 마사지 쓰두』

　나는 행동의 부자유로 생리적 현상을 억제하는 일이 많았다 보고 싶은 것, 먹고 싶은 것, 하고 싶은 것 등을 억제하는 것은 물론 대소변도 참아야 할 때가 많았다. 집에서는 비교적 자유롭지만 모임이나 여행 중에는 대소변이 몹시 불편하다. 화장실에 다니기가 자유롭지 못하므로 웬만하면 참는다. 그 습관으로 집에서도 책을 읽을 때나 손님이 많을 때면 생리대로 행동하지 않는다.
　더위에 해수욕도 좋지만 청주 근처에 가 산림욕에 초정약수를 마시자고 말했다. 맹학교 고등부 동기 가운데 그 고장에 가 자리를 잡은 친구가 초대했다는 것이다. 차가 밀려 두 시간이면 간다는 길이 다섯 시간이나 걸렸다. 목적지에 닿아 소변을 보려니 시원치가 않았다. 그러나 전에 악박골에서 약수를 많이 마시기 위해 짜디짠 굴비를 먹으며 계속 물을 마시던 사람이 생각났다. 그래서 짭짤한 새우깡에다 약수를 많이 마셨다. 그런데 화장실에 드나들어도 이번에는 소변이 전혀 나오지 않았다. 내가 계속 하던 방식대로 쓰다듬고 두드려도 소용없었다.

　일행들은 밤이 깊어지자 여독에 코 고는 소리만 요란했다. 처음 당하는 일이었다. 몇 시나 되었을까 화장실에서 마주치는 사람이 생겼다. 나는 병원이 급하게 되었다고 낮은 소리로 말했다. 소란으로 여행의 분위기를 망치지 않기 위해서였다. 그 사람은 이 고장 사람으로, 가까운 병원은 10시가 지나야 될 거라고 했다. 한 시간도 어려운데 10시간이나 기다려야 한다니. 나는 소변을 못 보면 요독증이 온다는 것을 알고 있었다. 심한 요독증은 시각과 청각을 마비시키고 중풍에까지 이르게 만든다는 것이다. 이렇게 답답할 수가 있을까? 앞이 보인다면 병원이 100리 밖에 있다 해도 뛰어나가겠지만 어떻게 하겠는가? 비상용으로 휴대용 침 갑을 항상 지니고 다녔지만 그날따라 준비가 없었던 것도 후회되었다. 이토록 막막한데 그대로 있자니 시간도 더욱 느리고 고통도 가중되었다. 그래서 조금이나마 도움이 될 일을 생각해 내야 되었다. 그러다가 신장과 방광의 긴장을 줄일 목적으로 제자리걸음을 하며 배와 허리를 쓰다듬고 두드리는 '쓰두'를 한 시가 좀 지나서부터 이어 갔다. 이것이 무슨 효험이 있었는지 알 수 없으나 지루함은 덜어 주었다. 마침 일행이 타고 온 차를 이용할 수 있었다. 타관이라 다른 차를 부르자면 비용이나 시간에서 한층 어려웠을 것이다. 병원에서는 바쁜 시간이라 그런지 몇 마디 물어보고 호수로 오줌만 빼 주었다.

　88올림픽을 준비할 시기였다. 국제 올림픽 관계자들이 우리나라 전통 스포츠마사지를 보여 달라고 했단다. 그러나 거기에 선

보인 것은 '활인심방'이었다. 그것은 중국 것이었다. 국제적인 망신일 수밖에. 반만년 역사에 어찌 쓰다듬고 두드리는 손 기술이 없었겠는가? 다만 정리가 안 되었을 것이었다. 나는 수기 요법으로 생활하는 안마사의 한 사람으로 큰 책임감을 느끼게 되었다. 물론 안마는 일본에서 온 것이다. 그러나 안마가 우리나라에서 70여 년간 시행되는 동안 많은 변화가 있었다. 전래적으로 내려오던 우리나라 접촉술과 함께 이 민족 적성에 맞게 개선되고 있었던 것이다. 우리나라에서 안마사를 찾는 사람들도 전처럼 피로 회복보다는 치료를 위할 경우가 많다. 난치병의 하나인 근골격계 환자 치료를 담당하고 있다. 나도 운동선수들을 많이 치료했었다. 배구, 축구 등 구기 종목을 비롯해 권투 레스링 같은 격투기 선수들도 여럿 보았다. 운동선수들이라 무병하고 한층 건강할 것 같지만 대개 그렇지 못했다. 주로 관절과 근육에 이상이 많았다. 농구 선수는 공을 바구니에 던지는 연습을 하루에도 수백 번씩 해야 한다고 했다. 배구 선수는 점프와 서브 스파이크 등 다리와 팔 허리와 어깨의 부담에 온전할 리가 없다고 했다. 우리는 유명한 축구 선수들의 부상 소식에 마음을 졸일 때가 있다. 그것은 아주 상태가 어려울 지경에 이른 것이다. 그 치료에는 주물러 주는 것이 효과적일 때가 많다. 선수들 경기력을 향상시키려면 게임에 들어가기 전 안마로 몸을 풀어 주는 것도 좋을 것이다. 이러하기 때문에 안마사들이 근골격계 질환을 잘 고치고 있다 하겠다.

농부들이나 노동자들이 일이 심하면 몸살을 앓는다. 그럴 때는 대개 온돌에서 땀을 내 회복한다. 그것이 안 되면 누운 자세로 옷 위를 쓱쓱 문질러 주거나 두드리든가 밟아서 회복을 시켰다. 이러한 전통에 따라 우리나라 운동선수들도 피로하거나 지치면 반듯이 눕거나 엎딘 자세에서 쓰다듬고 두드려 주었다. 그런데 우리나라에 스포츠마사지가 없다니?

 나는 이 방면에 대한 기록을 찾기 위해 백방으로 노력했다. 그러다가 우리나라 접촉치료에 관한 것은 언어와 풍습 그리고 전통적인 통과 의례에서 그 기원을 찾을 수 있었다. 조상님들은 기록이 없는 것은 말이나 풍습 혹은 놀이와 통과 의례 같은 것으로 보전시키셨던 것이다. "등 치고 간 내 먹는다."라는 말을 많이 한다. 그러나 이것은 접촉치료와는 거리가 멀다. 여기에 관련된 말을 보면 '등은 두드리고 배는 주물러 줘. 삭신이 끊어지게 쑤실 때는 사대 육천 마디를 두드려 맞춰 봐.'와 같은 말을 노인들이 많이 사용하셨다.

 어릴 적 이웃 아이들과 하던 놀이 가운데도 좋은 예가 있었다. 두 다리를 엇기어 쭉 뻗은 다음 주먹으로 무릎 부위를 차례로 치며 "이거리 저거리 떨걸이 원두매기 저매기 짝바라 하야궁. 한알대 두알대 성난 거지 팔대장군 고드래뽕." 하며 놀았다. 고추 따 먹기란 전통적인 풍습이 있었다. 사내아이의 음낭과 음경을 슬쩍 쓸어 올려 주는 것이다. 서울 구경시키기란 놀이 풍습도 있었다. 턱을 감싸 머리를 잡고 위로 올려 목을 바로 펴는 것이다. 신랑 달기란 통과 의례가 있었다. 새신랑을 거꾸로 달아매고 발바닥을 두드려 주었다. '잼잼, 곤지곤지, 짝짝꿍' 같은 것들은? 또 우리 어머니들의 약손은? 우리 민족이 해 내려오던 전통적인 접촉술을 보면 공통점이 있다. 기의 순행을 중요시한다는 것이다. 전국 각 지역에서 찾아오던 손님들에게 물으니 경주의 어느 사람은 목 부위를 살살 꼬집어 가며 막힌 기를 풀어 병을 고친다고 했다. 충청도의 어떤 사람은 웬만한 만성 질환은 발로 밟아 깊이 맺힌 기를 밀어내며 치료한다고 했다. 체내기라는 것으로 속병을 뚫어 주기도 했다. 또 절의 스님은 우리나라 고유의 지압술을 이어 나가고 있다는 말도 있었다.

이와 같은 것들에 대해서 거의 무관심이었다. 그러나 우리나라의 전통 마사지 같은 수기 요법에 마음이 쏠리게 되니 그것이 아니었다. 모두 훌륭한 접촉치료술이요 상당한 효과도 지니고 있었던 것이다. 남녀칠세부동석 시대를 지내면서도 발기부진 환자가 거의 없었다. 골 발육이 끝나기 전부터 우리나라 여자들은 머리에 짐을 이고 다녔었다. 하지만 목디스크 환자가 없었다. 그 비슷한 병명도 없었다. 오히려 이 방면의 질병을 막으려고 힘을 기울이는 요즘에 해당 환자가 늘어나고 있지 않은가?

나는 학교에서 교장의 지위까지 올랐으나 2000년 명예 퇴임을 결정했다. 자리에 올라 2년도 채우지 않았다. 마침 전립선비대증이 더해져 한밤에 홀로 병원에 다녀오다 교통사고를 당했었다. 종아리에 골절상을 입으니 장기 입원이 필요하게 되었다. 전립선 치료를 위한 입원 수술도 받아야 했다. 그래서 핑계 김에 사직서를 낸 것이다. 내게는 학교 일보다 더한 일이 많았었다.

퇴임하던 해에는 『그대보다 더 사랑스런 이대』란 시집을 냈다. 처음부터 끝까지 지팡이에 대한 시 형식의 글이었다. 나는 지팡이를 정말 애인보다 더 가깝게 여기게 되어 있었다. 요즘은 사람들이 바빠 긴 글을 읽을 시간이 없다. 현대 시는 난해하다는 말도 있다. 그래서 새로운 형식으로 시를 써 본 것이다. 장애인문인협회에서 이것을 책으로 출간해 주셨다. 어느 문인 모임에서 이 책을 나누어 주었더니 새로운 장르의 글이라고 했다. 기존의 연작시와는 다르다고 평했다. 내가 퇴직하자 그동안 나를 찾던 사람들이 치료를 위한 퇴직일 것으로 생각하는 이들이 많았다. 그분들 가운데 강남에 치료실을 내 주겠다는 사람도 있었다. 시각장애인들의 업권 보장에 대한 노력으로 환자 치료에 대한 단속이 많이 완화되었다고도 했다. 그러나 나는 치료실을 내지 않았다. 2002년 수유리 집을 팔고 옥인연립으로 식구들이 모이자 주택에 대한 욕심은 모두 끊기로 했다. 노량진과 수유리 집을 팔며 1가구 2주택으로 적지 않은 양도세를 낸 것도 큰 자극이었다. 그것이 집값을 올리는 위법을 저지른 데 대한 벌금 같았다. 딸은 시집을 갔고 아들도 성혼하는 대로 세간을 낼 것이었다. 옥인연립은 실 평수가 17평밖에 안 된다지만 두 식구에게는 충분했다. 골목 막바지에 오막살이지만 그래도 손님들이 찾아왔다. 어느 손님은 내 비법을 책으로 써 보라고 했다. 그래서 우리나라 마사지에 관한 전통 접촉술에 대해 책을 써 출판 준비 중이라 했다. 그런데 그 출판이 간단하지 않았다. 이것은 의학에 관한 것이므로 전문 출판사에 가야 된다고 했다. 거기에 가니 한방 계열을 찾으라며 받아 주질 않았다. 좀 이름 있는 곳을 찾아다니려니 벌써 하루가 갔다.

　다음 날 전통이 있다는 한방 계열 출판사에 갔다. 그때는 지금처럼 출판사들이 모여 있지 않아 더욱 불편을 주었다. 원고를 살피며 내 설명을 듣던 출판사 직원은 이것은 지압 책을 낸 곳이라야 된다고 했다. 이런 일이 처음이라 겪게 되는 고통이었다.『지압 동의보감』을 내 유명해졌다는 출판사를 찾아 신당동 근처에 갔다. 그동안 다니며 알게 된 지식으로는 머리말과 목차 정도로 계약을 하고 모든 원고는 그 다음에 넘겨도 된다 했었다. 사실 이 원고는 나만의 것이라 그 내용이 새는 것을 나는 심히 우려하고 있었다. 하지만 이 출판사에서는 내 원고를 다 보아야 출판 가부를 결정할 수 있다고 했다. 난감한 일이었다. 내 책이 이 방면의 첫 작품으로 인정받기 위해 열성을 다하지 않았는가?

이때 나를 안내하고 다닌 것은 재구였다. 재구는 우리 내외가 답답할 것이라 하며 아내와 같이 차를 갖고 와 여러 차례 바깥바람을 쏘여 주었다. 맛집을 찾아 외식도 자주 나누었었다. 그보다 더 고마운 것은 내게 어려운 일이 있을 때마다 달려오는 일이었다. 증권사에 적지 않은 돈을 떼일 뻔했을 때도 그 맥내까지 동원시켜 찾아 주었었다. 재구는 명문 고등학교 미술 교사이면서 그 실력을 인정받아 교육대학원 강의까지 하고 있었다. 그런데 재구가 입을 열었다.

"그럼 보관중은 써 주시는 거죠?"

그곳의 출판물을 둘러본 재구는 담당자에게 질문했다. 그리고 내게는 귓속말로 책의 그림들이 좋다고 했다. 그런데 보름 뒤에 연락을 하리라던 출판사에서 3일 만에 전화가 왔다. 자기들도 내가 내려는 것과 같은 책을 준비 중이란다. '아니 이런 경우도 있는가?' 나는 책 이름만이라도 선점하기 위해 그림이 없는 활자로만 서둘러 책을 내기로 했다. 활자로만 책을 내려 해도 1개월 이상 걸린다고 했다. 나는 장애인문인협회에서 소개한 사장에게 4주 안에 완성시켜 달라고 긴밀하게 재촉했다. 그러니 내용의 정리가 안 된 것은 물론 오탈자도 많았다.

『우리나라 전통 안마 지압 마사지 쓰두』였다. 나는 이 책에서 기왕이면 요가처럼 스스로도 자기 건강을 관리할 수 있는 방법을 모색하고 있었다. 이 안타까운 소식에 책 내기를 원하던 그 손님은 활자만의 책은 아무래도 이해가 어렵다고 했다. 그리고 그림동화를 그리며 출판사도 경영하고 대학원 강의도 나가게 된 이호백 교수님을 내게 소개했다. 청파동에 있는 자기 집을 출판사에 빌릴 테니 내 책을 누구나 알기 쉽게 그림책으로 만들라는 것이었다. 그러나 내 집을 방문해 원고를 살핀 이 교수님은 난색을 표했다. 역시 치료에 관련된 의학책이라 일반 출판사에서는 어렵다는 것이었다.

그런데 이 교수님은 그 원고와 함께 있던 내 동화 작품에 관심을 보이셨다. 해충으로 악명이 높은 모기도 우리에게 도움이 될 수 있다는 얘기였다. 여기에는 천벌을 받은 것처럼 천시당하는 시각장애인도 쓸 데가 있다는 의미가 내포되어 있었다. 재미마주 출판사에서 낸 내 그림동화책『모기보시(모기는 착하다)』가 나오게 된 것이다. 따라서 나는 작품을 책으로 낸 동화 작가가 될 수 있었다. 이 책은『서울신문』,『세계일보』,『조선일보』,『한겨레』,『한국일보』의 추천 도서가 되었다. 이 책은 출간된 지 만 20년이 된 작년 말에도 초기보다는 줄었지만 인세가 나왔다.

내가 나가던 가톨릭 선교회에는 외국어 고등학생들이 자원봉사를 나왔었다. 자원봉사 점수를 따야 되는 모양이었다. 이인석과 안태용이란 학생인데 독감이 심하게 걸려 있었다.『우리나라 전통 안마 지압 마사지 쓰두』란 책의 원리에 따라 쓰다듬어 주었더니 두 학생이 다음 날부터 독감에서 벗어났다. 두 학생의 어머님이 내게 인사를 오셨다. 그리고 역시 이 책을 그림책으로 만들어 달라고 하셨다. 이 사정을 듣고 이번에는 친구 중달이가 나섰다. 그림이 넣어 우리나라의 전통 스포츠마사지와 아울러 대표적인 접촉치료술 책으로 자리매김하기 위한 것이었다. 책을 서둘렀으나 두 학생이 S.A.T. 합격으로 미국에 유학한 뒤인 2011년에 완성이 되었다. 그러나 이것은 학생들의 졸업 전에 내기 위해 서두르다 보니 그림이 위주가 되고 내용이 부실한 면이 생겼다. 그래서 그 내용을 유지시키려고 다시 활자만의 개정판을 내보기도 했다. 이 책은 비록 내 개인의 저술이지만 우리나라에도 분명히 전통적인 스포츠마사지 혹은 전통 접촉치료술이 존재한다는 증거가 될 수 있을 것이다. 그리고 이 문제에 관심을 두는 후세에게 우리나라 전통 스포츠마사지에 대한 단초는 제공할 수 있으리라 믿는다.

나는 폭발 사고 화상으로 평생을 고통 중에 지내고 있다. 그러나 경락의 경로를 따라 쓰다듬기와 두드리기로 내게 주어진 일을 대과 없이 진행하며 오늘과 같은 건강을 유지하고 있다. 노동으로 지친 사람이나 운동선수들도 구급방의 하나로 바로 눕거나 엎딘 자세에서 쭉쭉 쓸어 주고 두드려 주면 피로가 풀려 시원해 했다. 여기에서 팔, 몸통, 다리를 조상님들이 기의 소통을 중시하던 방식대로 경락에 따라 쓸어 주고 두드려 주면 더 효과적이었다. 기본 쓰두는 요가처럼 자기 건강을 자기 스스로도 관리할 수 있는 것이었다. 이 기본 쓰두의 원리를 응용하면 만성피로, 소화불량, 불면증에도 효과가 좋았다. 내가 전립선비대로 오줌주머니를 차고 지내다 도뇨관을 밟은 실수는 남근을 키우는 한 방법을 알려 주었다. 발기부전에는 남근 뿌리 위에 조금 오목한 오금을 긁어 주면 되었다. 그리고 남근이 작을 때는 방광에 걸린 풍선을 요도가 파열이 안 되게 조심스럽게 당기다 바람을 빼면 되었다. 이 방법은 위험할 수 있으므로 의학적인 지식을 갖춘 분과 상의해 실행하면 될 것이다. 실명 후 60여년간 각종 증상으로 내 몸을 쓰다듬고 두드리며 체득한 경험의 결과이기도 하다.

요가처럼 자기 건강을 자기가 관리할 수 있는 기본 쓰두의 효과에 대해 요약하면 다음과 같다.

첫째, 꾸밈이 없는 원초적 동작 그대로를 응용하여 배울 게 없을 정도로 단순하다.

둘째, 어려운 의학적인 지식이 없이도 누구나 시행할 수 있다.

셋째, 일상적으로 해 오던 놀이나 통과 의례를 중심에 놓고 그 기본을 삼았다는 것이다.

넷째, 우리의 속담이나 속신 같은 데에서도 그 기원을 찾아 전통을 더욱 중시했다.

다섯째, 근육과 혈관 그리고 신경의 경로대로 이어 가 인체의 구조와 생리적인 조건에 부합되도록 되었다는 것이다.

여섯째, 동양의들의 전통에서 기를 위주로 하듯 경락의 유주대로 시행되어 그것을 보해 주고 소통시키게 된다.

일곱째, 기존의 수 기술의 효과에 더하여 타액 분비를 촉진하므로 세균 방어의 효과를 실감할 수 있다.

여덟째, 호흡에서 날숨이 들숨의 배로 하여 기공 수련 효과도 거둘 수 있다.

아홉째, 이것은 비용은 물론 부작용에 대한 부담이 거의 없다는 것이다.

열째, 가장 특징적인 것은 자신의 건강을 자기 스스로도 관리할 수 있다는 것이다.

이 책을 쓸 때는 우리 아이들이 외국에 드나들 때였다. 그래서 수시로 원고 정리에 필요한 시력을 구하기 어려웠다. 역시 많은 사람의 도움을 받아야 했다. 그 가운데도 남정현과 김학남 학생이 우리 남매가 자리를 비우는 기간에 여러 시간 도움을 주었다.

문학상

　내가 시각장애인으로 교장에까지 오른 것은 상당한 명예라고 했었다. 시각장애인이 신분을 보장받을 수 있는 직장은 교사밖에 없던 시절이 있었다. 시각장애인들의 사회 참여가 그만큼 제한되어 있었던 것이다. 일반인들은 박사 학위를 받고 교수가 되며 고위직에 오르는 것이 일상적일 수 있다. 그러나 한국인이 외국에 나가 이름을 날리게 되면 국위선양에까지 이르게 된다. 특히 미국에서 한국인이 성공하면 그만큼 국제적인 발언권이 높아지는 것이 사실이다. 우리 시각장애인들 역시 지위가 높아지면 사회적인 대우를 받게 된다. 교장이 되면 전국 교장회의에도 참여할 기회가 생긴다. 그리고 교육 담당관에게 시각장애인들의 문제를 직접 말할 수 있다. 그래서 나는 당국과 접촉해 교실난을 해결하기 위해 증축도 할 수 있었다. 또 지역 국회의원의 도움으로 강당 등 낡은 학교 건물의 개축 예산도 약속받을 수 있었다.

1999년 새 학기에 교장이 되어 18개월간 노력한 결과 특수 학교 예술제에서 종합최우수상도 받았었다. 이러한 주동자의 역할을 위해 재단 설립자이신 한신경 이사장님은 한빛의 지도자는 맹인 교장으로 이어 가라고 유언을 하셨단다. 그러므로 내가 퇴임을 하더라도 그 후계는 시각장애인이 될 것이었다. 따라서 나는 다리 골절 등 질환에도 가벼운 마음으로 사퇴를 결정할 수 있었다. 교장 사퇴 후에도 내게는 할 일이 많을 것 같았다. 천문이가 "누가 나를 채용하기를 기다리지 말고 누구에게나 쓰임받을 수 있는 사람이 돼라." 하던 말을 항상 잊지 않고 있었으니까.

　나는 손님들이 찾기 쉬운 자리에서 치료를 전문으로 하라는 권유를 듣지 않았다. 나를 꼭 필요로 하는 손님은 위치에 관계치 않음을 알기 때문이었다. 손님을 많이 받을 생각도 없었다. 그리고 찾는 환자가 없을 때도 중요한 일이 있었다. 글을 쓰는 일이었다. 나는 노벨 문학상에 대한 꿈이 있었다. 김포중학에서 국어 선생님께서 "누구나 일기 10년을 쓰면 작가가 될 수 있다."라고 하시던 말씀이 아직까지 머리에 새기고 있었다. 그러나 노벨상은커녕 신춘문예에 당선되는 것도 어려웠다. 원고지에 써야 하는 높은 문턱은 컴퓨터의 대중화로 사라졌다. 그러나 신춘문예 응모에서 번번이 낙방이었다. 나는 천일이가 매일이다시피 맹학교에 들러 책을 읽어 주던 고마움도 기억하고 있었다. 그 고마움에 보답하기 위해서라도 내가 좋은 작가가 되고 싶었다. 그렇지만 뜻대로 되지 않았다. 생활 수기, 논픽션, 방송국의 수필, 독후감 등 전국적인 응모에 입상으로 그 상패만도 나면상자 둘을 채울 정도였다. 그러나 내가 바라는 문학상에는 실력이 안 되었다. 그동안 비장애인들과 겨루어 보리라던 생각을 접고 장애인들끼리의 경쟁에 나가 봐야 했다. 장애인문인협회의 계간지 『솟대문학』에서 몇 년 만에 동화로 신인상을 받을 수 있었다.

2002년 11월 5일에야 문학상이란 상을 받게 되었다. 과천 시민회관에서 시상식이 있었다. 동화 『다람쥐와 도토리』로 내가 장애인문학상을 받게 된 것이다. 단편소설과 동화를 써 신춘문예에 계속 응모하는 노력도 그치지 않았다. 응모작이 약 70~80편 정도라고 하니 100번쯤 보내면 가능할까? 나는 신춘문예에 당선되면 천일이에 대한 보답도 될 것 같았다. 시상식장에는 의외로 영천동에서 보던 황 기자님의 맏딸 황연대 관장님이 나와 계셨다. 정립회관을 세우셨을 뿐 아니라 장애인 올림픽에서 특상인 황연대상을 마련한 분이었다. 그 둘째 남동생이 수학 문제를 내어 할 일없는 촌뜨기인 나를 가정 교사에까지 올려 주었었다. 그런데 무엇보다 이웃에 살던 천일이네 소식이 궁금했다. 그러나 황 관장님은 천일이보다 천문이 소식을 더 잘 알고 계셨다. 대답인즉 '갈천문 사장은 암으로 60세에 세상을 떠났다'는 비보였다. 서울 사람은 이웃이 없다고 했지만 서로 간 연락이 닿아 있었던 모양이었다. 그때 우리가 이웃해 살던 곳은 금화터널과 아파트 건립으로 다 각각 헤어져 살게 되지 않았는가? 실명 후 극심한 정신적 위기에 있을 때 독서와 격려로 이끌어준 천일이의 고마움을 내가 어떻게 잊겠는가? 또 천문이가 내게 "쓰임받을 수 있는 사람이 돼라." 한 교훈은! 천문이는 연합통신의 편집국장에서 물러난 뒤 대 기업의 사장으로 정말 쓸모있는 일꾼이었다. 천문이는 말로만 쓰임받는 사람이 되라고 하지 않았다. 진짜 쓰임받는 사람이 되기 위해 자기도 끊임없는 노력을 했었다. 가르침을 받으며 공부해도 어려운 고전 기타를 교재만 사 독학으로 마쳤었다. 그리고 유행가 반주는 물론 어려운 명곡들을 직업인처럼 척척 연주했었다. 그러나 나는 이만큼 살게 되었는데 인사를 다 하지 못한 것이 후회되었다. 하지만 우리 내외가 시각장애인 부부라 어머니가 돌아가신 뒤에는 손님을 제대로 맞을 수 없는 것이 또 하나의 괴로움이었다. 우리 내외는 다른 사람을 찾기도 힘이 드는 것이 사실이었다. 아니 이렇게 살다 보니 아이들 남매가 성장했음에도 방문이나 초대 인사를 거의 모르며 지내는 형편이 되고 말았다. 요즘 젊은이들은 외국에 나가는 일이 잦다. 우리 아이 남매도 해외에서 생활할 때가 많았다. 그래서 우리 내외의 임종을 친구들에게까지 부탁해야 했었던 것도 사실이었다. 그때 자리가 공석이라 황 관장님과 사담을 오래 나눌 수 없는 것도 아쉬웠다.

2005년에는 재미나주라는 출판사에서 내 동화『모기보시(모기는 착하다)』가 나왔다. 단편 그림동화였는데『서울신문』,『세계일보』,『조선일보』,『한겨레』,『한국일보』등 다섯 신문사의 추천 도서가 되었다. 이태리 볼로니아 세계 아동도서전시회에도 출품되었다. 추천 도서가 되어 그런지 많지는 않지만 20년이나 인세를 받고 있다. 그래서 신춘문예에 당선된 이상이라는 말도 듣는다. 또 재미마주에서는『지팡이 하나로』라는 그림동화도 냈다. 이것은 웅진출판사의 추천 도서가 되었다.

그래도 신춘문예 몸살을 떨칠 수 없었다. 그렇게 낙방의 고배를 마시던 가운데 2011년 모 신문의 신춘문예 동화 부문 심사위원장님께서 친필을 내게로 보내셨다. 신춘문예에서는 한 편밖에 당선시킬 수 없어 안타깝게 되었다고 하셨다. 그리고 내 글의 내용을 풀어 이야기를 길게 써 보내면 계간지『시와 동화』에 연재하겠다고 하셨다. 그래서「못만 만들게 된 사람」이란 제목의 글을『시와 동화』란 계간지에 2012년까지 연재할 수 있었다. 운이 안 닿아 그런 것이니 포기할까도 생각했다. 하지만 만족할 수 없어 몇 신문에 또 응모를 했었다. 그랬더니 한국불교신문사와 연관이 있는 계간지『불교문예』에 응모해 보지 않겠느냐는 조언을 듣게 되었다. 그래서 2013년「옻 샘」이란 동화로『불교문예』에서 신인상을 받는 것으로 마무리하게 되었다.

2016년 4월이었다. 중달이가 경복궁역 근처에 있는 중국문화원에서『자치통감』에 대한 강좌를 연다고 했다. 중달이는 세종대왕께서 국가사업으로 번역 편찬하셨다는 대작『자치통감』을 단독으로 번역 출간했다. 그리고 그것을 중국대사관의 문화회관에까지 가 강좌를 열고 있었다. 나는 옥인동 집에서 가까운 곳이라 참여하기로 했다. 그런데 사람이 많이 모여 뒷정리가 바로 끝나질 않았다. 강좌가 끝났으나 내용에 대한 질문도 많지만 중달이가 인기가 있는 모양이라 나도 기뻤다. 그러나 안내를 기대했던 중달이를 따로 만날 수 없으니 혼자 차를 타기가 어렵게 되었다. 그래서 사람을 지팡이로 헤치며 길에 나서려는데 안내를 자청하는 분이 계셨다.

세종문화회관 앞 정류장까지 걸으며 이야기를 나누게 되었다. 나보다 11세나 고령이신 이한창 박사님이셨다. 나중에 알고 보니 이 박사님은 우리나라 발효식품계의 원로이셨다. 뒤에『장보』라는 책을 비롯해 29권이나 되는 작품을 쓴 분이셨다. 이 박사님은 우리나라 사람들이 노력 끝에 의식주 문제는 해결했으나 문화적으로 더 발전해야 된다고 하셨다. 김구 선생님께서 우리나라가 타국보다 국력은 앞서기 어렵지만 문화적으로는 세계를 선도할 수 있다시던 말씀을 상기하게 하는 대목이었다. 그래서 이 박사님은 여생을 우리나라 문화 발전을 위해 진력할 것이라고 하셨다. 그리고 내게도 시조가 어떠냐고 하셨다. 그래서 나도 시조를 쓰기로 하며 박사님을 자주 만나게 되었다. 박사님과 얘기를 나누다 보니 56년 전의 구면이기도 하셨다. 박사님은 김대중 대통령님과도 가까이 하신 적이 있었는지 대통령의 얼굴 다듬기에 대해 말씀하셨다. 그래서 나는 아이젠하워 대통령의 얼굴에 대해 말을 하게 되었다. 1960년 6월 아이젠하워 미국 대통령이 방한하셨을 때 숭례문 근처에서 나와 함께 인파에 떠밀렸던 분이셨다. 그 북새통에 미국 대통령과 잠간 손을 잡았던 것이 무슨 대수랴 했었다. 따라서 그 사실을 아무에게도 발설하지 않고 지냈었다. 그런데 그때의 목격자를 만나게 된 것이다.

"바로 그게 조 선생이었었구면. 정말 그때 인파가 미국 대통령 일행과 얽혀 말이 아니었어."

나는 기자들의 촬영대 사용을 살피려 한눈을 팔다 미국 대통령 차로 넘어지게 된 아찔했던 순간을 다시 떠올려야 했었다. 내가 시력을 잃지 않았다면 약 60년 전의 옆에 사람 이 박사님도 기억하고 알아볼 수 있었을까? 이런 일도 부처님께서는 인연으로 맺어지는 것이라 하실까? 하여튼 나는 2016년 그해 12월에 계간 『시조 사랑』에서 신인상을 받고 시조 시인으로 등단하게 되었다. 아무리 동화로서는 신춘문예에서 낙방했어도 성취하지 못한 꿈에 대한 미련이 있었다. 미옥이의 꿈과 함께 더 새로운 성취도 이룰 수 있을까? 나는 동시를 써 신춘문예에 다시 응모하고 있었다. 정말 고질병이었나? 하지만 동시와 시조는 닮은 데가 있었다. 글이 함축적이어야 되었다. 동시를 쓰다 시조를 쓰기가 용이했던 것 같다. 나는 이 박사님을 만난 그 해를 넘기지 않고 시조 시인으로 등단한 것이다. 신춘문예란 것은 내게 아편보다 더 큰 중독을 주어 작년에도 동시 부문에 응모했었다. 신문사에서 원고지 대신 컴퓨터로 출력한 글을 받아 주니 좋았다. 그런데 그 출력에는 편집할 시력이 필요했다. 따라서 나는 여기에서도 시각장애의 불편을 어찌할 수 없었다. 그 편집 출력 작업을 딸에게 맡겨야 했다. 그런데 너무 떨어지니 부탁할 면목이 없었다. 그래서 한자 점자를 위해 봉사하시던 서울맹학교 이영미 선생님께 도움을 청하게 되었다.

"동시집을 따로 내셔도 되겠어요. 그리고 그 연세에 대단하세요. 젊은이들이 더 분발해야 되겠어요."

이 선생님의 말은 정말 내게 한 가르침을 주었다. 이 나이에 신춘문예 등단으로 활동을 하면 얼마나 하겠는가? 그리고 그때마다 시력을 빌려야 하는 번거로움은? 신춘문예 고질병으로 장래가 창창한 젊은이들에게 주어질 기회를 넘보는 내 주책은 아니었을까? 응모 당선인이라 해 글을 더 잘 쓰게 된다는 확실한 기준도 없지 않은가?

정을 나누는 친구들

중달이가 『자치통감』 강좌를 열기 훨씬 전이었다. 세종문화회관에서 중달이가 『자치통감』 출간 기념회를 가졌었다. 이야기를 과제별로 엮다 보니 시간 순서가 바뀌게도 된다. 그때는 대만 대학 교수님이 와 축사를 했었다. 그 모임에는 김포중학 동기인 종만이도 참가했었다. 종만이와 중달이는 친척 간이라 했다. 종만이를 보자 나는 미옥이에 대한 궁금증을 참을 수 없었다. 그러나 원식이 안부부터 물었다. 원식이는 중학 졸업 전에 인천 쪽으로 이사한 뒤 소식이 없다고 했다. 나는 미옥이에 대한 의혹이 더 커지게 되었다. 그렇지만 미옥이에 관해서는 물을 수 없었다. 아울러 꿈이면 그렇게 가깝게 보였었다는 말도 할 용기가 없었다. 그 뒤 종만이가 중달, 경린, 재구, 나 등 우리 넷을 강화도의 해물 요리집으로 초대한 적이 있었다. 종만이는 시골에서도 사업을 잘해 큰 연못에 집도 새로 짓고 여유가 있었다. 헤어질 때는 양봉을 한다면서 꿀도 한 병씩 나누어 주었다. 나는 달걀을 살 것처럼 양계는 하지 않느냐고 물어보았다. 그리고 일찍부터 양계를 하던 이웃의 미옥이네는 어떻게 지내는지 물었다. 미옥이에 대해 말을 꺼내기가 참으로 어려웠다. 그런데 미옥이네는 이민을 했는지 오래전부터 온 가족이 안 보인다고 했다. 그렇게 힘든 질문이었는데 미옥이에 대한 종만이의 답변은 내게 허망하기만 했다.

300명 가까운 중학 동기들이라 김포는 물론 지역에 따라 모임이 여럿이었다. 서울에도 태평회라는 큰 모임이 있었고 끼리끼리의 친목회가 따로 있었다. 경린이는 불편한 나를 위해 일찍부터 단짝 넷만의 친목회를 이어 가고 있었다. 중달과 재구 그리고 나였다. 여럿이 모인 자리에서는 음식과 대화에서 깜깜이인 내가 외톨이가 되었던 때가 많았던 것도 사실이었다. 그런데 넷 모임에서 재구가 긴밀한 전화를 받았다. 캐나다에 가 사는 여동생의 전화였다. 재구의 대학 동기가 여동생을 달라 해 결혼을 시켰는데 캐나다로 갔단다. 재구의 얘기를 더 들으니 재구의 4촌 자영이도 캐나다에 가 산다고 했다. 자영이는 미옥이와 중학 1학년에서 나와 한 반이었다. 자영이는 미옥이와 같은 학교로 진학해 졸업한 뒤 서울의 한 초등학교에서 근무했었다. 자영이와 미옥이는 서울에서 한 학교에 다니며 더 친한 사이가 된 모양이었다. 자영이는 친한 동창의 안내로 이민한 것으로 안다고 재구도 말했다. 그러니까 먼저 이민한 미옥이의 안내로 자영이네도 캐나다로 간 것이 분명했다. 재구는 자영이에게 부쩍 관심을 보이는 내게 전화번호를 일러 주라고 했다. 나는 한참 생각에 잠겼었다. 미옥이는 꿈에 나타나 그동안 내게 큰 행복을 주었기 때문이다. 그렇다고 장애인이 된 나를 미옥이가 지금도 전처럼 생각할지도 의문이었다. 그리고 새 가정을 이루고 살 미옥이에게 내가 무슨 의미가 있을 것인가? 그 꿈들은 나의 처지를 염려하시는 신령께서 위로를 주기 위한 하나의 배려로 미옥이를 등장시켰을지도 모르지 않는가?

우리 내외는 옥인연립이 지은 지 50년이 넘어 은평구 불광동 새 빌라로 이사해 5년째 되었다. 식탁에서 아내가 민 사장의 안부를 조심스럽게 물었다. 경린이가 내 비서처럼 모임의 모든 일정을 결정하다시피 했었다. 경린이는 김포 군수님의 아드님 헛전화 얘기를 했더니 박건치를 우리 모임에 불러내기도 했었다. 헛 전화에서 알려진 상공부 박 과장님은 국장님까지 올라 있었다. 뿐만 아니라 박건치는 포항제철의 부사장에 이어 철강협회 고문까지 추대되어 있었다. 얼마나 놀라운 성공이었는지! 건치는 우리가 초대를 했는데도 요리점의 비용을 모두 자기가 부담했다. 수년 전에는 6회 총 동기들 모임에서 나를 초대했다. 전에 김포 땅이었던 강서구 요리점에서 모인 것이다 나이가 80줄이 넘으니 세상을 뜬 사람이 많았다. 그래도 30여 명이나 모였었다. 내 개안 수술을 위해 모금해 주었던 고마운 동창들이었다. 못다 한 보답으로 내가 쓴『우리나라 전통 안마 지압 마사지 쓰두』책을 나누어 주었다. 건강 관리에 도움이 되리라 생각했기 때문이다. 동창들은 그것을 그대로 받지 않고 책값을 기어이 내 주머니에 밀어 넣어 주었다. 그래서 나는 그 돈을 꽃동네 등 다른 곳에 기부했다. 경린이가 허리에 이상이 생기기 전에는 수시로 함께 외출을 했었다. 그러다가 달마다 나가고 그것이 두 달에 한 번 혹은 석

달에 하나로 바뀌게 되었다. 거기에 경린이가 허리를 더 다친 뒤에는 단짝 네 사람의 모임만 이어 갔다. 그러다가 작년 여름 재구가 불시에 세상을 뜬 뒤에는 두 번밖에 더 모일 수 없었다. 경린이가 보행이 더 어려워졌기 때문이었다. 경린이는 자기 차로 나를 태워 갈 때가 많았다. 식사 시에도 꼭 내 옆에 앉았었다. 그리고 음식의 가시도 발라 주고 반찬이나 양념에 휴지까지 세심하게 심부름을 해 주었었다. 그런데 요즘은 내가 통 외출을 못하고 집에서 세 끼만 바라고 있으니 아내도 답답한 모양이었다. 또 아내는 우리 내외를 무덤까지 보살펴줄 것으로 기대했던 재구가 지난여름 갑자기 가니 형제보다 더 가깝게 지내는 경린이의 건강이 걱정되었던 모양이다.

이번에는 내가 아내의 꿈 이야기를 조심스럽게 물었다. 장인어른이 꿈에 나타나시면 반드시 돈이 생겼었다는 얘기였다. 그런데 아내는 자기 제자 박향숙이에 대한 말을 했다. 향숙이도 자기의 실명을 안타까워하시던 어머니가 돌아가신 뒤 꿈이면 보이셨다고 했다. 향숙이도 어머니가 꿈에 보이면 길조가 있었단다. 가톨릭 맹인선교회 회장 부인인 향숙이는 어머니가 너무 안쓰러워 이제는 살 만큼 되었으니 걱정 마시라고 꿈에서 짜증을 냈단다. 그 뒤 향숙이는 어머니가 꿈에 보이지 않게 되었다고 한다. 그러고 보니 아내도 아버님께 걱정 마시라고 한 모양이었다. 그런데 곁에 있던 딸이 내게로 말머리를 돌렸다. 문화는 중국에 가 살다가 코로나 후 집에 와 우리 내외를 돌보며 살고 있었다.

"그러면 아버지는 꿈에서 할아버지나 할머니를 보세요?"

"나는 대신 다른… 아니… 아니…."

나는 하마터면 미옥이 얘기를 딸에게도 털어놓을 뻔 했다. 1987년 8월 29일 미옥이에 대해 꾼 꿈 내용을 다음 날 아내와 나눈 적이 있었다. 그 8월 30일은 내 실명일이면서 한자 점자를 창안한 날이었다. 그러므로 그날을 잊지 않고 있었다. 그런데 그 이후 미옥이가 보이지 않았었다. 처음 꿈에는 전광등이 켜진 깃발의 행렬 앞에 미옥이가 나타났었다. 그런 형상이 몇 번 보인 뒤에는 각가지 다른 모습으로 보였었다. 한니발 장군이 코끼리를 타고 앞에서 부대를 이끌던 모습, 아이젠하워 대통령처럼 카퍼레이드를 벌이던 모습, 찬란한 빛을 뿜는 고급 승용차 행렬 선두에서 팔을 흔들던 모습 등이었다. 열을 지은 코끼리에는 비단에 꽃장식이 있었고, 카 퍼레이드는 몇 층 위처럼 드높았고, 자동차 행렬도 그 색깔들이 아주 예뻐 세상에서는 보지 못하던 휘황한 광경들이었다. 이런 꿈들 후에는 그때마다 돈이 생기든지 응모에 입상을 했었다. 그래서 나는 비록 실명고를 겪으면서도 미옥이 꿈에 나타나면 참으로 행복했었다. 하지만 아내에게 1987년 8월 30일 꿈 얘기를 한 이후에는 약 40년 미옥이가 안 보였었다. 그러다가 작년 재구가 돌아가기 전날 미옥이가 다시 꿈에 나타났다. 별 표정이 없이 대궐 같은 큰 대문으로 들어갔다. 내가 뒤를 쫓으니 미옥이는 보이지 않고 댓돌 위에 신발 한 컬레만 있었다. 재구의 임종을 알리는 표시였나? 나는 재구가 돌아간 충격에 이 글을 쓰기 시작하게 되었었다. 그런데 금년 3월 미옥이가 다시 꿈에 나타났다. 어학병으로 참모본부에서 근무하던 외손자가 제대하는 날이었다. 딸이 북경 한 대학의 교수와 박사 학위 문제로 인터넷 강의를 받고 관문 하나를 통과했다는 날이기도 했다. 그날 김포 하성의 초등학교 동기 이두영이의 초대에 대한 확인 전화가 다시 왔었다. 이 수기의 초고가 완성되기도 한 날이었다. 또 같은 날 캐나다로 이민한 며느리가 집에 온다는 소식이 있었다. 아들네 식구가 지장 관계로 4년 전 캐나다로 이민을 갔다. 따라서 나는 캐나다란 소리만 들어도 귀가 솔깃하게 되었다. 그런데 미옥이가 오래간만에 다시 꿈에 나타나며 여러 가지 일이 동시에 생겼다. 내게 새로운 용기를 주려는 것인가? 온통 붉은 대리석으로 된 집이었다. 미옥이는 호화로운 드레스 비슷한 가운을 입고 있었다. 어리둥절한 내게 침대를 가리켜 더 당황하게 만들었다. 그러나 미옥이는 내 몸을 어깨에서부터 시원하게 주물러 주었다. 얼마나 황홀하고 행복했는지! 나는 붉은 대리석을 본 적이 없었다. 그래서 붉은 대리석도 있느냐고 딸에게 물으니 컴퓨터를 한참 뒤지다가 흔치 않은 것이라고 확인해 주었다. 이것이 다시는 꿈에 안 보일 거라는 의미의 마지막 동작인지도 모른다. 이 글이 발표되면 미옥이가 더 이상 현몽하지 않게 될는지도 걱정이다. 그러나 이 이야기는 나 홀로 간직하기에는 너무 아깝지 않은가?

이두영이는 김포의 최동북단인 하성면 시암리에 살며 남북 분단의 한을 매일 느끼고 있는 사람이었다. 고개만 돌리면 살벌한 국경의 북한을 바라보게 되는 친구였다. 차를 보낼 테니 고향에 내려와 친구들도 만나고 그동안 강산이 얼마나 변했는지 보고 가라는 것이다. 이제 생존해 있는 친구도 몇 명 안 된다고 했다. 참으로 세상이 엄청나게 변했다. 시각장애인들에 대한 대우도 퍽 달라졌다. 이제는 장애인을 차별하면 처벌까지 받게 되어 있지 않은가? 순무김치에 김포 쌀 막걸리와 인삼주는 물론 전류리 고깃배 민물고기 매운탕도 좋다고 했다. 그러나 나는 갈 수 없었다. 전립선비대 수술 후유증으로 소변이 너무 잦기 때문이었다. 나는 남의 집에서는 화장실을 자유로 다닐 수 없었다. 사정을 말하니 두영이는 아쉬워하며 재삼 나의 어려움을 확인하는 전화였다.

얼마 있다가 두영이는 자기가 직접 지어 수확한 쌀이라며 3색미를 보냈다. 전라도의 흑미와 김포의 자광미 그리고 백미를 교잡시킨 쌀이었다. 두영이는 검은색, 붉은색, 흰색이 나는 3색미를 우리나라 최초로 만들어 낸 사람이었다. 농업시험장이 아니라 일반 농부도 오랜 경험에 노력을 하면 신품종 같은 것까지 개발할 수 있는 모양이다. 나도 그동안 다른 사람이 아직 경험하지 못했을 것 같은 체험이 몇 가지가 있다. 몸이 아프거나 사건이 생기면 병원이나 당국이 우선일 것이다. 하지만 병원이 어렵거나 치료에도 별 차도가 없는 사람 혹은 별 대책이 없는 경우 이 방법들을 권하는 바다. 그동안 제게 도움을 주신 모든 분들과 이 책을 끝까지 읽으신 독자들께 작으나마 보답이 되기 위한 것이다. 이 글을 꼼꼼히 읽은 분은 기억이 새로울 것이다. 닭의 조류독감 같은 데는 앞에 우리 어머니의 식염수 처방이 소개되었다. 다시 읽어 보시고 실천하시면 어떨지? 감기 예방과 치료에는 코와 귀 그리고 목과 손을 수시로 비벼 주시길. 소화불량의 예방과 치료에는 배와 손을 꼭꼭 누르고 주물러 주시길. 나는 이 방법을 시행한 뒤 30여 년간 감기나 배탈로 병원에 간 적이 없다. 보다 자세한 것은 『쓰두』 책을 읽으시면 더 많은 정보를 얻으실 수 있다. 맹장염에 병원이 어려울 때는 빨랫비누 조각이나 주입식 관장약을 항문에 넣어 보시길. 염좌, 무좀, 통풍, 치질, 고열 두통 같은 염증성 질환에는 철저한 소독에 사혈을 시켜 보시길. 잇몸 염증이나 치통 등 각종 치과 질환에는 약초 황기를 박씨만큼씩 잘라 입에 물어보시길. 황기를 오래 물고 있으면 입술이 부르터 매운 것이나 뜨거운 음식에는 쓰라리므로 자주 옮겨 가며 무시길. 땀이 많을 때는 황기와 닭을 삶아 먹기도 하지만 잘 때 많이 흘리는 도한에는 말린 김 열 장을 푹 끓여 몇 방울 식용유를 쳐 들어 보시며 완전치 않을 경우 수차례 반복하시길. 근육 신경통이나 어지럼증 등 만성 질환에는 환부에 주무르기와 뜸을 떠 보시길, 병원 치료에도 결핵이 불치이면 마늘을 장복하시길. 또 약이나 병원 치료에도 효과가 잘 안 나타나는 변비에는 피마자씨 기름을 썼었다. 하지만 구하기 쉬운 들기름을 크게 몇 모금 마셔 보시길. 그래도 듣지 않는 분은 소주잔으로 좀 더 마셔 보시길 바란다. 이 방법들은 비용이 거의 안 들고 부작용도 거의 없다. 그리고 또 한 가지 구급 처방이 있다. 그것은 항상 매사에 미리 대비하고 절제하는 것이다.

2007년 12월 서해 태안 앞바다에서 유조선이 충돌해 그렇게 장시간 원유가 유출되니 안타까워 선박 회사와 조선소에 전화를 했었다. 그러나 모두 의사소통이 어려웠다. 다시 그런 사고가 생기면 전처럼 또 기름 난리를 겪어야 할까? 하지만 내 방안이 실용성이 있으리라 생각해 여기에 적어 본다. 응급조치가 될 것이다. 문제는 그 구멍을 밖에서 막으면 될 것이다. 밖에서 막을 수 없으니 널판이나 철판을 거기에 고정시킬 그루터기를 만들면 되지 않겠는가? 수도 파이프 몇 도막과 부속에 판자나 철판 아니면 비닐 조각으로 그 구멍 막기가 가능하기 때문이다. 배에 파이프 연결 도구나 밧줄이 없을 때는 그것들도 필요하다. 어느 배나 갑판에는 작업 공간이 있다. 여기에서 T 자 부속을 중심에 두고 나사가 있는 수도 파이프를 좌우에 연결한다. 그 파이프 전체의 길이는 뚫린 구멍의 직경보다 좀 길게 한다. T 자 부속의 나머지 자리에는 판자나 철판의 두께를 좀 넘길만한 파이프나 나사 부속을 연결한다. 판자나 철판은 그 구멍을 충분히 막을 만한 크기라야 된다. 또 그 중심에는 파이프에 고정시킬 구멍이 있어야 한다. 구멍을 막을 작업자는 갑판에 주로 자기 몸을 묶는다. 그 다음 구멍 높이에 매달려 준비한 대형 T 자가 된 것을 갖고 구멍에 걸친다. 대형 T 자가 걸치면 거기에 판자나 철판을 대형 T 자의 솟아 나온 꼭지에 맞춘다. 유출되는 기름의 압력이 크거나 배의 뚫린 내면이 거칠 때는 솟은 꼭지에 길게 나사를 내 조여들면 된다. 조이는 암나사는 날개가 달린 것이면 힘을 더 받을 것이다. 작업이 순조롭게 단시간에 이루어지려면 다수의 협력자가 필요할 것이다. 파이프를 몇 개 어떻게 제작하느냐에 따라 비닐로 막을 수도 있다. 이 방법은 다른 선박 사고에도 응용할 수 있을 것이다. 파이프 작업에 시간이 좀 걸리겠으나 물품이 준비되어 있고 방법을 숙지해서 손에 익숙해지면 10분 내외에 가능할 것이다. 이 외에도 마개식이나 문짝식 등도 고려할 수 있다. 고래를 잡을 때 낚시나 그물이 어려우므로 작살을 이용하지 않는가? 혹 의문이 생기는 분은 직접 내가 만날 수도 있다.

 나는 곧 이 세상을 등지게 될 줄 알았다. 그러나 지금까지 생존해 새로워진 세상에다 많은 것을 두루 경험하고 있다. 내가 지금까지 지내 온 것은 진실로 진실로 고마우신 신과 이웃 분들의 은혜였다. 고비 고비 도움을 주신 김동완, 이철형, 최계명, 김진성,

한현진, 이용호, 성기천 씨 등등 은혜를 갚아야 할 분들이 헤아릴 수 없이 많다. 이 책에 소개하지 못한 모든 분들께도 심심한 감사와 함께 주님의 무한하신 가호와 축복을 진심으로 빌며 매일 전능하신 분께 기도를 올리는 바다.